可进可退的

可转债
投资入门

的

曾 增◎编著

中国铁道出版社有限公司
CHINA RAILWAY PUBLISHING HOUSE CO., LTD.

内 容 简 介

本书从缺乏可转债知识或对可转债了解不多的新手投资者的需求出发，系统且全面地介绍了可转债及可转债投资的相关知识，主要包括可转债基础知识、可转债的选择、可转债打新、可转债套利、可转债交易操作、可转债看盘技巧、可转债 T+0 短线操作、可转债仓位管理及可转债基金投资等内容。

本书主要针对的是对可转债有兴趣、有想法，想要通过可转债投资获取利润的初级投资者，以及可转债投资爱好者；同时对于有经验的理财投资者也具有参考价值。

图书在版编目（CIP）数据

可进可退的可转债投资入门 / 曾增编著 . —北京：
中国铁道出版社有限公司, 2021. 9
ISBN 978-7-113-28040-6

Ⅰ. ①可⋯ Ⅱ. ①曾⋯ Ⅲ. ①证券投资 – 基本知识
Ⅳ. ① F830. 91

中国版本图书馆 CIP 数据核字（2021）第 112564 号

书　　名：可进可退的可转债投资入门
　　　　　KEJIN KETUI DE KEZHUANZHAI TOUZI RUMEN
作　　者：曾　增

责任编辑：张亚慧　　　编辑部电话：(010) 51873035　　　邮箱：lampard@vip. 163. com
封面设计：宿　萌
责任校对：苗　丹
责任印制：赵星辰

出版发行：中国铁道出版社有限公司（100054, 北京市西城区右安门西街 8 号）
印　　刷：北京柏力行彩印有限公司
版　　次：2021 年 9 月第 1 版　　2021 年 9 月第 1 次印刷
开　　本：700 mm×1 000 mm　1/16　印张：17. 25　字数：238 千
书　　号：ISBN 978-7-113-28040-6
定　　价：69. 00 元

每一位有投资想法并进入投资市场的人都希望能够找寻到一种低风险、高收益的投资产品。但是投资法则告诉我们，风险与收益并行，高收益意味着高风险。

那么，有没有一种产品可以应对这一法则呢？

当然有，它就是可转债。可转债全名为可转换债券，顾名思义，它是一种可以转换成为股票的债券。相比单纯的股票来说，可转债的特别之处在于它既是债券又具有股权性，既是股票又具有债权性，所以显得更加复杂。

正是这种复杂性使其具有"攻守兼备"的特性，当正股价格较高时，可转债可以转化成股票，展现股性，追求股票高收益；而当正股价格持续低于转股价，那么投资者可持债到期偿付，此时可转债相当于普通债券，表现债性。这一性质为可转债投资提供了一个"底"，使得投资者即便处于股价低迷期，也可以获得保底收益。

另外，国内的可转债还具有四大期权，即转股、回售、赎回和下修。这四大期权的出现使得可转债有了更多的玩法，投资者也有了更多的套利机会，所以吸引了大批的投资者纷纷涌入可转债市场。

但是想要通过可转债投资获益，需要建立在对其有详细了解，且熟练掌握各类交易规则和方法的基础上，所以投资者需要系统、完善地学习可转债的相关知识，故此笔者编著了此书。

该书内容共 9 章，可大致划分为 4 个部分：

◆ 第一部分为第 1 章，这部分是对可转债基础知识的介绍，包括认识可转债、可转债的基本要素以及可转债的核心条款等，为读者后续的学习打下基础。

◆ 第二部分为第 2～4 章，这部分主要介绍了可转债的投资方法，包括可转债的选择、可转债打新以及可转债的各类套利方法等，帮助读者从多种投资方法中选择适合自己的一种。

◆ 第三部分为第 5～8 章，这部分主要介绍了可转债投资中的一些技巧和策略，包括可转债的交易指南、可转债的看盘技巧、可转债 T+0 投资技巧以及可转债投资的仓位管理，帮助读者提升投资操作能力。

◆ 第四部分为第 9 章，这部分主要介绍了另一种可转债间接投资品种——可转债基金，包括可转债基金的介绍、买卖操作以及投资技巧等。

编者针对缺乏投资经验的初级投资者，系统、全面地梳理了可转债投资的相关知识，并介绍了大量、实用的投资技巧和策略。此外，书中采用了大量的图示和案例来对相关知识进行解释说明，在降低阅读枯燥感的同时，也能帮助读者更轻松地理解和掌握相关内容。

最后，希望所有读者都能从书中学到实用的知识，快速提升自己的可转债投资技能，实现自己的投资梦想。

编　者

2021 年 6 月

目录

第1章　掀开可转换债券的神秘面纱

债券中有一类比较特殊的品种，即可转换债券。很多人可能听过，但是对它的了解却不多。实际上，可转换债券因为其独有的转换性，使得它在投资理财的操作过程中进退更有余地，也更吸引人。

第 2 章 选择一只优质的可转换债券

2020 年可转债市场井喷，可转债发行量创下新高。面对这么多的可转债，投资者往往因为不知道如何选择而陷入迷茫。好的选择是投资成功的开始。

第 3 章　低风险高收益的可转债打新

要说低风险高收益的投资，就不得不提可转债打新了。打新可转债的收益通常在 15%~30%，但是这么高的收益，投资风险却很低，几乎是所有投资者都想要的获利机会。

第4章　可转债的各种获利方法介绍

可转债最吸引人的地方在于它的各种获利方式，包括纯债获利、转股获利、规则套利和二级市场差价获利。这些花样的获利方式丰富了投资者的获利渠道，也给了投资者更多的投资操作选择。

第 5 章　可转换债券的交易指南

我们知道，可转换债券可以像股票一样在市场上交易，但是它的交易规则却与股票有所不同，投资者需要了解并掌握这些交易规则才能更好地完成买卖操作。

第6章 可转债投资必会的看盘技巧

盘面是证券投资绕不过的一个关键技术，可转债投资也是如此。投资者在进行可转债操盘时必须要学会看盘，并掌握基本的看盘方法，正确地看盘，才能够提高行情趋势预测的准确性，从而直接提高投资的成功率。

第7章　可转债 T+0 短线投资策略

相较于股市 T+0 操盘，可转债更适合 T+0 的短线操盘策略，因为可转债有无限制的日内操作规定，比股票更灵活，也更容易进行波段操作，可以帮助投资者获得更多的获利机会。

第8章 做可转债投资离不开仓位管理

想要有计划、理性地投资，就离不开仓位管理，在可转债投资中也是如此。适合的仓位管理可以降低投资风险，提高投资者的获利概率。

第 9 章　另辟蹊径做可转债基金投资

投资者除了直接买卖可转债进行投资外，还可以另辟蹊径做可转债基金投资。可转债基金的主要投资对象仍然是可转换债券，但是又与可转债债券投资有着明显的区别。

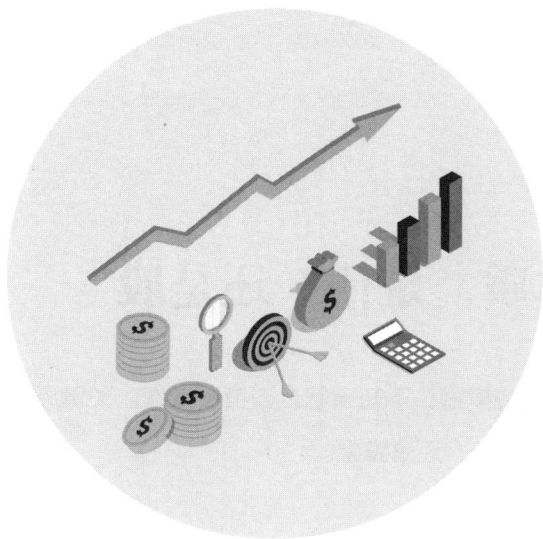

第1章

掀开可转换债券的神秘面纱

债券中有一类比较特殊的品种，即可转换债券。很多人可能听过，但是对它的了解却不多。实际上，可转换债券因为其独有的转换性，使得它在投资理财的操作过程中进退更有余地，也更吸引人。下面我们就一起来看看可转换债券到底是怎么一回事儿。

1.1
理清可转债的本质，是债？还是股

很多人对可转换债券认识比较模糊，不知道怎么去投资操作。关键原因在于，没有搞懂可转换债券到底是债券，还是股票。

1.1.1 什么是可转换债券

可转换债券简称可转债，指发行人依法发行、在一定期间内依据约定的条件可以转换成股份（"正股"）的公司债券。图 1-1 所示为可转换债券的示意图。

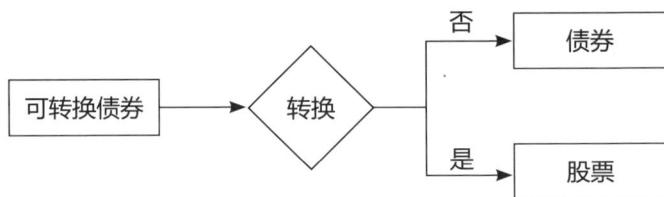

图 1-1 可转换债券示意图

从图中可以看到，投资者持有可转换债券之后有两种情况：

一是拒绝转换，那么此时手中的可转换债券就是债券，具有债券的特性，可以享受到期利息收益；

二是选择转换，那么此时手中的可转换债券就是股票，具有股票的特性，可以享受股票带来的收益。

其中，可转换债券具有的"转换"特点，就是它最大的特点，可转换债券的投资策略都是围绕这一特点进行的。

1.1.2　可转债的前世今生

可转换债券连接了债券市场和股票市场，丰富了投资者的投资操作，使投资者在实际的操作过程中有了更多的攻守选择。那么，可转换债券是如何发展而来的呢？

我国的可转债起步较早，发展却很缓慢，其主要发展历程，如图 1-2 所示。

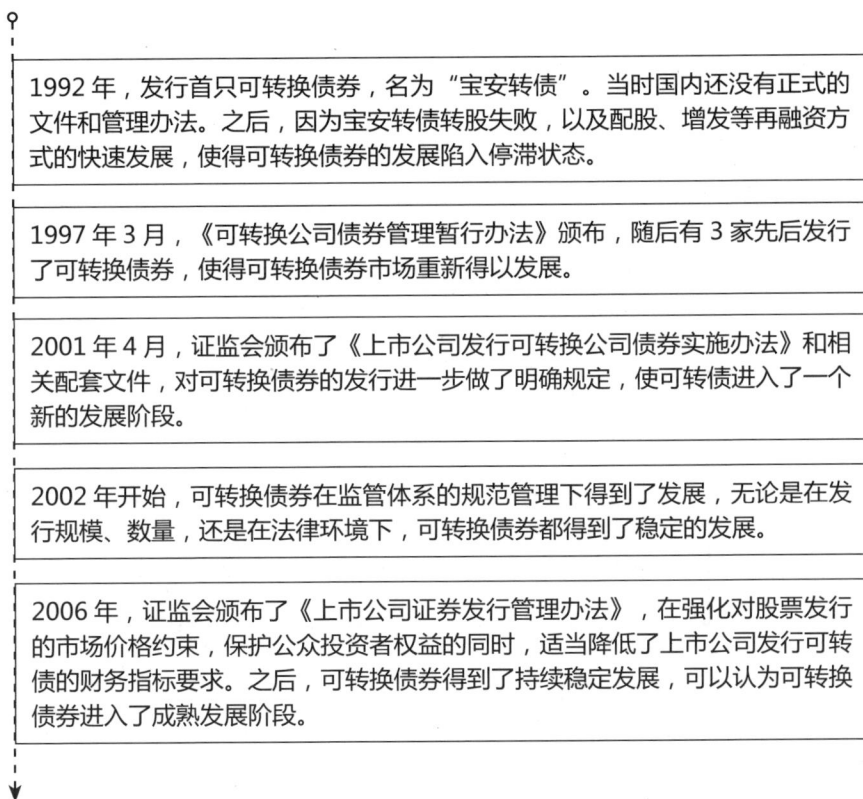

1992 年，发行首只可转换债券，名为"宝安转债"。当时国内还没有正式的文件和管理办法。之后，因为宝安转债转股失败，以及配股、增发等再融资方式的快速发展，使得可转换债券的发展陷入停滞状态。

1997 年 3 月，《可转换公司债券管理暂行办法》颁布，随后有 3 家先后发行了可转换债券，使得可转换债券市场重新得以发展。

2001 年 4 月，证监会颁布了《上市公司发行可转换公司债券实施办法》和相关配套文件，对可转换债券的发行进一步做了明确规定，使可转债进入了一个新的发展阶段。

2002 年开始，可转换债券在监管体系的规范管理下得到了发展，无论是在发行规模、数量，还是在法律环境下，可转换债券都得到了稳定的发展。

2006 年，证监会颁布了《上市公司证券发行管理办法》，在强化对股票发行的市场价格约束，保护公众投资者权益的同时，适当降低了上市公司发行可转债的财务指标要求。之后，可转换债券得到了持续稳定发展，可以认为可转换债券进入了成熟发展阶段。

图 1-2　可转债的发展历程

近年来，可转换债券发行规模明显大增。据统计，2019 年全年发行可转债 151 只，发行总额达 2 695 亿元。到 2020 年，即便在全球经济重创的影响下，仍有大量可转债发行，数量超过 2019 年，说明可转债越来越受到广大投资者的青睐。

相信在未来，随着市场的进一步改革，以及企业融资需求都将继续推动可转债市场的扩张。

1.1.3　可转债如何实现"可进"和"可退"

提及可转债，大部分人都知道它最大的优势在于"可进可退"，但是很多人却不清楚其中的"可进"和"可退"分别是什么意思，有什么用。

可转债投资的可贵之处就在于它赋予债权人的灵活转换的选择权利，而且是否转换、什么时候转换，都完全由债权人自行决定。正是这种自由的转换权，使可转债具备可进的攻击性，也具备了可退的防守性。图 1-3 所示为可转债的攻守特性示意图。

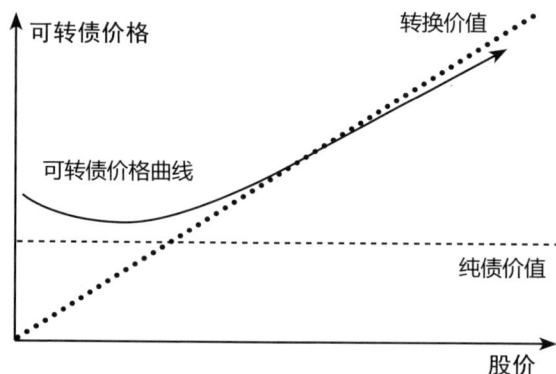

图 1-3　可转债的攻守特性

从上图可以得到下列三点信息：

①投资者持有可转债，如果正股价低于转股价，转股价值较低，投资者可以选择持有可转债到期，享受纯债价值。

②投资者持有可转债，如果二级市场可转债价格上涨，此时虽然股价也继续上涨，但转换价值低于可转债价格，那么投资者可以继续持有可转债在二级市场买卖交易获利。

③投资者持有可转债，股价继续上涨，带动二级市场可转债价格继续上涨，到转换价值明显高于可转债价格时，投资者可以转股，享受股价上涨收益。

因此，在可转债的投资操作过程中，可转债的纯债价值可以看作是投资者的可退的底线，而可转债转股的股价收益追求可以看作是投资者可进的进击线。

1.1.4　可转债的投资优势

可转债因为其独有的转换特点，使得它在一众的投资理财工具中更具优势，对投资者来说也更具吸引力。具体来看看主要包括哪些优势：

◆ 兼具债性和股性

因为可转债兼具了债性和股性，使得可转债投资既有基础投资收益保障，更有上升获利的空间。相比其他的理财品种，收益选择渠道范围更广，投资者投资套利操作的发挥空间也更大。

◆ 可转债中的条款应用

可转债中制定了特殊的条款，包括下修条款和回售条款等，有了这些条款的加持，使得可转债脱离了简单的"债券 + 股票"的组合形式，有了更多的获利方式和获利空间。投资者充分应用这些条款，不仅能够帮助获利，还能降低投资风险。

◆ 投资成本较低

可转换债券作为一种理财交易品种，只收取佣金，免除印花税，但是可转债转股之后就需要根据股票交易的规则，缴纳交易费用。综合看来，可转债的投资成本更低。

◆ 投资风险较低

债券投资的投资者最担心的就是信用风险。但在可转债投资中，企业发行可转债时，公司股票已经上市了，投资者对发行人的经营状况和公司股票的市场价格情况都能比较清楚地了解到，因此，投资风险相对较低。

另外，可转债中的纯债价值也为投资者提供了最低收益保障，这在很大程度上降低了投资者的投资风险。

◆ 优先偿还权

可转债属于次等信用债券，在清偿的顺序上，与一般的公司债券、长期负债等具有同等追索权利，相比股票有优先偿还的要求权，可以优先得到发行公司的清偿。

1.2
可转债具有普通债券的基本要素

可转换债券的本质还是债券，所以它也具备普通债券的所有基本要素，投资者了解并掌握这些要素，可以加深对可转债的理解，以便后期更好地完成投资。

1.2.1 债券面值、债券期限与票面利率

债券是政府、企业、银行等债务人为筹集资金，而根据相关的法律规定和程序发行并向债权人承诺在指定日期还本付息的有价证券。因此，债券投资使得投资者与发行者之间形成了一种债权债务关系，债券发行人即为债务人，投资者则为债权人，债务人到期向债权人支付固定利息和本金。

尽管债券的种类有很多，如可转换债券、国债和企业债券等，但是在内容上都包含了一些核心要素，这些要素是债券在发行时必须在其上载明的基本内容，这也是明确债权人和债务人权利与义务的约定。具体内容包括债券面值、债券期限和票面利率，图 1-4 所示为债券样式。

图 1-4 债券

（1）债券面值

债券面值指的是债券的票面价值，每一张债券的票面都会载明票面价值，它是发行人到期对债券持有人偿还的本金数额，也是发行人向债券持

有人按期计算利息的依据。如图 1-4 中债券的面值为 50 元。

但是，需要注意的是，债券的发行价格与债券的面值并不一定相同，可能会大于面值，也可能会小于面值。当发行价格大于面值时为溢价发行，当发行价格小于面值时为折价发行，当发行价格等于面值时为平价发行。

（2）债券期限

债券期限主要包括两个，即债券偿还期和债券付息期。债券偿还期指在债券上明确记载的发行人偿还债券持有人本金的期限，也就是债券发行日至到期日之间的时间间隔，如图 1-4 中的债券偿还期限为一年。

债券付息期指企业发行债券后支付利息的时间，不同的债券支付利息的方式不同，时间也不同。它可以是到期一次性支付，也可以是一年、半年或 3 个月分期支付。如图 1-4 中的债券付息期为一年到期一次性支付。

在考虑通货膨胀和货币时间价值的情况下，到期一次性支付利息还是分期支付利息对投资者的实际收益会有较大的区别，到期一次性支付利息会降低投资者的实际收益。另外，到期一次付息的债券其计息方式是按照单利计算的，但年内分期付息的债券其计息方式是按复利计算的。

（3）票面利率

票面利率指的是债券利息与债券面值的比率，也是发行人承诺到期支付给债券持有人利息的计算标准。债券票面利率的确定主要受到银行利率、发行者的资信状况、偿还期限、利息计算方法以及当时资金市场上资金供求情况等因素的影响。

票面利率分为固定利率和浮动利率两种，所以债券也可以分为固定利率债券和浮动利率债券。固定利率债券的利率是固定的，直到还本期满，利率保持不变；浮动利率债券的利率是浮动变化的，在还本期限内，定期进行调整，通常是每 3 个月或每半年调整一次。如图 1-4 中债券的利率为固定的 9%。

另外，债券的票面还会载明发行人名称，为债券持有人到期追回本金和利息提供依据。如图 1-4 中债券的发行人为中国农业银行。

这些核心要素的记载明确了发行人和债券持有人各自的权利和义务，为后期的到期支付提供了依据，是双方债券约定的关键，不能缺少。

1.2.2   债券的兑付方式

债券兑付是债券投资中的一个重要环节，也是债券投资获利变现的最后环节。债券兑付指债券持有者持有债券到期后，发行人偿还本金和利息；债券兑息指发行人在规定时间向债券持有人偿付利息。

不同的债券有不同的兑付方式，一般情况下，债券一共有五种兑付方式，具体如表 1-1 所示。

表 1-1   债券的 5 种兑付方式

兑付方式	说　明
到期兑付	到期兑付是所有兑付方式中最常见，也最普通的一种兑付方式，指债券到期后发行人按照票面利率和债券持有人持有的债券数量进行兑付。但是在到期兑付中，如果债券持有人逾期兑付，通常并不会加计逾期时间的利息
提前兑付	提前兑付指持有人在债券到期之前，向发行人兑付债券本金和利息的行为。债券提前兑付与银行定期存款不同，在银行定期存款中，如果存款人在定期存款到期之前提前支取自己的定期存款，那么存款人的存款利息则按照活期利率计算。而在债券中尤其是国债，债券持有人提前兑付按照其实际持有的时间分档计算利息，持有的时间越长则利息越高，但债券持有人必须缴纳一定的手续费用

兑付方式	说　明
债券替换	债券替换是一种延长投资时间的兑付方式，当债券持有人的债券持有到期后，用另一种债券来替代，再继续持有。这样既可以满足投资者继续投资的需求，也能降低发行人资金流转的压力
分期兑付	分期兑付指在一定的时间期限内，发行人将本息分成若干期分别兑付给债券持有人，在兑付时可能会采用不同的利率计算利息，但是具体的利率都会在债券发行之初作出明确的规定。这样的兑付方式，可以加快投资者资金回笼的时间，也有利于债券发行人合理按照分期时间来降低集中兑付本息的资金压力
转股兑付	转股兑付主要是针对可转换债券，即债券持有人可以在规定时间内将可转换债券转换成为普通股，债券持有人也可以继续选择持有。这样的兑付方式更灵活，给予投资者更多的选择空间

1.2.3　债券特有的信用评级

债券信用评级是以企业或经济主体发行的有价债券为对象进行的信用评级。也就是指，由债券评级机构对债券发行人按期还本付息的可靠程度进行评估，并标识出该债券的信用等级。投资者可以针对这些评级情况来判断债券投资的风险性，信用等级越高则风险越低。

债券评级主要是针对企业债券，是对企业偿债能力、到期支付能力以及财务健康程度的评估。国家或地方政府发行的债券，因为有政府的保证，所以不参与债券信用评级。除此之外的债券都需要进行债券信用评级。

债券信用等级通常分为九个级别，具体分类如下：

AAA 级是最高等级，表示安全度最高、风险最小；AA 级表示安全度相当高、风险较小，能保证偿付本息；A 级表示安全度在平均水平之上，有一定能力保证还本付息。

BBB 级表示安全度处于平均水平，目前状况较安全，但从稍长时期看，缺少一些保护性因素；BB 级表示将来可能会出现一些影响还本付息的不利因素；B 级表示收益度极低，将来安全性无保障。

CCC 级表示债务过多，有可能不履行偿还义务；CC 级表示有高度投机色彩，经常不支付或延付利息；C 级是最低级，表示前途无望，根本不能还本付息。

除了 AAA 级、CCC 级以下等级外，每一个债券评级等级都可以添加 "+" 或 "–" 来进行微调，表示略高或略低于该等级。

1.3
可转债独有的投资要素

可转债除了具备普通债券的基本要素之外，还具有其独特的投资要素。这些要素主要是围绕可转换债券的 "转换" 特点而产生的，理解并掌握这些特点可以帮助我们在实战过程中提升自己的投资技能。

1.3.1 可转债的转股价格

可转债的转股价格指可转换公司债券转换成为普通股票时每股股票所支付的价格，转股价格在可转债发行之初就明确规定了。

对于投资者来说，总是希望转股价格能够越低越好，例如假设正股价为 10.00 元，如果规定可转债的转股价为 9.00 元，那么，投资者相当于以

9 折的价格买进股票，这样投资者的获利空间更高，投资风险也更低。即便转股价为 10.00 元，等于市价，但是在存续期内可以有保底，上涨却不封顶，投资风险也较低。

但是，站在发行公司的角度来看，总是希望转股价越高越好，如果转股价定得过低，一旦股价上涨较大，而投资者用较低的价格买进，会给公司带来较大的损失。

因此，为了平衡双方，维护可转债双方的利益，证监会出台了相关规定来确定转股价，内容为"转股价格应当不低于可转债募集说明书公告日前二十个交易日公司股票交易均价和前一交易日公司股票交易均价"。

例如，某上市公司准备发行可转换债券，它的可转债募集说明书公告日前 20 个交易日公司股票交易均价为 8.00 元（计算方法为取前 20 个交易日收盘价的平均值），到了公告日前一交易日公司股票交易均价为 11.00 元，那么转股价就可以定为 11.00 元；如果 20 日均价为 8.00 元，前一日均价跌为 7.50 元，那么转股价可以定为 8.00 元。

同时，为了防止企业出现前 20 个交易日恶意打压股价，在发行后又放出利好消息刺激股价大涨，造成有利转股条件，促使可转债持有人大量转股，转股完成后，股价立即下跌、企业套利的情况发生，从而保障债权人的利益，证监会提出了转股期。

转股期指可转债持有人可以将债券转换为股票的起始日至结束日的阶段。也就是说，转股期的出台限制了可转债持有人在可转债发行结束之后立即转股的情况，即可转债持有人必须持有一定时间之后才可以进行转股操作，也就制止了上述情况的发生。

通常来说，可转债的转股期为发行结束满 6 个月后的第一个交易日起，至债券到期日结束。也就是说，可转债持有人必须在 6 个月之后才能转换股票。

但是，可转债的转股价一般会设定修正条款。在可转债正式发行后，上市公司因为送红股、转增股本、增发新股或配股、派息等情况出现，使公司股份发生变化时，转股价会按照相关的规则和计算公式进行调整。

转股价是可转债投资中的重要因素，几乎可转债中的所有条款和法规，以及可转债投资中的投资策略和操作，都是围绕转股价而进行的。故此，投资者需要在可转债投资之前对其有一个清晰的认识。

1.3.2　可转债的转股价值

可转债投资中经常会听到人有说转股价值，这是判断可转债转股与否的关键。因为二级市场中的可转债价格和正股价格都是波动变化的，所以为了提高自己的投资收益，投资者在转股之前都需要评估可转债的转股价值。如果转股价值较低，投资者转股之后无利可图，此时投资者就会选择继续持有可转债，到期兑付本息。

可转债的转股价值计算公式如下：

可转债的转股价值＝可转债的正股价÷可转债的转股价 × 可转债的面值

按照目前可转债的发行规定，可转债的面值统一为 100 元，因此，上述公式变形后如下：

可转债的转股价值＝可转债的正股价格 ÷ 可转债的转股价 ×100

例如，某公司发行的可转债转股价格为 11.00 元，此时正股价格为 12.00 元，那么可转债的转股价值计算如下：

12.00÷11.00×100=109.09（元）

再例如，某公司发行的可转债转股价格为 11.00 元，此时正股价格为 10.00 元，那么可转债的转股价值计算如下：

$$10.00 \div 11.00 \times 100 = 90.91（元）$$

从计算结果可以看出，当正股价大于转股价格时，转股价值大于 100，此时投资者转股有收益，且转股价值越大，投资者的收益空间就越大；当正股价小于转股价格时，转股价值小于 100，此时投资者转股没有收益，还会遭受损失，所以应继续持有可转债。

另外，即便是转股价值大于 100，正股价高于转股价时，如果高出的值不大，投资者转股仍然具有一定的风险，因为股票交易实行"T+1"交易制度，即投资者转股之后需要在第二天才能够卖出股票，这期间股价依然是波动变化的，而且有下跌的可能性。如果转股价值高出 100 的范围过小，投资者转股仍然有可能遭受损失。

1.3.3 看懂可转债中的各种价格

可转债是一种比较复杂的理财工具，其中一个原因在于可转债中的价格有很多，且不同的价格分别具有不同的意义。投资者想要做可转债投资，就必须明确这些价格代表的意义。

可转债中的价格主要包括 11 种，具体如表 1-2 所示。

表 1-2　可转换债券中的各类价格

价　　格	说　　明
债券票面价格	债券票面价格指债券面值，是发行人到期计息的依据
债券发行价格	债券发行价格是债券投资者认购新发行债券时实际支付的价格
正股价格	正股价是指可转债对应的股票交易价格
转股价格	转股价格指可转债公司债券转换成为普通股票时每股股票的价格

续表

价　　格	说　　明
可转债价格	可转债价格指可转债在二级市场中的波动价格
向下修正价格	在熊市行情中，股价始终低于转股价，投资者没有机会转股。此时，发行公司可以向下修正转股价格，使转股价低于正股价格，促进投资者转股
强赎触发价	可转债强赎触发价可设定为在可转债转股期限内，公司股票在连续 30 个交易日中至少有 15 个交易日的收盘价格高于当期转股价格的 130% 时，公司有资格按照债券面值加当期应计利息的价格赎回全部或部分没有转股的可转债
强赎价	强赎价指可转债触发强赎后，持有人如果错过卖出时机，上市公司强制赎回持有者手中的可转债时所支付的价格
回售触发价	回售触发价可设定为如果公司股票在任何连续 30 个交易日的收盘价格低于当期转股价格的 70%，可转债持有人有权将其持有的可转债全部或部分按债券面值加当期应计利息回售给公司
回售价	回售价指可转债持有人将持有的可转债回售给公司的价格。当触发回售条件时，持有人可以根据可转债募集说明书的回售价格规定进行回售
到期赎回价	到期赎回价指可转债持有人持有可转债到期赎回时得到的本息和

1.4
深度解读可转债的核心条款

为了规范可转债的发行和管理，证监会颁布了许多关于可转债的规定，且不同的规定对可转债起到了不同的影响。这些规定不仅对可转债发行公司具有重要意义，对投资者也具有重要的意义。投资者深入了解这些规定可以更好地进行可转债投资，甚至可以实现可转债套利。

1.4.1　可转债的发行条款

可转债中的发行条款是可转债管理中的基础条款，主要是对可转债发行公司的规定和管理。严格的管理条款限制，可以在一定程度上降低投资者的投资风险。

因为可转债的发行条款内容有很多，对投资者来说不必全部掌握，只需重点了解其中关键条款的内容即可，例如可以从发行可转债的条件、不能发行可转债的情况以及募集说明书三个方面来具体查看。

（1）发行可转债的条件

可转债是上市公司"再融资"的一种方法，因为近年来定向增发的难度增加，许多上市公司渐渐将目光转移至发行可转债这种方式上。但是，可转债并不是所有的上市公司都可以发行的，需要在财务上满足一定的条件，包括满足盈利、债券规模和担保等多方面的限制。

《上市公司证券发行管理办法》第二章的第一节从"上市公司的组织机构""上市公司的盈利能力""上市公司的财务状况""上市公司最近三十六个月内财务会计文件无虚假记载，且不存在下列重大违法""上市公司募集资金的数额和使用规定"这几个方面对上市公司公开发行证券的条件作了一般规定说明。

除了上述提及的规定以外，公司要对外公开发行可转换债，还应满足其他规定，如下所示为本办法第三章第十四条的规定。

第三节 发行可转换公司债券

第十四条 公开发行可转换公司债券的公司，除应当符合本章第一节规定外，还应当符合下列规定：

（一）最近三个会计年度加权平均净资产收益率平均不低于百分之六。扣除非经常性损益后的净利润与扣除前的净利润相比，以低者作为加权平均净资产收益率的计算依据。

（二）本次发行后累计公司债券余额不超过最近一期末净资产额的百分之四十。

（三）最近三个会计年度实现的年均可分配利润不少于公司债券一年的利息。

前款所称可转换公司债券，是指发行公司依法发行、在一定期间内依据约定的条件可以转换成股份的公司债券。

（2）不能发行可转债的情况

证监会明确规定了上市公司一旦出现下列情况时，则不予核准发行可转债。

①最近三年内存在重大违法违规行为的。

②最近一次募集资金被擅自改变用途而未按规定加以纠正的。

③信息披露存在虚假记载、误导性陈述或重大遗漏的。

④公司运作不规范并产生严重后果的。

⑤成长性差，存在重大风险隐患的。

⑥中国证监会认定的其他严重损害投资者利益的情形。

（3）募集说明书

除了对可转换债券发行公司进行了条件限制之外，还要求发行公司必须公布可转换公司债券募集说明书，并对说明书的内容做出了明确规定。具体内容如下：

◆ 发行人的名称。

◆ 批准发行可转换公司债券的文件及其文号。

◆ 发行人的基本情况介绍。

◆ 最近 3 年的财务状况。

◆ 发行的起止日期。

◆ 可转换公司债券票面金额及发行总额。

◆ 可转换公司债券利率和付息日期。

◆ 募集资金的用途。

◆ 可转换公司债券的承销及担保事项。

◆ 可转换公司债券偿还方法。

◆ 申请转股的程序。

◆ 转股价格的确定和调整方法。

◆ 转换期。

◆ 转换年度有关利息、股利的归属。

◆ 赎回条款及回售条款。

◆ 转股时不足一股金额的处理。

◆ 中国证监会规定的其他事项。

总的来说，相关部门对可转债发行公司作出严格的规定和要求，目的在于提高发行门槛，只允许盈利稳定的优质公司发行。这样一来，可以在信用风险方面为投资者提供更好的保障。

1.4.2　可转债的纯债条款

可转债本质上仍然是债券，因此具有债券的基本属性，而可转债的纯债条款指的就是可转债作为债券这部分的条款。纯债条款的主要内容包括了可转债的票面利率、到期时间和信用评级等，表 1-3 所示为某可转债的纯债条款。

表 1-3　某可转债的纯债条款

发行价格	100.00 元	债券发行总额	8.17 亿元
债券年度	2021	债券期限	6 年
信用级别	AA-	评级机构	中证鹏元资信评估股份有限公司
起息日	2021-01-26	止息日	2027-01-25
到期日	2027-01-26	每年付息	01-26
利率说明	第一年 0.40%、第二年 0.60%、第三年 1.00%、第四年 1.50%、第五年 2.50%、第六年 3.00%		

从上表可以看到，在实际的可转债纯债条款中主要是介绍可转债的债券信息，例如发行价格、债券发行总额和债券期限等。其中，需要投资者引起重视的是可转债的票面利率。

可转债的票面利率通常如上表所示呈逐渐递增，可转债持有的时间越长，票面利率就越高。仔细查看票面利率可以发现，可转债的票面利率远低于普通的公司债券，如上表所示的可转债票面利率第一年 0.40%，第二年 0.60%，第三年 1.00%，直到第六年才 3.00%。这是因为可转债本身具有的看涨期权属性，因为投资者并未支付权利金，所以需要让渡一些票面利息。

1.4.3　可转债的转股条款

转股条款是指投资者在一定时间内将可转债按照一定的价格和比率转

换成普通股票的约定条款。

转股条款实际上是对可转债转股条件的约定，内容包括正股价格、债券现价、转股价、转股价值以及转股溢价率等，可以帮助投资者快速了解可转债的相关转股信息。表 1-4 所示为某可转债的转股条款。

表 1-4　某可转债的转股条款

正股价格	7.63 元	正股市净率	2.18 元
债券现价	100.00 元	转股价	8.27 元
转股价值	92.26 元	转股溢价率	8.39%
回售触发价	5.79 元	强赎触发价	10.75 元
转股开始日	2021 年 3 月 2 日	转股结束日	2027 年 1 月 25 日

转股条款中最重要的是转股价和转股价值，它是投资者判断转股与否的关键信息，只有当可转债的转股价值较高时，转股才有意义。

1.4.4　可转债的下修条款

前面我们介绍了可转债的转股价格并不是固定不变的，它可能会因为派送股票股利、转增股本、增发新股、配股以及减资等情况而调整。此外，还有可能因为下修条款而调整转股价格。

下修条款指的是发行人可将转股价格向下修正的条款，即发行人根据相关约定有权向下调整转股价格。

那么，很多人可能会产生疑问，为什么发行可转债的公司要下调转股价格呢？

如果可转债发行上市之后，股价处于熊市行情，长期表现低迷。在这样的情况下，可转债持有人缺乏转股的动力，可转债此时表现出了较强的债性。

如果这种情况长期发展下去，一旦可转债到期，发行人就需要还本付息。但是，上市公司发行可转债的最根本目的不在于还钱，而是希望投资者转股，从债权人变成股东，这样上市公司就不用还钱了。因此，为了促使投资者转股，上市公司需要调整转股价格，吸引投资者转股。

但是，上市公司并不是任何时候都可以下调转股价格的，只有当该公司的股价运行达到一定的条件后，触发下修条款，可转债发行人才有权下调转股价格。触发条件为"当公司股票连续 20 个交易日中至少有 10 个交易日的收盘价低于当期可转债转股价的一定比例（该比例因公司不同而不同，其中 85% 和 90% 这两个比例比较常见）时，公司董事会有权提出转股价向下修正方案并提交股东大会表决"。在股东大会通过下修方案后，下修即可生效。

案例实操

航信转债（110031）下修后的投资者的心态分析

航天信息（600271）2015 年 6 月 12 日发行上市可转债航信转债 24 亿元，2021 年 6 月 11 日到期，期限为 6 年。

2019 年 12 月 25 日，股东大会通过可转债下修方案，将可转债转股价从 41.94 元向下修正为 21.79 元。

已知航信转债在 2019 年 12 月 25 日之前，还经历过一次下修，转股价调整为 41.94 元。12 月 25 日当日股价为 21.71 元。未调整前，其转股价值为：21.71÷41.94×100=51.76（元）。下修之后其转股价值为：21.71÷21.79×100=99.63（元）

可以看出，下修之后的转股价值明显增高，可转债重新对投资者产生了转股吸引力。

在 2020 年 3 月 19 日时，航信转债的收盘价为 119.40 元，正股价 20.48 元。在这样的情况下，投资者的投资选择主要存在以下几种可能。

①投资者并不希望转股，继续持有直至到期，按照到期赎回价 106.00 元兑现，此时投资者每 100.00 元最多损失 13.40 元（119.40-106.00），因为可转债的票面利率作保底，所以亏损率在 10% 左右。

②如果公司想要实现转股目标，但并不拉升股价，放任股价继续下跌，然后再次下修转股价格，吸引持债人转股。此时，不转股的持债人最大的亏损率仍然为 10% 左右。但是，已经转股的持股人在这样的股价行情下将面临重大的损失。

③如果公司想要实现转股目标并拉升股价，按照强赎的条件，当股价达到其转股价的 130%，即 28.33 元时（21.79×130%），相较于现价 20.48 元，投资者有 38% 左右的涨幅收益。

1.4.5 可转债的回售条款

可转债中的回售条款是针对可转债投资者的一项保护机制，即当正股价格过低时，投资者可以按照约定好的回售价格将可转债卖给公司。具体内容如下。

在某个时期内（一般是可转债的最后两个计息年度），如果正股价格持续低于某个阈值（一般为转股价的 70%），则可转债债权人有权以高于面值的价格（一般为债券面值加上当期应计利息）将可转债回售给发行人。这时，为了避免回售，上市公司可能会拉抬股价或者下调转股价。

此外，若可转债募集资金的用途发生变化，也应向投资者提供一次回售的权利。

例如某可转债的附加回售条款中提到，若公司本次发行的可转债募集资金投资项目的实施情况与公司在募集说明书中的承诺情况相比出现重大变化，根据中国证监会的相关规定被视作改变募集资金用途或被中国证监会认定为改变募集资金用途的，可转债持有人享有一次回售的权利。可转债持有人有权将其持有的可转债全部或部分按债券面值加当期应计利息的价格回售给公司。持有人在附加回售条件满足后，可以在公司公告后的附加回售申报期内进行回售。本次附加回售申报期内不实施回售的，不应再行使附加回售权。当期应计利息的计算公式为：$IA=B \times i \times t \div 365$。

IA: 指当期应计利息。

B：指本次可转债持有人持有的将回售的可转债票面总金额。

i：指可转债当年票面利率。

t：指计息天数，即从上一个付息日起至本计息年度回售日止的实际日历天数（算头不算尾）。

1.4.6　可转债的赎回条款

可转债的赎回条款介绍了可转债的多种赎回情况，具体有下列两类：

（1）到期赎回条款

到期赎回指的是例如，可转债到期后 5 个交易日内，公司将按债券面值的 118.00%（含最后一期利息，不同的可转债利率可能存在差异）的价格赎回未转股的可转换公司债券。

（2）有条件赎回

有条件赎回指的是当下面举例的任意一种情况出现时，公司有权按照一定的价格向可转债持有人赎回全部未转股的可转债。

①在转股期内，如果公司股票在任意连续 30 个交易日中至少有 15 个交易日的收盘价格不低于当期转股价格的 130%（含 130%）。

②当本次发行的可转债未转股余额不足 3 000 万元时。

综上所述，赎回条款中有三种赎回情况，即到期赎回、强制赎回和余额不足赎回。到期赎回和余额不足赎回比较简单，其中的关键在于强制赎回条款，即有条件赎回中的第一种情况。

如上，强制赎回条款的内容为：可转换债券转股期内，如果公司的股票收盘价在连续 30 个交易日中至少有 15 个交易日不低于当期转股价格的 130%（包括 130%），公司有权决定赎回全部未转股的可转债，价格为票面价值加上当期的应计利息。

也就是说，在可转债转股期内，如果公司股票价格大幅上涨，且达到一定程度，那么上市公司就有权按照略高于可转债面值的一个约定赎回价格赎回全部未转股的可转债。

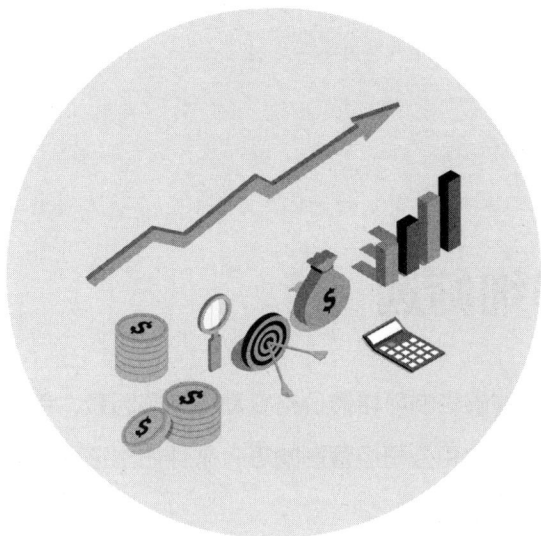

第 2 章

选择一只优质的可转换债券

2020 年可转债市场井喷，可转债发行量创下新高。面对这么多的可转债，投资者往往因为不知道如何选择而陷入迷茫。好的选择是投资成功的开始。本章来看看如何从众多的可转债中筛选出优质的一只。

2.1
从基本面角度仔细筛选

从基本面角度分析主要是从能够影响可转债价格变动的敏感因素，包括社会经济的影响、所在的行业变化影响和公司经营影响等，来评估出该可转债的投资价值，并最终形成买卖建议。

2.1.1　查看公司所处行业的景气程度

依照价值投资的理念来看，上市公司所在行业景气程度的提升可以带动上市公司的业绩增长，从而拉动上市公司股价的上涨。可转债与公司股票有着密不可分的联系，股价的上扬可以提升可转债的期权价值，进而推动可转债的价格上涨。因此，投资者选择可转债时有必要对其公司所处的行业进行分析。

在同一经济环境下，不同的行业面临的处境和对经济政策的敏感程度不同，所以对不同行业的证券价格也会产生不同程度的影响。我们在对公司所处行业的景气程度进行分析时可以从以下几个方面入手：

（1）行业的性质

行业的性质分析可以从商品形态、需求形态和生产形态这三个方面入手，具体如下：

①从商品形态上分析主要是查看公司的产品是生产资料还是消费资料，

二者受经济环境的影响差别较大。前者是满足人们的生产需要，通常受到经济环境变动的影响较大。当经济环境向好时，生产资料的增长速度较快，且高于消费资料；反之当经济环境恶化时，生产资料的萎缩速度也较快。消费资料则分为生活必需品和奢侈品，在同样的经济环境下，奢侈品行业受到的影响更大，而生活必需品行业受到的影响则相对较小。

②从需求形态上来看，最主要的是查看企业产品的销售对象和销售范围。不同的销售对象对产品的需求、质量和档次有不同的要求；不同的销售范围，人们的生活水平和习惯不同，导致他们对同一类产品的满意程度也不同。

③从生产形态上来看，需要分析企业的生产形态属于什么类型。行业的生产形态通常分为劳动密集型、资本密集型和知识技术密集型，具体介绍如表 2-1 所示。

表 2-1　企业的三种生产形态

生产形态	说　明
劳动密集型	劳动密集型行业指在产品生产过程中需要耗费大量的劳动力，对知识技术和设备依赖程度较低的行业，例如农业、渔牧业以及服务业等
资本密集型	资本密集型行业指在产品生产过程中以资本投入为主的行业，例如冶金业、石油化工业和电力工业等
知识技术密集型	知识技术密集型行业指在产品生产过程中科学技术占比较重，需要先进科学技术支持的企业，例如电子计算机行业、精密仪器行业等

（2）行业的市场结构

行业的市场结构指某一行业内企业的数量、生产产品的性质以及价格的制定等因素，对整个行业经济引起的变化。

根据行业市场结构的不同，可以将市场结构具体分为四种类型，如表 2-2 所示。

表 2-2　行业的四种市场结构类型

结构类型	说　明
完全竞争	完全竞争型市场指市场资源处于完全共享，企业不能主导和影响产品的价格，并且同一行业中的企业向市场提供的产品都是同类型的同质产品，生产者众多，进入门槛较低，例如农产品行业
垄断竞争	垄断竞争型市场指企业可以自主制定产品的价格，且每家企业在市场上都具有一定的垄断力，但同时它们之间又存在着竞争关系。这类行业进出比较容易，生产者众多，但产品之间存在差异
寡头垄断	寡头垄断型市场指由少数企业主导市场，企业之间相互依存。这类行业生产者少，进入门槛较高
完全垄断	完全垄断型市场指独家企业主导某一行业市场，其他企业想要进入该行业几乎不可能，企业对产品的价格控制程度很高

在上述的四类市场结构类型中，获利大小排列为：完全垄断、寡头垄断、垄断竞争、完全竞争。

（3）行业的生命周期

每一个行业都有其存在的生命周期，而行业生命周期的所处阶段影响各公司股价的发展。

一个完整的行业生命周期需要经过四个阶段，即萌芽期、成长期、成熟期和衰退期。各个时期的行业特点如下：

萌芽期。这一时期中产品尚且处于不成熟的阶段，行业利润较低，市场增长率较高，需求增长也比较快，行业中的企业主要目的在于开辟市场并占领市场。但同时，因为该阶段还处于萌芽期，所以不管是在技术上、产品上还是发展上都存在很大的不确定性，风险较大。

成长期。这一时期的市场增长率很高，需求高速增长，技术渐趋成熟，行业特点、行业竞争状况及用户特点已比较明朗，企业的利润提高，产品品种及竞争者数量增多。

成熟期。这一时期的市场增长率不高，需求增长率不高，技术上已经成熟，行业特点、行业竞争状况及用户特点非常清楚和稳定，买方市场形成，行业盈利能力下降，新产品和产品的新用途开发更为困难，行业进入壁垒很高。

衰退期。这一时期的行业生产能力会出现过剩现象，技术被模仿后出现的替代产品充斥市场，市场增长率严重下降，需求下降，产品品种及竞争者数目减少。

因此，行业生命周期与其利润、产品价格和销量的关系如图 2-1 所示。

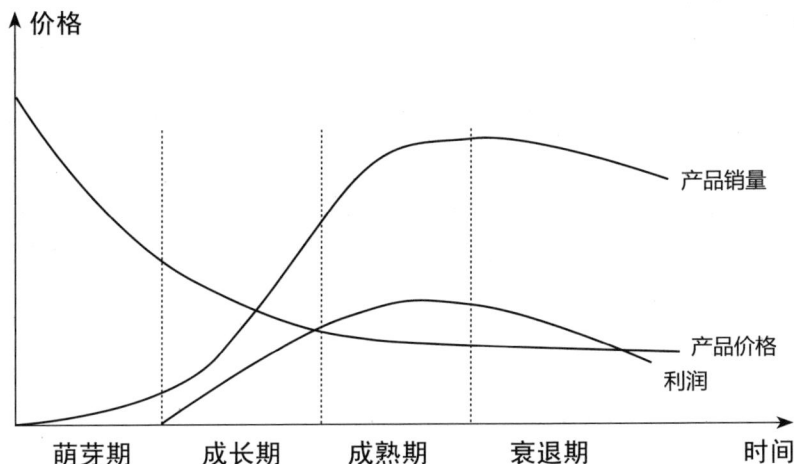

图 2-1　行业周期与企业发展关系

从上图可以看到，我们可以从产品销量、产品价格和利润这三个方面来分别查看行业生命周期对企业的影响。

①从产品销量来看，在行业生命的萌芽期，市场还处于产品验证接受阶段，所以销量较低。随着行业生命周期逐渐至成长、成熟期，产品销量也逐渐攀升至最大，并趋于稳定。当行业生命周期进入衰退期，市场因为已经充分饱和而出现销量小幅下跌的迹象。

②从产品价格来看，在行业生命的萌芽期，进入行业的企业较少，竞争较小，产品价格较高。随着行业生命周期逐渐至成长、成熟期，进入行业的企业越来越多，价格也越来越低，并逐渐趋于稳定。

③从产品利润来看，在行业生命的萌芽期，客户群体少，行业还处于被审视接受阶段，前期投入较大，所以利润较低，甚至是没有。随着行业生命周期逐渐至成长、成熟期，产品销量稳定后利润逐渐增大，趋于稳定。当行业生命周期进入衰退期，利润也出现下跌迹象。

因此，投资者在投资选择时，为了降低投资风险，应选择处于行业成长期或成熟期的企业。

2.1.2　查看公司的财务状况

股票价格的变化与公司的经营业绩密切相关，因此，查看一家公司的有价证券是否具有投资价值，最直接有效的方法就是查看该公司的财务状况。如果公司具有稳定的营业收入和稳健的现金流，说明该公司的经济实力较强，经营稳定。

虽然目前对可转换债券实行信用评级制度，绝大多数可转债都有商业银行等担保机构进行担保，且大多数可转债在条款设计中也说明了出现偿还现金不足时代为偿付的机构和方式。但是投资者，尤其是可转换债券投资中的中长线投资者，仍然不能忽视对上市公司财务状况的分析。

上市公司的财务状况主要从以下几个方面来查看：

◆　从公司的盈利能力查看

盈利能力实质上指的是公司获取利润的能力。公司的盈利能力强，说明公司具有较好的发展动力，能够为投资者带来丰厚的回报。所以，投资者投资之前需要对公司的盈利能力进行评估。

公司的获利能力分为三类，即业务盈利能力、资产盈利能力和市场盈利能力，具体包括主营业务利润率、营业净利率、总资产报酬率、每股收益和每股股利等财务指标。

◆　从公司的偿债能力查看

评估公司偿债能力的强弱需要从两个方面来进行分析，即公司的短期偿债能力和长期偿债能力。短期偿债能力指公司偿还流动负债的能力，长期偿债能力指公司偿还一年以上债务的能力。

短期偿债能力主要是借助流动比率、速动比率等指标来完成分析；长期偿债能力则是通过资产负债率、利息保障倍数等指标分析判断。

◆　从公司的发展能力查看

投资者作出投资决策的一个关键在于公司在未来一段时间内是否具有发展能力。公司的发展能力实际上也称公司的成长性，指的是公司通过自身的生产经营活动不断扩大积累而形成的发展潜能。

从财务状况的角度来看，公司发展能力分析主要是分析公司的收益、营业收入以及总资产的增长率等指标。

上述各类财务指标通常需要借助公司的资产负债表、现金流量表以及利润表来查看，进而了解公司真实的财务状况。

2.1.3　查看公司在所属行业中的地位

在公司基本面情况分析中，查看公司在所属行业内的地位是非常重要的一环。如果公司在所属行业中没有竞争优势，那么随着时间的流逝，该公司很可能会逐渐萎缩，甚至破产。但是，如果公司自身具有较强的竞争优势，且随着社会的发展与变化，不断通过技术研发提高自己的竞争力，那么这样的公司才会得到稳定的、长久的发展。

查看公司在所属行业中的地位主要可以从两个方面入手，即公司的经营业绩和盈利能力，其原因有两个：一是公司经营业绩提升，盈利能力增强可以带动公司股价上涨，进而推动可转换债券的期权价值；二是公司的经营业绩和盈利能力能够在很大程度上影响公司再融资的难易程度。

而公司的经营业绩和盈利能力可以通过实际的财务指标进行查看，分别是年销售额、年销售额增长率以及年销售额稳定性，具体如表2-3所示。

表 2-3　财务指标的意义

指　标	说　明
年销售额	年销售额指公司全年的产品与服务销售收入，通过年销售额可以看出公司销售额在全行业销售额中的占比情况，从而判断出公司的竞争能力
年销售额增长率	年销售额增长率是公司本年销售收入增长额同上年销售收入总额之比，它是分析公司成长状况和发展能力的重要指标。如果公司的年销售额增长率增高，相应公司的股价也会上升，可转债也会随之上涨
年销售额稳定性	年销售额稳定性指公司的销售额能够保持在一个比较稳定的水平。公司稳定的销售收入能够带来比较稳定的盈利，是公司盈利的保证

虽然可转换债券的发行要求比较严格，目前市场上可发行可转债的上

市公司中不少是行业内的龙头公司，但是在这样的情况下，投资者仍然要仔细查看目标可转换债券的发行公司的实力及公司在其行业中的所属位置，才能选择到一只真正优质的可转换债券。

2.2 从可转债本身情况查看

除了从基本面的角度来判断可转换债券发行公司的内在投资价值之外，投资者还不能忽视可转换债券本身的情况，例如可转换债券的现价、时间期限以及正股走势情况等。

2.2.1 可转债的现价

可转债的现价指的是投资者买进可转债时的价格。因为可转债票面面值是固定的 100 元，但现价会根据市场变化呈现出波动变化，所以现价有可能会大于 100 元，也有可能低于 100 元。如图 2-2 所示。

代码	简称	现价	涨跌幅	正股	股价	转换价值	转股价	溢价率	剩余期限（天）	到期时间
128017	金禾转债	211.38	3.93%	金禾实业	45.69	203.79	22.42	3.72%	1003	2023-11-01
128029	太阳转债	193.63	2.99%	太阳纸业	16.40	191.81	8.55	0.95%	689	2022-12-22
113012	骆驼转债	107.23	1.91%	骆驼股份	9.13	90.76	10.06	18.15%	781	2023-03-24
128028	赣锋转债	289.44	1.20%	赣锋锂业	120.30	288.63	41.68	0.28%	1053	2023-12-21
110043	无锡转债	122.00	1.07%	无锡银行	6.56	113.30	5.79	7.68%	1092	2024-01-29
128018	时达转债	99.21	1.03%	新时达	5.39	72.64	7.42	36.57%	1008	2023-11-06
128030	天康转债	254.92	0.89%	天康生物	10.85	138.22	7.85	84.44%	1053	2023-12-21
113009	广汽转债	106.13	0.30%	广汽集团	10.48	73.65	14.23	44.11%	365	2022-01-22

图 2-2 可转债的现价

从上图可以看到，可转债的现价变化较大，高的甚至可以达到289.44元，低的也有低于100元的。那么，面对差异变化如此大的可转债现价，投资者应该如何选择呢？

从投资的角度来看，投资者应该选择现价越靠近100元的可转债，主要有以下三个操作要点：

①如果可转债现价＜可转债面值100元，且属于远远小于时（通常情况下现价低于95元就属于远远小于的范围）不要选。有的投资者认为现价远低于可转债面值，说明可上涨的空间较大，获利空间也更大。实际不然，通常这类可转债对应的正股公司表现较差，市场反映较差，所以应尽量规避。

②如果可转债现价＞可转债面值100元，且属于远远大于时，说明可转债已经处于上涨行情中了，且已经获得一定程度的涨幅了，投资者还要不要介入需要根据可转债的实际情况来判断是否即将见顶。如果涨幅过大，投资者贸然入场风险会很大，很可能被套。

③如果可转债现价＝可转债面值100元，这里的"="不是指完全等于，而是指可转债的现价接近面值100元的情况，此时投资者可以放心买进。因为以100元的价格买进时即便可转债价格下跌，跌的空间也较小，且投资者还可以持有到期获得兑付收益，保证不亏损。另外，现价100元附近的可转债向上涨的空间非常大，一轮牛市行情下来，可转债在130元以上的情况比较常见，有的甚至在200元以上，此时投资者可以获得较大幅度的涨幅收益。

综上所述，投资者在选择可转债时，从投资风险和获益的角度来看，选择现价接近面值100元的可转债更好。

2.2.2 可转债的时间期限

我们知道可转债有时间期限的特点，其中与投资者直接相关的有两个非常重要的时间期限：一是可转债的转股期限；二是可转债的到期期限。

首先投资者应选择已达转股期限、能够转股的可转债。我们知道，可转债发行上市之后不能马上转股，只有过了 6 个月的时间后才能进入转股期。通常投资可转债的投资者都是看上了可转债的期权属性，所以不能转股的可转债意义不大。

其次，进入转股期的可转债也有到期期限长短的区别，如图 2-3 所示。

代码	简称	现价	涨跌幅	正股	股价	转换价值	转股价	溢价率	剩余期限（天）	到期时间
128017	金禾转债	211.38	3.93%	金禾实业	45.69	203.79	22.42	3.72%	1003	2023-11-01
128029	太阳转债	193.63	2.99%	太阳纸业	16.40	191.81	8.55	0.95%	689	2022-12-22
113012	骆驼转债	107.23	1.91%	骆驼股份	9.13	90.76	10.06	18.15%	781	2023-03-24
128028	赣锋转债	289.44	1.20%	赣锋锂业	120.30	288.63	41.68	0.28%	1053	2023-12-21
110043	无锡转债	122.00	1.07%	无锡银行	6.56	113.30	5.79	7.68%	1092	2024-01-29
128018	时达转债	99.21	1.03%	新时达	5.39	72.64	7.42	36.57%	1008	2023-11-06
128030	天康转债	254.92	0.89%	天康生物	10.85	138.22	7.85	84.44%	1053	2023-12-21
113009	广汽转债	106.13	0.30%	广汽集团	10.48	73.65	14.23	44.11%	355	2022-01-22

图 2-3 到期期限

从上图可以看到，剩余期限长的在 3 年左右到期，也有短的在一年左右到期。剩余期限指到期时间减去今日日期得到的时间，公式如下：

剩余期限 = 到期时间 − 今日日期

对于投资者而言，应选择剩余期限长的，还是选择剩余期限短的呢？

此时可以结合市场行情来综合判断。如果当前市场处于一个比较明朗的牛市行情中，或是上涨初期行情中时，应尽量选择剩余期限长的可转债，这样买进后等到牛市拉升的可能性较大，投资者可能获得丰厚收益。

如果当前市场处于一个振荡市场，在当前市场走势不明朗的情况下，投资者应该尽量选择剩余期限短的可转债，这样资金压力较小，时间成本投入较低。

2.2.3 可转债的正股走势

我们知道可转债的涨跌幅度在很大程度上受到正股股价走势的影响，即当正股股价上涨时，会带动可转债上涨；当正股股价下跌时，也会导致可转债下跌，但因为可转债的债券属性使其下跌有底。因此，投资者在选择可转债时有必要查看正股的股价走势情况。

下面借助具体的例子来分析：

案例实操

正股股价上涨推动可转债价格上涨

图 2-4 所示为正股横河模具（300539）2019 年 3 月至 2020 年 10 月的 K 线走势。

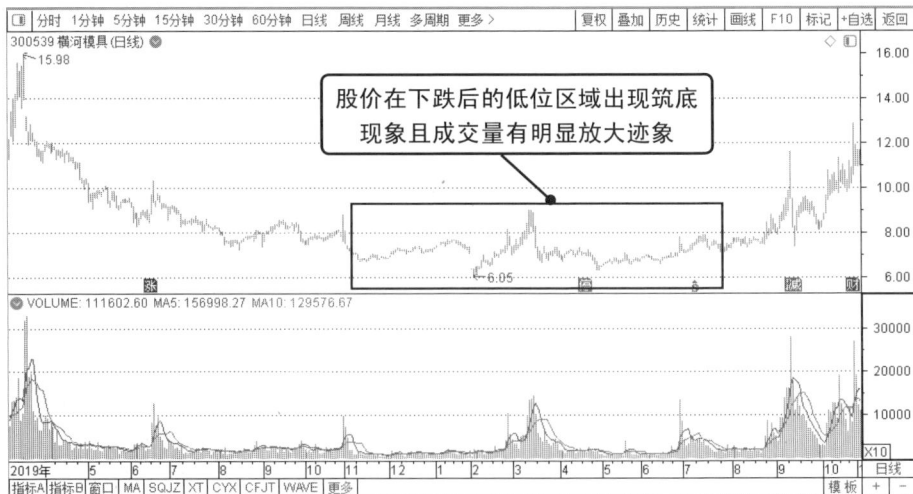

图 2-4　横河模具 2019 年 3 月至 2020 年 10 月的 K 线走势

从图中可以看到，横河模具前期经历了一波下跌行情，股价从 16.00 元附近开始下跌，跌至 6.00 元附近后止跌筑底回升，股价上涨至 12.00 元附近，涨幅达到 100%。

与此同时我们查看横河转债（123013）2019 年 6 月至 2020 年 10 月的 K 线走势，如图 2-5 所示。

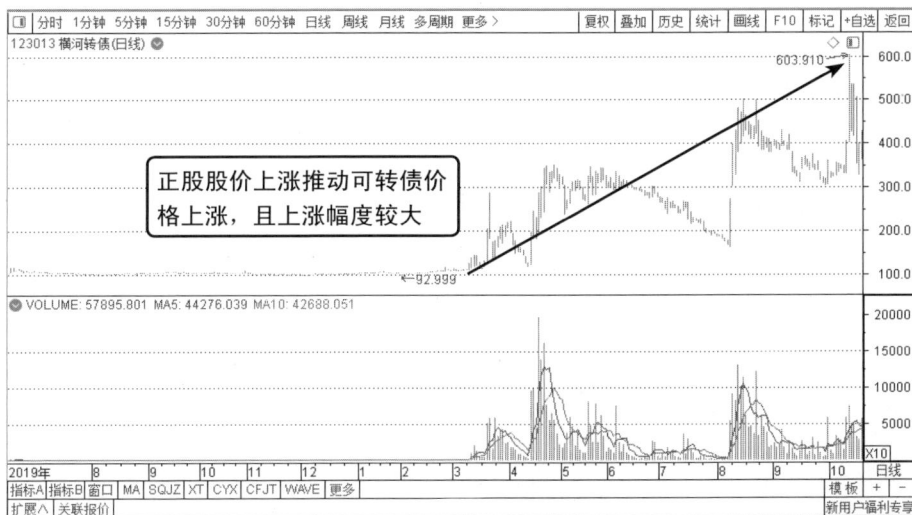

图 2-5　横河转债 2019 年 6 月至 2020 年 10 月的 K 线走势

从图中可以看到，前期可转债价格一直稳定在 100.00 元附近，债性稳定，当正股股价止跌回升转入上涨行情时推动了可转债价格上涨，最高上涨到 603.91 元。

因此，如果投资者在 2020 年 3 月初考虑是否买进该可转债时，可以查看正股走势，发现此时正股正处于大幅下跌后的低位区域且有筑底回升迹象时即可买进。

除此之外，股价下跌走势也会引起可转债价格下跌，下面同样以一个例子来说明。

案例实操

正股股价下跌促使可转债价格下跌

图 2-6 所示为正股众信旅游（002707）2020 年 6 月至 2021 年 1 月的 K 线走势。

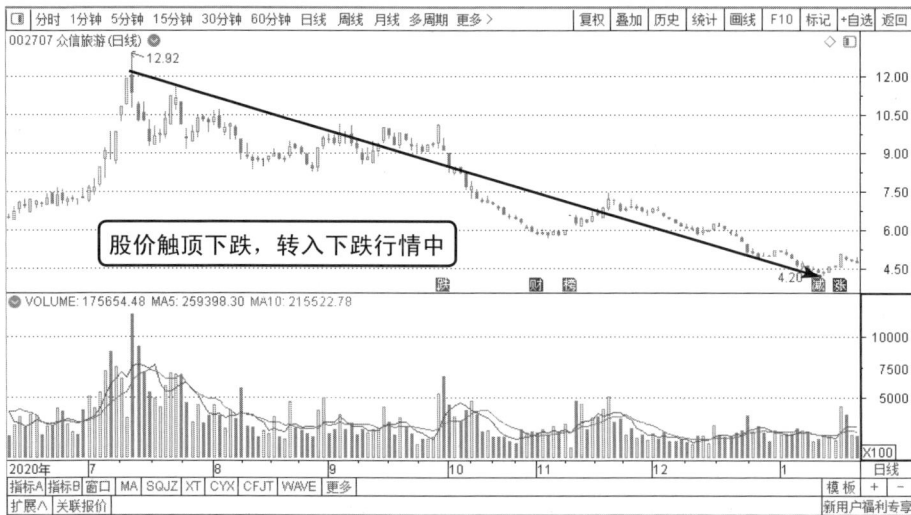

图 2-6 众信旅游 2020 年 6 月至 2021 年 1 月的 K 线走势

从图中可以看到，众信旅游前期股价表现上涨，股价上涨，达到 12.92 元。然后，K 线收出一根带长上影线的大阴线，股价止涨下跌，转入下跌行情中。股价最低跌至 4.20 元，跌幅达到 67.5%。

与此同时查看可转债价格走势变化，图 2-7 所示为众信转债（128022）2020 年 7 月至 2021 年 2 月的 K 线走势。

从下图可以看到，当正股股价在 7 月中见顶回落转入下跌行情时，众信转债也转入下跌走势中。但是，投资者要明确的是，与股价的下跌不同，可转债的跌幅是有限的。当正股股价不断下跌后，可转债债性就增强，所以可转债价格跌至纯债价值时止跌。

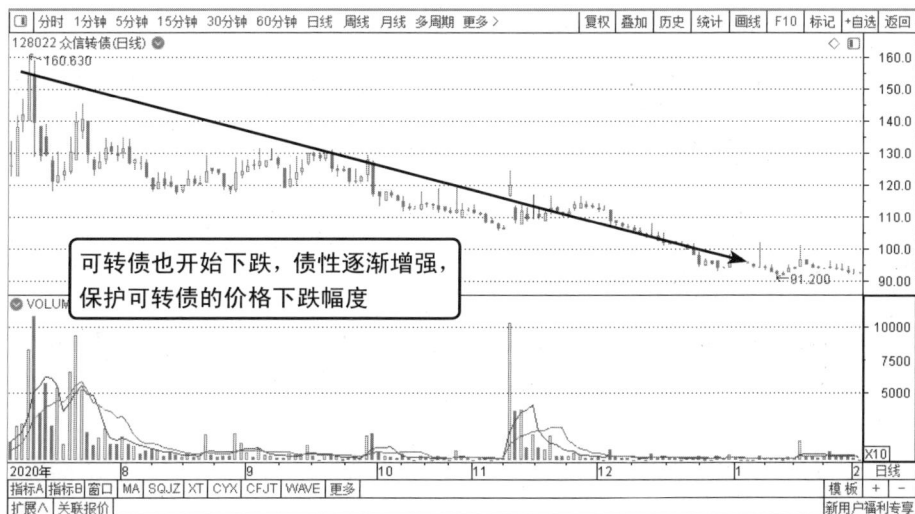

可转债也开始下跌，债性逐渐增强，
保护可转债的价格下跌幅度

图 2-7　众信转债 2020 年 7 月至 2021 年 2 月的 K 线走势

<h1>2.3</h1>

三大指标评估可转债价值

可转债投资中有三个指标是所有投资者不能忽略的，包括转股溢价率、纯债溢价率和到期收益率。这三个指标关系着投资者对可转债的选择，以及后续的投资操作策略。

2.3.1　股性指标：转股溢价率

转股溢价率指可转债市场价格相较于其转换后价值的溢价水平。转股溢价率越低，则可转债的股性就越强。所以在实际投资中人们常常会利用转股溢价率来衡量可转债的股性。

简单来说，转股溢价率也就是投资者将可转债转换成股票后，其成本相比股票的市场价格高估的幅度。转股溢价率的计算公式如下：

转股溢价率 =（可转债价格 ÷ 转股价值 −1）× 100%

转股价值 = 正股价格 ÷ 转股价 ×100

例如，2021 年 2 月 1 日，朗新转债（123083）转股价为 15.57 元，正股价格为 12.90 元，转债现价为 103 元，计算转股溢价率如下：

转股价值 =12.90 ÷ 15.57 × 100=82.85（元）

转股溢价率 =（103 ÷ 82.85−1）× 100%=24.32%

根据计算结果来看，正股再涨 24.32%，可转债和正股才是完全同步波动。

转股溢价率指标越高，则说明可转债的价格相对于当前的正股价格虚高的成分越高，投资风险较大。这中间虽然有市场对正股价格进一步走高的预期，但泡沫成分越高，可转债后市的不确定性就越大。

再如，2021 年 2 月 1 日，隆利转债（123074）转股价为 29.41 元，正股价格为 41.06 元，转债现价为 129.58 元，计算转股溢价率如下：

转股价值 =41.06 ÷ 29.41 × 100=139.60（元）

转股溢价率 =（129.58 ÷ 139.60−1）× 100%=−7.18%

根据计算结果可以看出，转股溢价率为负数，此时投资者要引起高度注意，负转股溢价率的出现说明无险套利的机会可能很快就会出现。因为转股溢价率为负数，且负值越大，则转股成本与市价差就越大，投资者转股收益也就越高。

因此，我们可以借助转股溢价率来判断可转债投资的风险。可转债的价格在 120 元以下的前提下，当转股溢价率小于 5%，几乎没有风险，投资者可以大胆买进；当转股溢价率处于 5% ~ 10%，风险较低，建议投资者增持；转股溢价率处于 10% ~ 15%，存在一定风险，投资者应以观望为主；转股溢价率 15% 以上，风险较高，不参与，可等待股价的修正；当可转债价格过高时，与基础股票之间几乎无差异，不在此列。

需要注意的是，该方法是在完全忽略正股基本面的情况下，以转股溢价率来对可转债进行评估，但是如果正股的基本面发生剧烈变化，该方法就不准确了。因此，在实际的投资过程中，投资者需注意结合正股的基本面来进行综合考虑。

2.3.2　债性指标：纯债溢价率

可转债溢价率中有两个溢价率：一个是前面介绍的转股溢价率，另一个就是本节要介绍的纯债溢价率。转股溢价率是股性指标，即查看可转债转换成股票价值的溢价程度；而纯债溢价率则是债性指标，表示可转债当前价值相对于其纯债价值的溢价程度。

纯债溢价率体现了看涨期权价值大小：纯债溢价率越低，则一般说明期权价值越小，可转债转股的可能性就越小，其债性就越强；纯债溢价率越高，可转债距离安全保底线就越远，则说明可转债价格被虚高的成分越大，未来下跌的可能性也越大。

纯债溢价率的计算公式如下：

$$纯债溢价率 ＝（可转债价格 ÷ 纯债价值 － 1）× 100\%$$

因为可转债的纯债价值受到四个要素的影响，分别是可转债的利息、可转债的剩余时间、可转债的评级、同评级同期限的企业债券收益率。

理财贴士 *如何获取影响纯债价值四个要素的值*

对于可转债的利息、剩余时间、评级可以可以在证券交易软件中找到对应的可转债，然后按【F10】键，在债券概况中可以查到。对于同评级同年限的企业债券收益率，则可以通过中国债券信息网（网址：http://yield.chinabond.com.cn）可以查到。

因此，不同可转债的利息不同、评级不同、离到期日的剩余时间不同，可转债的纯债价值也各不相同。

从理论来看，可转债的纯债价值是指不考虑转债内置看涨期权，将转债当作纯债券持有到期，各期利息收入和到期转债面值以及期末回售补偿价值的折现价值。简单来说，就是在不考虑内置看涨期权的情况下，它作为一张普通债券的价值。其计算公式如下：

纯债价值 = $\sum$ 各期息票现金流折现 + 本金折现 + 期末回售补偿价值。

可以看到，纯债价值的计算非常复杂，在实际的投资中很少有投资者会去计算这个数值，因为在可转债的基本资料会直接给出该数值，进而方便地计算纯债溢价率。

此外，纯债溢价率与转股溢价率两者之间还存在一高一低的密切联系，两者不会同时处于高位或是低位，总是一高一低地出现，具体情况分为下列三种：

◆ 转股溢价率较高，纯债溢价率较低时，可转债的债性较强，正股价格一般低于转股价格，短期内转股行权可能性较小，此类可转债可以视为普通债券。

◆ 转股溢价率较低，纯债溢价率较高时，可转债的股性较强，可转债的债性不能对可转债起到足够的保护作用，纯债作为债底的作用不明显。此时可转债的股性较强，投资风险较大，投资者应该注重兑现收益。

◆ 当纯债溢价率与转股溢价率都不高时，可转债处于债股混合的状态中，此时的可转债具有较好的投资价值。

2.3.3 债性指标：到期收益率

到期收益指可转债持有到偿还期所获得的收益,包括期间的全部收益。到期收益率实际上也就是指可转债根据其价格、面值和票面利率，通过折现公式计算得到的折现利率，即投资者按照当前市场价格买入可转债并且持有到期所获得的到期总收益率。

如果将可转债视为普通债券来看，到期收益率越高，投资者到期得到的收益也就越大。尽管可转债投资者中大部分人看上的都是可转债的期权属性,但是在熊市行情下,如果投资者想要持有到期获得本息收益作为保底,那么高到期收益率就会增大投资者的投资收益。

到期收益率的计算较为复杂，包括税前收益率和税后收益率。税前收益率指债券持有到期可以获得的到期收益率，计算公式如下:

税前到期总收益率＝（未到期应付利息＋到期赎回价）÷ 当前价－ 1

因为根据可转债募集说明书的介绍，对于个人投资者，利息应缴纳的个人所得税由证券公司等兑付派发机构按 20% 的税率代扣代缴，上市公司不代扣代缴个人所得税，投资者实际到手的收益只有利息收入的 80%；对于其他类型的可转债债券持有者，上市公司不负责代扣代缴个人所得税，由投资者自行缴纳。所以，税后收益为扣除 20% 利息的税后所得。

因为计算方法过程比较复杂，投资者只要了解大概的计算方法即可，在许多财经网中都会直接标明具体的到期收益率，如图 2-8 所示。

飞鹿转债 - 123052（正股：飞鹿股份 - 300665 行业：化工-化学制品-涂料油漆油墨制造）					
价格：106.890		转股价值：100.50		税前收益：3.42%	成交(万)：3249.37
涨幅：0.46%		溢价率：6.35%		税后收益：2.54%	当日换手：17.15%
转股起始日	2020-12-11	回售起始日	2024-06-04	到期日 2026-06-04	发行规模(亿) 1.770
转股价	9.90	回售价	100.00	剩余年限 5.340	剩余规模(亿) 1.769
股东配售率	75.37%	转股代码	123052	到期赎回价 120.00	转债占比[1] 20.24%
网上中签率	0.0011%	已转股比例	0.06%	正股波动率 会员	转债占比[2] 14.62%
折算率	0.000	质押代码	-	主体评级 A+	债券评级 A+
担保	无担保				
募资用途	发行人本次发行可转换公司债券募集资金总额不超过17,700万元，扣除发行费用后：1、12,582.66万元用于"年产20,000吨水性树脂新建项目"；2、5,117.34万元用于"高端装备用水性涂料新建项目"。				

图 2-8　查看可转债的到期收益率

因此，投资者在实际的投资过程中，应尽量选择到期收益率高的可转债进行投资。

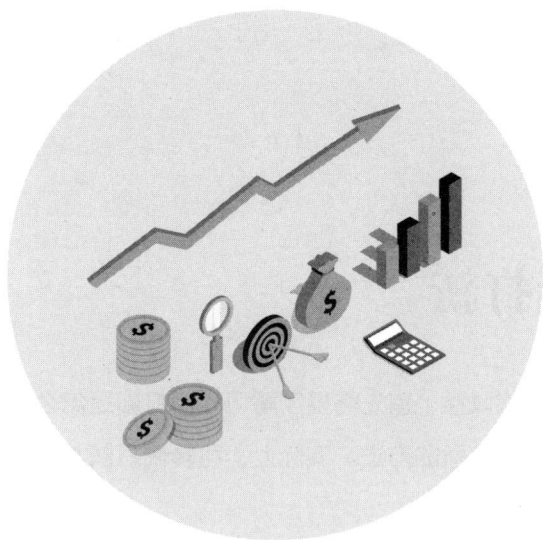

第3章

低风险高收益的可转债打新

　　要说低风险高收益的投资，就不得不提可转债打新了。打新可转债的收益通常在 15%~30%，但是这么高的收益，投资风险却很低，几乎是所有投资者都想要的获利机会。本章就来了解可转债打新的相关知识。

3.1
快速了解可转债打新

投资者想要获得可转债打新的收益，首先需要了解可转债打新是怎么一回事，才能够在打新规则下快速掌握获益的方法。实际上，可转债打新与股票投资中的打新股有着异曲同工之妙。

3.1.1　什么是可转债打新

可转债打新指的是在可转债发行的时候，投资者参与可转债申购，如果中签就买到了即将上市的可转债。这与打新股有点类似，打新股指的是投资者参与新股申购，如果中签就买到了即将上市的股票。

但是与股票不同的是，股票打新采用的是市值申购，而可转债打新采用的是信用申购。证监会颁布的《证券发行与承销管理办法》中，将可转债的资金申购方式改为信用申购方式。这意味着打新可转债的投资者无须市值、无须资金，只要有一个证券账户就可以参与申购，即便投资者处于空仓状态也可以申购。

因此，投资者进行可转债打新只需经过下列四个步骤：

证券开户。证券开户是投资者可转债打新的第一步，只有拥有证券账户的投资者才能够参与可转债打新。但是，新开通的证券账户当天是无法申购新债的，需要等到第二天才可以。

申购可转债。有了证券账户之后，投资者就可以在网上申购可转债了，直接申购即可，不用缴费。投资者提前了解新债发行的日期、申购代码以及申购上限，然后在证券交易软件界面输入申购代码、申购上限，确认买入即可。

中签缴款。新债申购之后，通常两个工作日会公布中签结果。大部分的券商 App 会有短信提示，投资者可以通过短信获得中签结果信息。同时，投资者也可以通过 App 进入"我的申购"页面进行查看。如果投资者中签则需要在当天下午的 16:00 之前完成足额缴款。

卖出获利。卖出获利是可转债打新的最后一步，也是获利了结的关键一步。可转债申购成功之后，投资者就可以等待上市，一般需要 20 天左右。当新债发行上市后，投资者进入 App 查看，会看到"新债—已发行"的提示。然后投资者就可以适时卖出，落袋为安了。

从可转债的打新流程来看，可转债打新可以称得上是无本之利，前期不需要投资者预交费用，占用资金，如果没有中签也不会对投资者造成什么影响。一旦中签，投资者只需缴足款项就可以享受较高收益。

3.1.2　可转债新债卖出的时机

可转债打新中签后投资者最为关心的就是卖出的时机，因为这直接关系到自己的获利情况。

可转债打新中签之后需要等到可转债上市之后才能够卖出获利。从买卖交易规则上来看，可转债新债上市的当天投资者可以直接卖出获利。但是，为了收益能够最大化，投资者就需要考虑挑选一个合适的时机在一个适合的价位卖出。

其实，关于可转债新债的卖出时机，我们可以从正股的基本面情况来进行分析，具体分为下面两种情况：

①正股基本面较好，公司所处行业为热门行业，具有较好的行业前景，且公司属于行业龙头企业，公司经营良好。在这样的情况下，投资者看好该公司后续的发展，则可以继续持有。

②正股基本面一般，没有特别的利好因素，在这样的情况下，上市当日涨幅达到15%以上，或者达到30%附近时，投资者可以直接选择挂单卖出，落袋为安。

3.2
可转债打新的规则有哪些

可转债打新虽然比较简单，投资者能够快速上手，即便是新手也能操作，但是其中的打新交易规则可不少。如果投资者不了解这些规则内容，很有可能会影响投资者可转债打新的投资结果。

3.2.1 沪深两市的可转债申购规则比较

沪深两市虽然都可以申购可转债，但是在具体的申购规则上却存在很大的不同，投资者需要仔细了解并做好区分。

（1）申购时间

在沪市市场，根据《上海证券交易所上市公司可转换公司债券发行实施细则》第二章第八条规定：投资者可以使用所持上海市场证券账户在 T 日申购在本所发行的可转债。申购时间为 T 日 9:30—11:30、13:00—15:00。

但在深市中，可转债的申购时间为 T 日 9:15—11:30、13:00—15:00。

（2）申购额度

在沪市市场，根据《上海证券交易所上市公司可转换公司债券发行实施细则》第二章第五条规定：网上申购最小单位为 1 手（1 000 元），申购数量应当为 1 手或 1 手的整数倍，网上申购数量不得高于发行方案中确定的申购上限，如超过则该笔申购无效。

在深市市场，根据《深圳证券交易所可转换公司债券业务实施细则》：每个账户最小认购单位为 10 张（1 000 元），每 10 张为一个申购单位，超过 10 张必须是 10 张的整数倍。

（3）临时停牌机制

上海市场中有临时停牌机制，具体内容参考《上海证券交易所证券异常交易实时监控细则》第三条第（三）点规定和第四条第（一）点与第（五）点规定。

第三条 证券竞价交易出现以下异常波动情形之一的，本所可以根据市场需要，实施盘中临时停牌。

（三）无价格涨跌幅限制的其他债券盘中交易价格较前收盘价首次上涨或下跌超过 20%（含）、单次上涨或下跌超过 30%（含）的。

第四条 盘中临时停牌时间按下列标准执行。

（一）首次盘中临时停牌持续时间为 30 分钟；

（五）第二次盘中临时停牌时间持续至当日 14:57。

深圳市场在 2020 年起执行新的盘中临时停牌规定，主要包括下列 4 点内容。

①盘中成交价较前收盘价首次上涨或下跌达到或超过 20% 的，临时停盘时间为 30 分钟。

②盘中成交价较前收盘价首次上涨或下跌达到或超过 30% 的，临时停盘时间至 14:57。

③盘中临时停牌期间，可以委托，也可以撤销委托；复牌时对已接受的申报实行复牌集合竞价。深交所表示，可以视可转债盘中交易情况调整相关指标阈值，或采取进一步的盘中风险控制措施。

④临时停牌时间跨越 14:57 的，于当日 14:57 复牌时先撮合一次复牌集合竞价，接着直接进入收盘集合竞价。

对比沪市和深市的盘中临时停牌规定，可以发现以下三点信息：

①临时停牌期间，沪市不可以报单，不可以撤单；深市停牌期间可以报单，也可以撤单。

②交易价格涨跌幅达到 30% 时，深市停牌时间较沪市大幅减少，有效保证了可转债的流动性。

③深市临停期间可以委托的做法更加人性化。

可转债停牌主要是在上市当天涨跌幅度超过了该证券交易市场的限制时，为了避免过度投机而采取的风控机制，目的在于保护投资者的相关利益。

此外，交易所还对可转债申购的一些可能出现的情况作出了明确的规定，具体如下所示。

◆ 申购的撤销

投资者参与可转债网上申购只能使用一个证券账户。同一投资者使用多个证券账户参与同一只可转债申购的，或投资者使用同一证券账户多次参与同一只可转债申购的，以该投资者的第一笔申购为有效申购，其余申购均为无效申购。

◆　中签不缴款

投资者连续 12 个月内累计出现 3 次中签但未足额缴款的情形时，自结算参与人最近一次申报其放弃认购的次日起 6 个月（按 180 个自然日计算，含次日）内不得参与网上新股、存托凭证、可转换公司债券及可交换公司债券申购。

放弃认购情形以投资者为单位进行判断。放弃认购的次数按照投资者实际放弃认购的新股、存托凭证、可转换公司债券、可交换公司债券累计计算；投资者持有多个证券账户的，其任何一个证券账户发生放弃认购情形的，放弃认购次数累计计算。不合格、注销证券账户所发生过的放弃认购情形也纳入统计次数。

3.2.2　原股东优先配售规则

可转债打新是无本之利，所以申购时投资者较多，中签率较低，但是在这种情况下，一些原股东可以通过优先配售原则来获得可转债。

通常情况下，在获得证监会核准同意后，可转换公司债券的发行人和保荐人可以采取向上市公司股东配售、网下发行、网上发行等方式中的一种或几种发行可转换公司债券。也就是说，如果投资者在股权登记日闭市后持有标的股票，则为原股东，就可以享受可转换债券的优先配售。

此时，投资者无须参与摇号抽签，委托的同时则会立即冻结相应资金。如果委托成功，且可转债募集成功，投资者就可以得到这些可转债。这就是原股东的优先配售权利。

在缴款日，投资者的证券账户持仓中会出现"××配债"或代码，等可转债上市之后，投资者便可以卖出可转债获利。

优先配售与普通可转债申购的规则不同，具体如表 3-1 所示。

表 3-1　优先配售规则内容

规则	说明
证券账户	参与优先配售的账户为沪、深股东账户
申报时间	深市：原股东优先配售日 9:15—15:00 沪市：原股东优先配售日 9:30—15:00
申报数量	深市：1 张或其整数倍 沪市：1 手或其整数倍（1 手为 10 张，即 1 000 元） 原股东参与优先配售，可在配售额度范围内多次申购，但总体申购数量不能超过配售额度
申报价格	100 元 / 张
申报代码	投资者需要输入配债代码，可以通过公告查询，也可以在持仓中直接查询

优先配售是发行公司给予原股东的一项权利，投资者可以在不抽签的情况下买进可转债新债，但是原股东并不是必须参加配售的，也可以选择不参加。另外，原股东参与配售之后也可以和其他一般投资者一样参与可转债申购。

3.2.3　首日报价和涨幅限额

可转债新债上市的首日，沪深两市对其报价和涨幅有不同的规定，投资者有必要了解并区分它们之间的不同。

（1）沪市中的可转债新债报价与涨幅

在沪市上市的可转债新债，首日报价范围在 70 ~ 150 元，超过范围的委托按废单、无效处理。

　　沪市中的可转债新债上市首日没有涨跌幅限制，但是因为前面介绍了沪市中存在临时停牌规则，所以上市首日的可转债新债涨幅超过 20% 或 30% 都可能会出现停牌的情况。

　　图 3-1 所示为南航转债（ 110075 ）2020 年 11 月 3 日上市首日的分时走势。

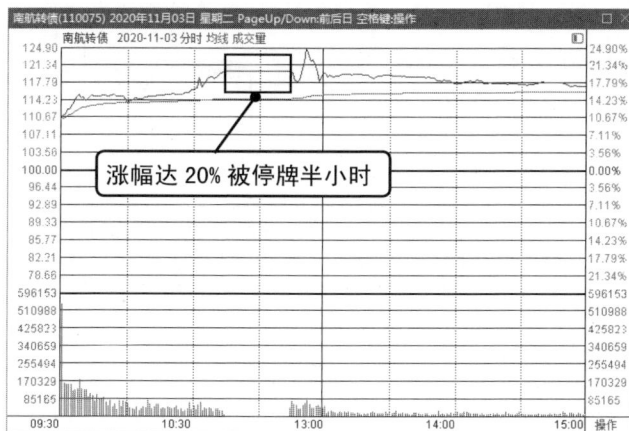

图 3-1　南航转债 2020 年 11 月 3 日的分时走势

　　从图中可以看到，南航转债首日上市交易，开盘就高开 10% 以上，盘中不断向上拉升。到 10:40 左右时，上涨至 20% 被停止交易半小时。半小时后复牌，短暂下跌后继续上涨，最高达到 127.38 元，涨幅达到 24.90%，随后有所回落，最终仍然以 17% 左右的涨幅报收。

（2）深市中的可转债新债报价与涨幅

　　在深市上市的可转债新债，首日报价范围在 70 ~ 130 元。根据深市的规定，超出报价范围的委托，可以保留但不计入集合竞价撮合范围。也就是说，如果委托单报价为 140 元，那么在集合竞价阶段，该委托单不会成交，但是开盘之后，若债券价格上涨至 140 元，此时是可以成交的。深市中，连续竞价和收盘集合竞价的有效竞价范围为最近成交价的 ±10%。

深市中的可转债新债在上市首日也没有涨跌幅限制，同样因为深市存在临时停牌规则，所以上市首日的可转债新债涨幅超过 20% 或 30% 都会出现停牌。

图 3-2 所示为同和转债（123073）2020 年 11 月 16 日上市首日的分时走势。

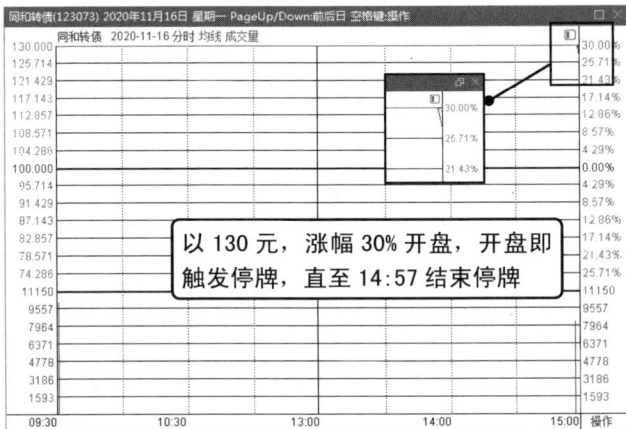

图 3-2　同和转债 2020 年 11 月 16 日的分时走势

从图中可以看到，同和转债首日上市交易，开盘就以 130 元，涨幅 30% 开盘，开盘后触发停牌机制，被停止交易，直至 14:57 停牌结束。

3.3
可转债打新怎么去做

可转债打新非常简单，投资者只要下载相关的证券交易软件，就可以借助手机或互联网轻松完成申购操作。下面就来具体介绍可转债打新的操作过程。

3.3.1　开立自己的证券账户

通过前面的介绍我们知道，在任何有价证券交易中投资者都离不开证券账户，因此，开立自己的证券账户是投资者进行可转换债券投资的第一步。投资者开户的过程大致包括如图 3-3 所示的四个步骤。

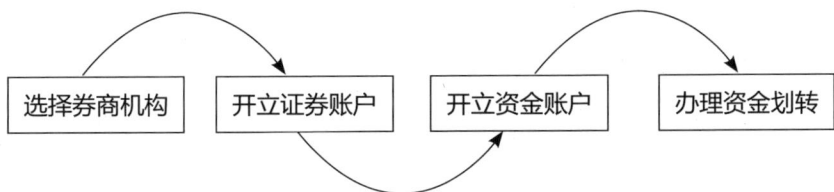

图 3-3　证券账户开户流程

投资者开立证券账户的四个步骤的具体内容如下：

◆　选择券商机构

市场上的券商机构有很多，投资者在开立账户之前需要从券商服务水平、便捷程度以及交易成本上来筛选合适的券商机构。

◆　开立证券账户

投资者选定了券商机构之后就可以办理证券账户了，办理时投资者需要提前准备相应的证件和资料。

如果是个人投资者，需要本人亲往办理，提供本人身份证原件及其复印件。

如果是代理人，还需与委托人同时临柜签署《授权委托书》并提供代理人的身份证原件和复印件。

◆　开立资金账户

投资者的证券账户开立完成后，还需要选择一家银行作为资金托管行，这就需要投资者办理一张对应银行的银行卡，作为资金账户，并且将证券账户与该资金账户进行关联，还要与券商和银行签订一份三方协议，投资者在今后进行证券交易、存取证券交易保证金或办理其他业务时，均可使用证券资金账户进行。

◆ 办理资金划转

办理资金划转是投资者决定操作买入交易时，通过证券交易软件中的"银证转账"功能将资金账户中的资金转入证券账户，然后进行买入操作。

随着移动手机的普及，越来越多的人习惯在手机上进行投资操作了，开户也是如此，投资者也可以利用手机来完成证券开户，更加方便快捷。

下面以在华泰证券 App 开立证券账户为例进行介绍。

案例实操

华泰证券 App 开立证券账户

投资者可以在应用商店中直接搜索"华泰证券"下载并安装该应用，也可以在华泰证券的官网中扫描下载二维码，如图 3-4 所示。

图 3-4　下载软件

打开软件，自动进入"行情"界面中，点击下方的"我的"按钮，如 3-5

左图所示。再点击"华泰证券极速开户"按钮，如 3-5 右图所示。

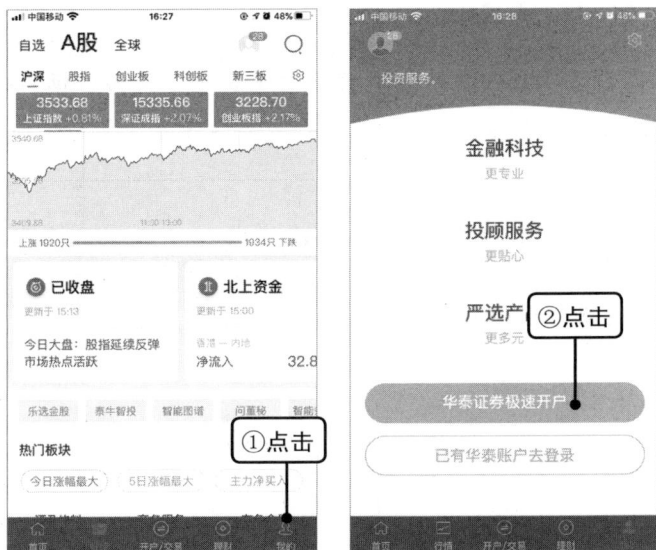

图 3-5　点击"华泰证券极速开户"按钮

进入极速开户界面，投资者可以先查看开户须知，确认之后点击"立即开户"按钮，如 3-6 左图所示。进入手机号码验证界面，有两种验证方式，这里点击"一键验证"按钮，如 3-6 右图所示。

图 3-6　确认开户并选择验证方式

随后软件会自动生成一个短信验证码，发送至华泰证券客服电话，完成短信验证，如 3-7 左图所示。

验证完成后进入佣金确认界面（佣金是在证券交易时证券公司按照交易金额比例收取的中介费用），查看确认之后点击"下一步"按钮，如 3-7 右图所示。

图 3-7　发送验证码并确认佣金比例

随后软件根据投资者所处的位置自动分配营业部，投资者确认营业部的名称和地址之后可以点击"确认"按钮，如 3-8 左图所示。当然，如果软件根据地理位置自动分配的营业部不适合投资者，投资者可以自行选择其他的营业部。

随后投资者进入上传身份证页面，点击"开始拍摄照片"按钮，如 3-8 右图所示，拍摄并上传自己的身份证信息（身份证内容仅用于身份验证，所有的身份信息都受到保护）。

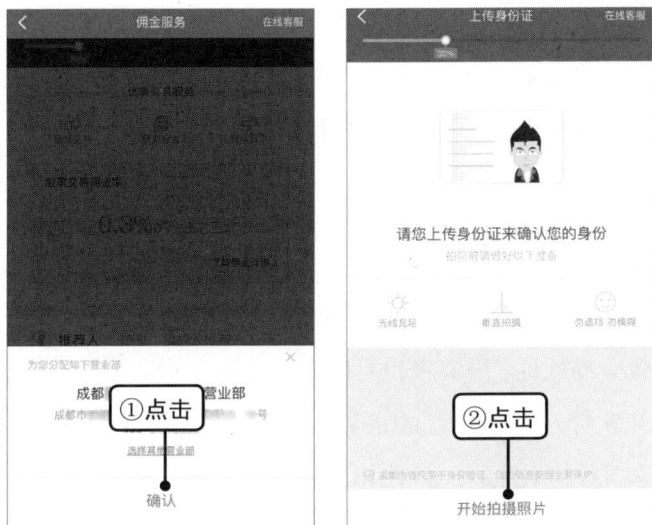

图 3-8 确认营业部并上传身份证信息

上传身份证信息后进入信息确认页面，无误后点击"下一步"按钮，如 3-9 左图所示。再根据页面提示填写自己的基本信息，完成后点击"下一步"按钮，如 3-9 右图所示。

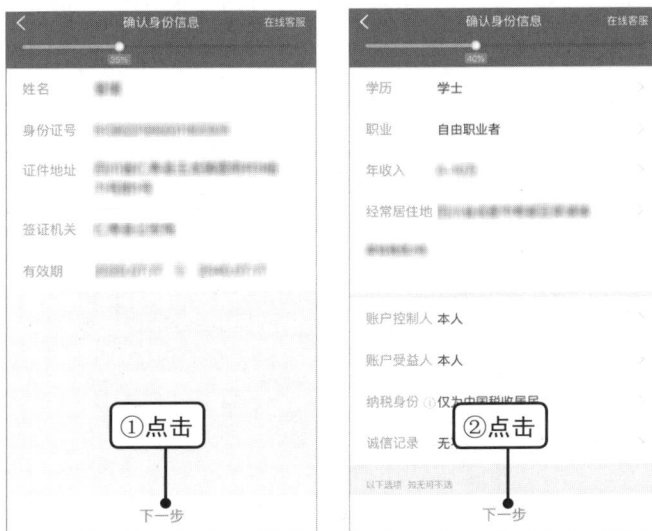

图 3-9 确认信息

最后再根据页面提示录制视频以确认本人的身份，录制过程中需要用普通话大声朗读"我是××本人，我自愿到华泰证券开户"。完成后提交，并等待平台审核资料即可，一般当天审核结果就能出来。

3.3.2　网上申购可转债

投资者完成开户后，券商通常会提供一个证券交易软件的下载地址，让投资者下载交易软件，投资者也可以自行搜索证券交易软件并进行安装。完成后，打开软件，登录自己的证券账户即可买卖交易，也可以申购可转债。投资者需要注意的是，新债申购的时间只有一天，仅申购当天可以申购。

在证券交易软件中，可转债新债的申购与新股申购的操作方法一样，都非常简单。这里以金长江证券为例进行介绍，打开软件并登录自己的证券账号，进入交易操作界面。

在左侧的股票交易选项卡下方单击"新股新债申购"前的展开按钮，展开新股新债的列表，再选择"新债申购"选项展开右侧的申购页面，输入新债代码，按照页面提示输入相关数据申购即可，如图3-10所示。

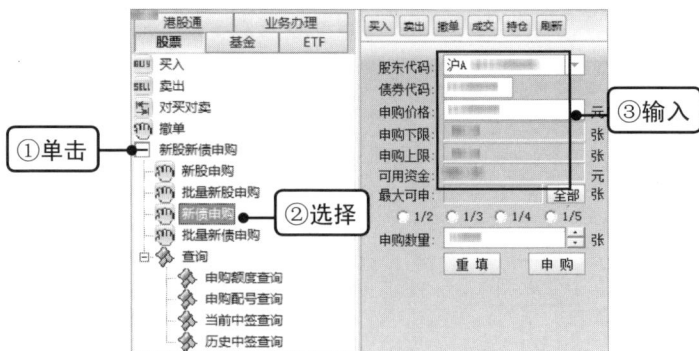

图 3-10　申购新债

从上图可以看到，新债申购软件提供了两种方式：一种是上面介绍的输入债券代码申购单只新债；另一种是批量新债申购。批量新债申购指的是软件提供当天可申购的所有可转债新债列表，投资者可以一键申购所有可转债新债。

在完成申购操作之后，并不意味着申购成功，这只是新债申购的第一步，通常新债申购需要经过四个步骤，具体如下：

①在 T 日通过证券账户申购可转债新债。

② T+1 日得到分配的号码，该号码用于抽签。

③ T+2 日查看是否中签，如果中签，需确保资金账户中有充足的资金，否则将视为弃购。

④ T+3 日确认申购成功。

投资者可以在证券交易软件中登录账户，在"查询／申购配号查询或当前中签查询"中进行具体的信息查看。

3.3.3　如何提高中签率

在可转债新债申购过程中我们反复提到了中签，可见中签的重要性，只有中签了投资者才可以申购成功可转债新债。虽然中签是一个随机事件，但是有没有办法提高我们的中签率呢？答案是肯定的。

（1）顶格申购

顶格申购指的是投资者在申购时应该根据自己的上限来进行申购，如果申购上限是 1 万张的话，那么就直接申购 1 万张。很多投资者不敢顶格申购的原因在于，以每张 100 元来计算，1 万张就是 1 百万元，自己中签过多的话没有那么多钱用来缴款。

事实上，投资者的这个担心是比较多余的，因为除了一些资质不是很好的可转债外，一般情况下投资者顶格申购也很难中一签。当投资者申购越多，配号也就越多，那么投资者的中签率也越高。

（2）持股优先配售

这是我们在前面内容中介绍过的知识点，即原股东优先配售权。既然原股东可以享受优先配售，是一种比较稳定的获得可转债新债的方法，那么投资者就可以在新债开始申购之前购买该公司的股票，成为该公司的股东，再顺理成章享受优先配售。

不过购买股票风险会比较大，新债上市以后收益是有限的，这种方式比较冒险。但是如果投资者本身看好该公司的股票，又能承受一定的风险，则可以选择这一方法。

（3）全部申购

有时候同一天会出现多只可转债新债申购的情况，有的投资者会从中选择一些比较稳健的新债进行申购，冷门一些的就主动放弃了。其实，投资者可以全部申购，这样做可以直接提高自己可转债新债申购的中签率。

最后，可转债新债申购是一个比较需要恒心和毅力的事情，投资者只有坚持不懈，持之以恒，抱定决心才能获得最终成功。

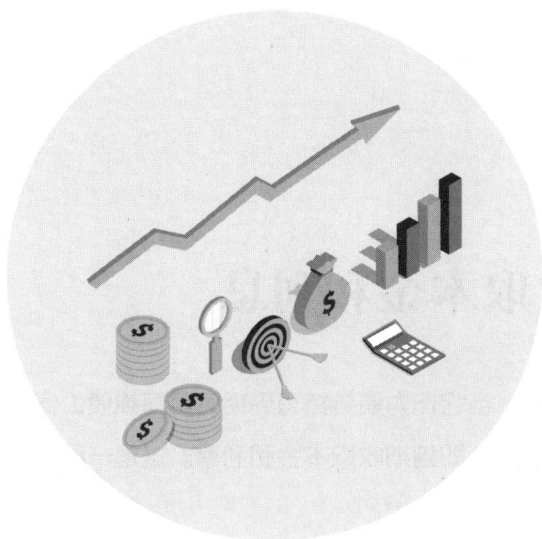

第 4 章

可转债的各种获利方法介绍

　　可转债最吸引人的地方在于它的各种获利方式，包括纯债获利、转股获利、规则套利和二级市场差价获利。这些花样的获利方式丰富了投资者的获利渠道，也给了投资者更多的投资操作选择。

4.1
纯债——到期收取本金和利息

可转债债券的本质还是债券，当它作为债券持有到期时具有纯债价值，投资者可以享受债券带来的到期收益，即到期收取本金和利息。这是一种比较稳定且风险低的获利方式。

4.1.1 影响可转债的纯债价值四要素

可转债是一种混合型的金融衍生产品，它既有债券的债性，也具有股票的股性。在评估它的价值时可以从其本身具有的债性角度出发，也就是说，假设可转债不转股时作为债券的价值。

将可转债作为纯债来评估其价值，就要考虑影响债券收益高低的因素有哪些，比较常见的有以下四个：

（1）票面利率

可转债的票面利率是影响债券收益的直接因素，当债券利率越高时，可转债作为纯债的价值就越大。

但是，可转债与普通债券存在不同，普通债券的利率是固定的单一利率，到期后直接根据单一利率计算收益即可。而可转债的利率是递进利率，在发行之初较低，随着投资者对可转债持有时间的增长，债券利率也会增大，在可转债临近到期时达到最高。图 4-1 所示为可转债久立转 2（128019）的基本信息。

久立转2 - 128019 (正股: 久立特材 - 002318　　行业: 钢铁-钢铁Ⅱ-特钢)						+自选
价格: **140.70**		转股价值: **140.68**		税前收益: **-8.07%**		成交(万): **15597.73**
涨幅: **1.30%**		溢价率: **0.01%**		税后收益: **-8.60%**		剩余年限: **3.005**
转股起始日	2018-05-14	回售起始日	2021-11-08	到期日	2023-11-08	发行规模(亿) 10.400
转股价	7.62	回售价	100.00	赎回价	106.00	剩余规模(亿) 8.295
股东配售率	72.39%	转股代码	128019	质押代码	-	债券评级 AA
网上中签率	0.0050%	已转股比例	20.24%	折算率	0.000	主体评级 AA
担保	无担保					
转股价下调	在本次发行的可转换公司债券存续期间,当公司股票在任意连续三十个交易日中至少有十五个交易日的收盘价低于当期转股价格的80%时					
强制赎回	在本可转债转股期内,如果本公司股票任意连续 30 个交易日中至少有 20 个交易日的收盘价不低于当期转股价格的130%(含130%)					
回售	在本可转债最后两个计息年度,如果公司股票收盘价连续 30 个交易日低于当期转股价格的 70%时					
利率	第一年 0.3%、第二年 0.5%、第三年 1%、第四年 1.3%、第五年 1.5%、第六年 1.8%					
税前YTM 计算公式	$1.50/(1+x)^{2.005} + 1.30/(1+x)^{1.005} + 1.00/(1+x)^{0.005} + 106.000/(1+x)^{3.005} - 140.5010 = 0$					

图 4-1　久立转 2 可转债基本信息

从图中可以看到,可转债久立转 2 (128019) 6 年期,它的利率第一年为 0.3%,第二年为 0.5%,第三年为 1%,第四年为 1.3%,第五年为 1.5%,第六年为 1.8%。

其次,在本息构成方面也存在不同。普通债券的本息构成比较简单,即每年向债券持有人支付一次利息,到期时将本金连同最后一期的利息支付给债券持有人。然而可转债则不同,除了每年在固定时间按照约定的利率支付利息之外,到期时可转债持有人还可以获得远高于最后一期利息和本金的到期赎回金。需要注意的是,到期赎回价中已经包含了最后一期的利息了。

以上述久立转 2 为例,按照普通债券的到期收益计算方式,久立转 2 债券到期后,投资者的赎回金额计算如下:

本息和 = 本金 + 利息 =100+100×1.8%=101.80 (元)

但实际上,从可转债的基本信息介绍中可以看到,久立转 2 债券到期后,投资者的赎回价为 106 元，意思是可转债持有人可以得到远高于最后一期利息和本金的到期赎回额。

（2）久期的长度

可转债的久期指的是距离可转债到期赎回的时间长短，它是可转债纯债价值分析的关键因素。久期越长，距离到期日越远，债券的利率就越低；而久期越短，距离到期日越近，债券的利率就越高。

此外，久期越长，那么市场中的变化因素就越多，投资者的投资风险也越大；反之久期越短，市场中的变化因素相对较少，投资风险也越低。

（3）贴现率

根据债券风险和无风险利率等因素确定贴现率大小，当贴现率越大时，纯债的价值越小。反之，当贴现率越小时，纯债的价值就越大。

（4）市场利率

市场利率也是影响可转债纯债价值的一个重要因素。当市场利率走低时，因为可转债的利率是固定的，所以此时可转债的纯债价值更稳定，也使得可转债更具投资价值。

4.1.2　计算可转债纯债的获益空间

任何投资中，对投资者来说最重要的都是收益，可转债投资也是如此。当投资者决定持有可转债获得到期收益时，就要懂得计算可转债纯债的收益情况。

可转债的利息计算比较简单，和普通债券的利息计算方式相同，具体公式如下：

可转债的利息 = 本金 × 年化利率

例如，投资者买进某一只剩余期限为 3 年的可转债 10 万元，其年化利率为第一年 0.3%，第二年 0.5%，第三年 1%，第四年 1.3%，第五年 1.5%。持有一年以后，投资者卖出该可转债，则投资者理论上可以得到的利息收益 =100 000 × 1%=1 000（元）。

可以发现，可转债的利率一般低于普通企业债券，这是因为可转债具有期权属性，大部分投资者更看重其期权价值，所以利率更低。

4.2
转股——获得股价涨幅收益

可转债最大的特点就是具有转股权，可转债持有者可以在约定的转股期内将可转债转换成股票，然后就跟普通的股票一样，可以获得股票的涨幅收益。看起来非常简单，但其中涉及的内容却较多，下面我们来具体看看。

4.2.1　转股操作如何实现

当可转债的正股走势良好，股票预期收益较高时，许多投资者都会考虑将手中的可转债转换成股票。此时，投资者就有必要了解可转债的转股步骤。可转债在沪市和深市的转股步骤有所区别，具体如下：

◆ **沪市转股**：投资者直接在证券交易页面中，委托卖出→输入转股代码→再输入转股的数量。转股时，债券价格为 100 元，数量则需要是 10 张或 1 手的整数倍。

◆ **深市转股**：投资者直接在证券交易页面中，选择其他委托→转股回售→可转债转股，并在页面中输入转股代码和转股数量。转股时数量为 1 张或其整数倍。

其中尤其需要注意转股代码，不要输入错误。如果投资者输入了转债代码，那么很有可能出现操作错误，使得可转债被卖出而不是转股。

另外，投资者转股时需要注意下列几个问题：

①转股操作只能在转股期内进行。

②可转债实行 T+0 交易制度，也就是说投资者如果在转股期内买进可转债，在买进的当天就可以在收市前申报转股。

③可转债可以转换成股票，但是股票不能再转回可转债，转成股票后，可转债本身具有的债性将与投资者再无任何关系。

④转股权是可转债持有者的一项权利，但不是义务，可以转股，也可以不转股。

⑤计算可转债转股数量的时候，通常会以整数来计算，当所剩债券面额不足转换一股时会以现金形式兑付给投资者。

4.2.2 转股时的股数计算

转股中投资者最需要了解的是手中的可转债能够转换成多少份额的股票，即一手可转债可以转成多少股股票。

沪市和深市的转股数量计算公式存在差异，具体如下：

沪市：可转债转股数量 =（可转债手数 ×1 000）÷ 转股价格

深市：可转债转股数量 =（可转债张数 ×100）÷ 转股价格

它们之间的差异是由于可转债数量计算单位不同而产生的，总结来看，可转债转股数量公式可以由以下公式表示：

可转债转股数量 = 可转债票面总额 ÷ 转股价格

例如，投资者持有某可转债100张，转股时该可转债的转股价为5.00元，正股收盘价为5.20元，此时计算投资者的转股数量如下：

100×100÷5.00=2 000（股）

4.2.3　转股后享受股票投资收益

投资者瞅准转股时机进行转股之后，就和普通的股票一样，享受普通股票的涨幅收益。但是与普通的股票投资者不同的是，可转债转股投资者的股票成本为转股价，而普通投资者的股票成本为市场股价，不管市场中的股价高于或低于转股价，投资者的转股成本都不会发生变化。

下面以一个具体的例子来进行介绍：

案例实操

利尔转债（128046）转股收益计算

图 4-2 所示为利尔转债 2020 年 4 月至 11 月的 K 线走势。

从下图可以看到，利尔转债前期经过一段时间的横盘筑底后，7 月初均线拐头向上呈多头排列，债价表现上涨走势。投资者趁机在 130.00 元价位线附近追涨买进 100 张。

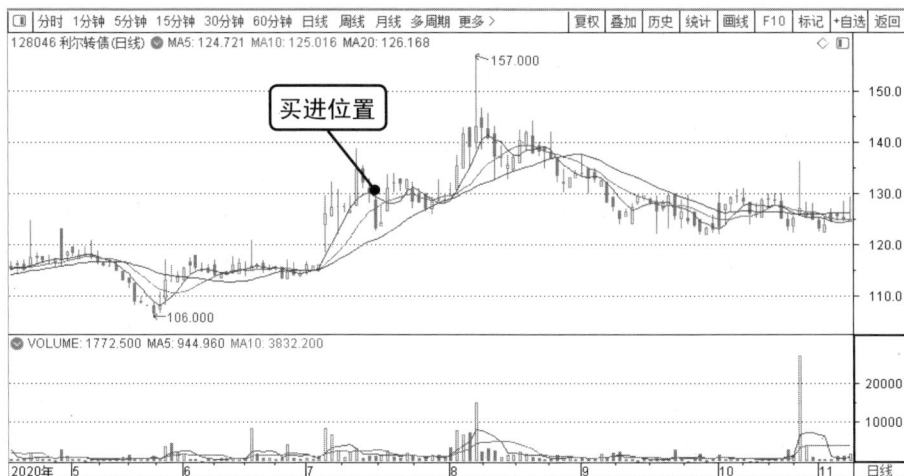

图 4-2 利尔转债 2020 年 4 月至 11 月的 K 线走势

　　但是这一轮上涨并没有维持多久，投资者跟进后仅仅几个交易日便止涨下跌，投资者错过最好的卖出机会。随后可转债继续下跌，甚至跌至买进位置下方。在这样的情况下，投资者将目光投向了正股市场。

　　图 4-3 所示为利尔转债正股利尔化学（002258）2019 年 11 月至 2020 年 11 月的 K 线走势。

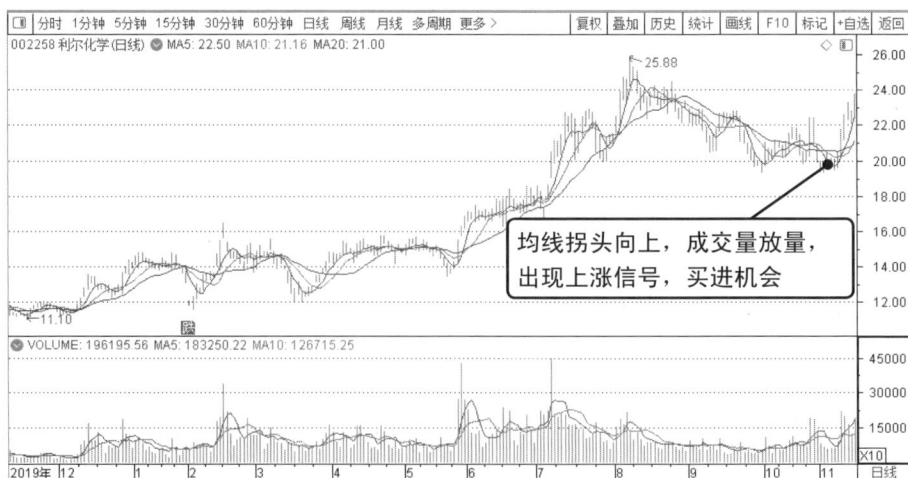

图 4-3 利尔化学 2019 年 11 月至 2020 年 11 月的 K 线走势

从上图可以看到，利尔化学正处于上涨趋势中，股价从 11.00 元附近震荡向上运行，创下 25.88 元的新高后止涨下跌。但股价下跌至 20.00 元价位线附近时止跌，并在该价位线上横盘运行。

2020 年 11 月，成交量出现放量迹象，均线拐头向上，股价出现上涨迹象，说明该阶段的下跌并不是上涨趋势发生改变，而是上涨过程中的回调，后市继续看涨。所以投资者可在此位置转股，已知转股价为 18.62 元。

转股数量 ＝（100×100）÷18.62=537（股）

转股后该股继续延续之前的上涨行情，图 4-4 所示为利尔化学 2020 年 8 月至 2021 年 2 月的 K 线走势。

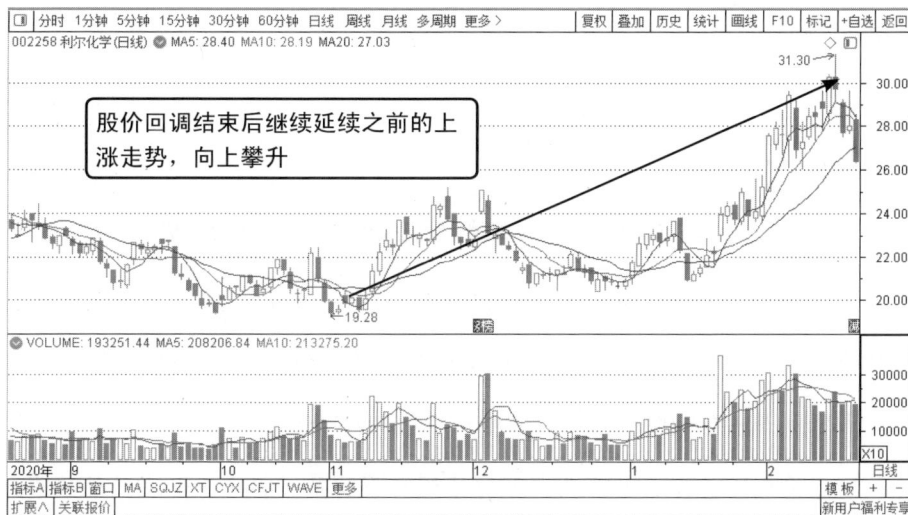

图 4-4　利尔化学 2020 年 8 月至 2021 年 2 月的 K 线走势

从上图可以看到，股价回调结束后继续延续之前的上涨走势向上攀升，最高涨至 31.30 元。如果 2021 年 2 月投资者在 31.00 元位置卖出，那么该投资者的转股收益计算如下：

卖出股票得到金额 ＝31.00×537=16 647.00（元）

投资买入成本 =130.00×100=13 000.00（元）

最终收益 =16 647.00−13 000.00=3 647.00（元）

因为正股拉升也会推动可转债向上攀升，图 4-5 所示为利尔转债 2020 年
9 月至 2021 年 3 月的 K 线走势。

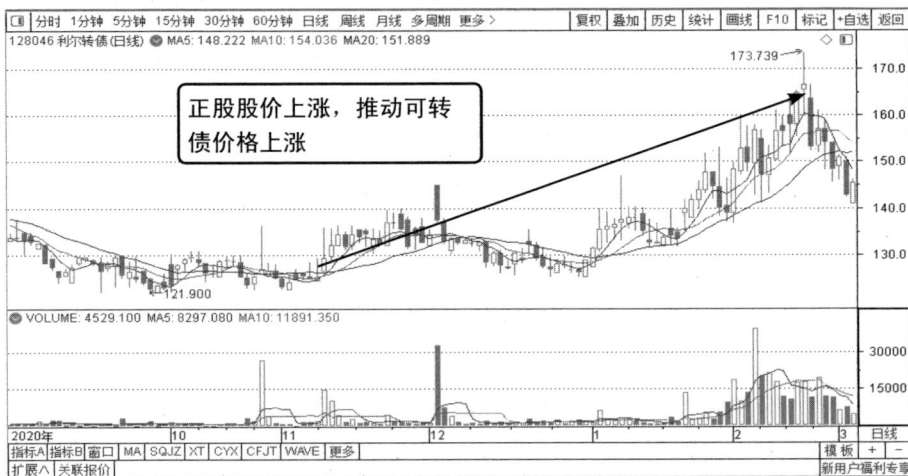

图 4-5　利尔转债 2020 年 9 月至 2021 年 3 月的 K 线走势

如果投资者没有转股，继续持有可转债，同样在 2021 年 2 月左右卖出
可转债，卖出价格为 160.00 元，投资者也一样可以获益，收益计算如下：

最终收益 =160.00×100−130.00×100=3 000.00（元）

可以看到，不转股直接卖出可转债同样有收益，但收益小于转股收益。
当然案例中的分析结果只对应当前的案例情况，实际投资中需不需要转股、
什么时候转股还是要结合实际情况来判断。

投资者转股之后，除了享受股票的涨幅收益之外，还可以享受一项收
益，即分红派息。分红派息是指上市公司向其股东派发红利和股息的过程，
也是股东实现自己权益的过程。分红派息的形式主要有现金股利和股票股
利两种，可以增加投资者的收益。

4.2.4　可转债转股套利

可转债转股套利也被称为折价套利，也就是说当可转债的转股价小于正股价，即折价转股，且转股溢价率为负，此时折价的数值大小就是投资者的套利空间。

可转债转股套利与股票涨幅收益不同，涨幅收益是投资者看重正股的后市行情而享受涨幅收益，但转股套利看重的是折价空间的收益。

假设，投资者以 100.00 元价格买进某可转债 100 张，转股价为 5.00 元，正股价此时为 7.00 元，那么此时投资者就可以转股套利，具体收益计算如下：

转股股数 =100.00×100÷5.00=2 000（股）

卖出股票获得金额 =2 000×7.00=14 000.00（元）

最终收益 =14 000.00-100.00×100=4 000.00（元）

也就是说，投资者在经过转股卖出这一操作后，获得利润 4 000.00 元。实际上可以看作，转股价为 5.00 元，正股价 7.00 元，每股产生了 2.00 元的利润，投资者转股股数为 2 000 股，所以收益为：（7.00-5.00）×2 000=4 000.00 元。

其中有一个问题需要注意的是：股市交易实施的是 T+1 交易制度，而可转债交易实施的是 T+0 交易制度。也就是说，即便折价出现，投资者看重折价空间转股成功，但转股之后就需要遵循股市交易规则，需要等到第二天才能卖出，而转股当天股市价格是波动变化的，所以如果折价的空间不够，那么第二天卖出时投资者很有可能出现亏损。

假设投资者以 100.00 元价格买进某可转债 100 张，转股价为 5.50 元，正股价此时为 6.00 元，投资者决定转股套利，转股后第二天卖出股票，此时发现股价下跌至 5.40 元，此时投资者收益计算如下：

转股股数 =100.00×100÷5.50=1 818（股）

卖出股票获得金额 =5.40×1 818=9 817.20（元）

最终收益 =9 817.20−100.00×100=−182.80（元）

根据计算结果来看，可以发现投资者原本想要利用差价转股套利，但实际上却因为股价 T+1 交易制度，股价发生波动变化，第二天卖出时股价下跌而出现了亏损。

为了避免这一情况的发生，投资者应该预留一定的安全边际，即提前考虑股价可能下跌的范围。

股市交易有涨跌停板制度，所以最低跌幅为 10%，但投资者不必考虑这种极端行情，因为如果股价出现跌停，必然前期处于熊市行情或当前行情不理想，这样的行情通常不会出现转股，所以投资者提前预留 3% ～ 5% 的跌幅范围是比较合理的。

4.3
套利——利用条款规则获利

可转债是一种比较复杂的理财工具，为了规范管理，保障债务人和债权人各自的权益，相关部门推行了一系列的规则政策。但是，这些规则除了可以保障权益之外，也可以帮助投资者获利。

4.3.1　正股涨停套利

正股涨停套利实际上是借助了股票市场和可转债市场的交易制度区别

来进行获利的一种方法。我们知道在股票市场中有涨跌停板制度，当股价上涨或下跌至 10% 时就会涨停或跌停。当正股出现涨停，投资者想买却买不进去，此时投资者就可以转入可转债市场。

当股价直线拉升至涨停时，可转债价格因为与正股价格关联密切，所以价格也会随之上涨，但可转债市场只有临时停牌限制，而没有涨停限制，所以通常正股涨停之后，可转债还会继续向上冲高。当市场情绪高涨时，可转债一天的涨幅甚至可以超过正股 2 ~ 3 天涨停，而这就是投资者的套利机会。

此时需要查看正股涨停的位置，如果正股处于牛市行情的初期，且可转债价格处于 100.00 元附近时，投资者可以放心买进，甚至是全仓买进，等到后市出现明确的止涨下跌信号时再卖出获利。

案例实操

通光转债（123034）利用正股涨停套利操作分析

图 4-6 所示为通光线缆（300265）2019 年 4 月至 2020 年 3 月的 K 线走势。

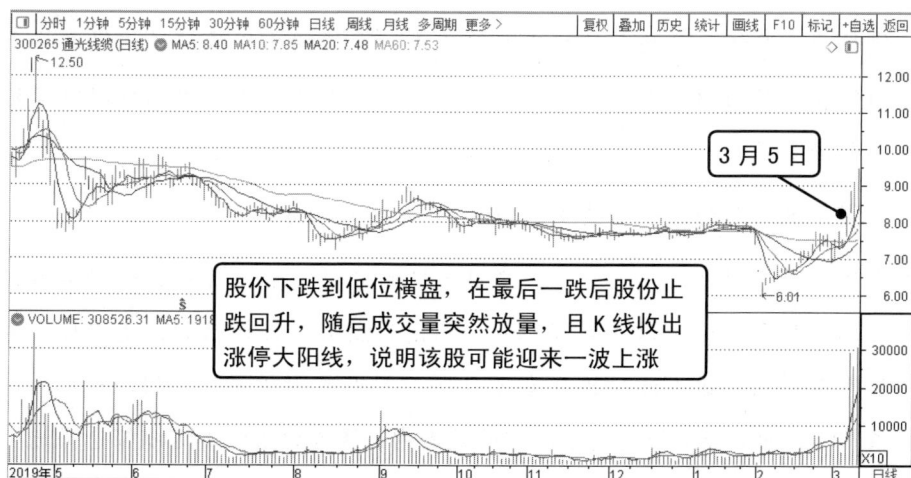

图 4-6　通光线缆 2019 年 4 月至 2020 年 3 月的 K 线走势

从上图可以看到，通光线缆前期经历一波下跌行情，股价下跌至 8.00 元低位区域，并长期在此位置横盘波动运行。2020 年 2 月股价进一步下跌至 6.01 元后止跌小幅回升，且均线出现拐头向上迹象，说明该股很可能迎来一波上涨行情。

随后，3 月 5 日出现涨停，图 4-7 所示为通光线缆 3 月 5 日的分时走势。

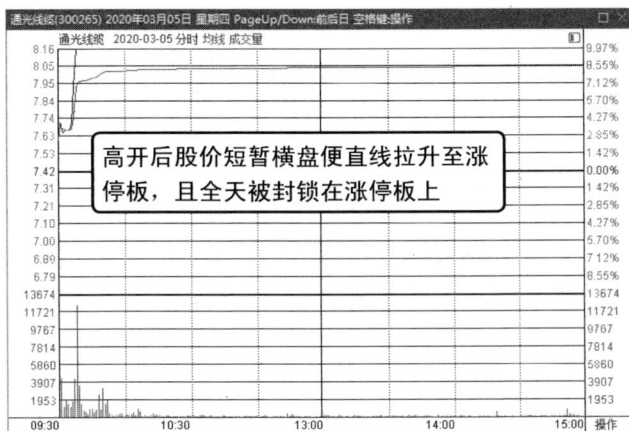

图 4-7　通光线缆 3 月 5 日的分时走势

从上图可以看到，当日股价在 7.61 元位置高开且短暂横盘之后，立即直线拉升至涨停，且全天被封在涨停板上。涨停的出现确定了该股即将上涨的信号，但因为被封至涨停板，投资者此时无法买进，所以可以将目光投向可转债市场。

图 4-8 所示为通光转债（123034）3 月 5 日的分时走势。

从下图可以看到，通光转债 3 月 5 日的分时走势与其正股走势类似，当日高开且短暂横盘后便直线拉升，但因为没有涨停板限制，所以投资者仍然可以轻松买进。此时投资者可以在 117.00 元附近买进，117.00 元的价格虽然溢价率不低，但是属于正常的范围内，谨慎的投资者可以轻仓买进。

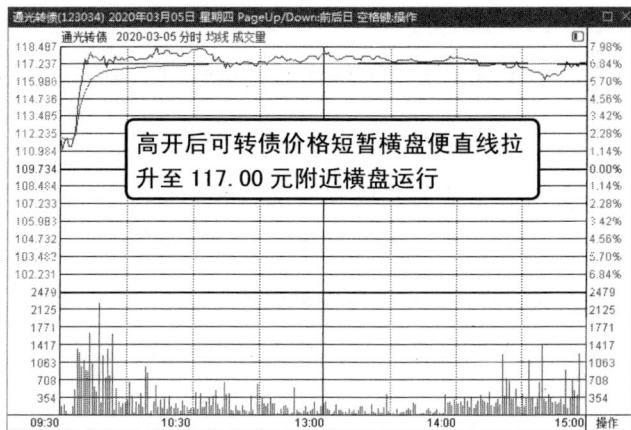

图 4-8　通光转债 3 月 5 日的分时走势

买进之后，投资者就要实时关注可转债的走势情况。图 4-9 所示为通光转债 2020 年 1 月至 3 月的 K 线走势。

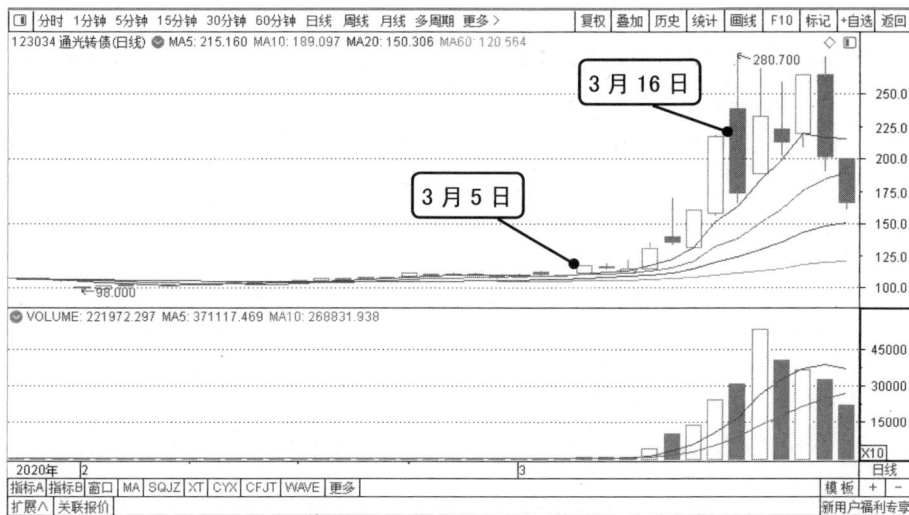

图 4-9　通光转债 2020 年 1 月至 3 月的 K 线走势

从上图可以看到，买进后可转债价格继续向上攀升，涨幅较大。可转债价格上涨至 200.00 元价位线上方后，3 月 16 日 K 线收出一根上影线较长的大阴线，说明上方压力较重，此时涨幅已经超过80%，投资者要引起注意，寻找出逃机会。进一步查看当天大阴线的走势情况，4-10左图所示为通光转债3月16日的分时走势。

从图中可以看到，当日高开后可转债价格快速下滑至均价线下方，跌至232.00元附近后止跌横盘。午盘结束后，成交量突然明显放大，可转债价格进一步下跌，最终以20.93%的跌幅收盘。由此可以判断，盘中大量可转债持有者出逃，为降低投资风险，锁定前期收益，落袋为安，投资者应尽快出逃。

第二天3月17日分时走势如4-10右图所示。从图中可以看到，当日可转债高开之后继续向上攀升，可转债价格拉升至269.00元附近后止涨短暂横盘，进入午盘后出现下跌迹象，此时为投资者离场的好机会。此次投资者的收益涨幅为130%左右。

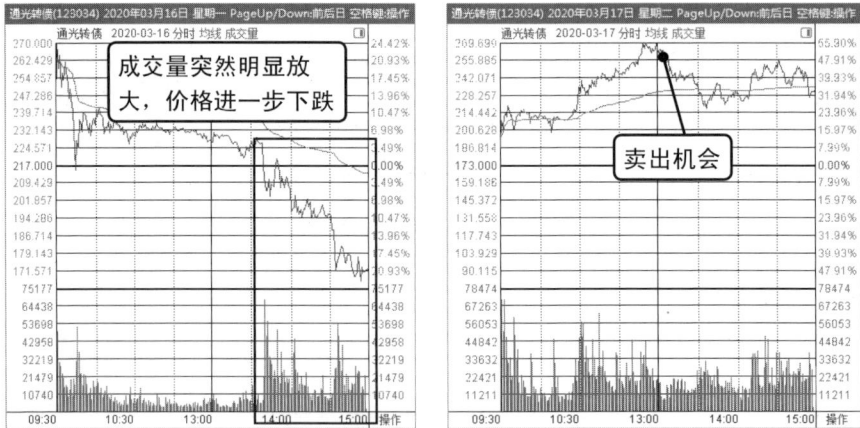

图4-10　通光转债3月16日和17日的分时走势

该案例是比较完整的一次正股涨停套利，实际上是利用涨停给了我们可转债的上涨信号，既然股市无法买进操作获利，投资者就可以将目光转移至可转债市场获利。

4.3.2　强制赎回套利

强制赎回是针对可转债的强制赎回规则，前面规则介绍中已经做了简单的介绍，但很多投资者不知道的是强制赎回也可以进行套利。

强制赎回指的是正股股价在连续 30 个交易日中至少有 15 个交易日的收盘价不低于当期转股价格的 130%（含 130%），公司就有权按照债券面值加上当期应计利息的价格赎回全部未转股的可转债。

如果投资者在可转债发行时买进，他应该如何进行强制赎回套利呢？

首先，投资者不要对强赎产生恐惧，或者将其视为霸道条款，实际上我们可以将其视为一个止盈条款。当可转债可以触发强赎时，可转债的现价必然高于 130 元，此时投资者已经有 30% 左右的利润。触发强赎时投资者主要存在以下几种情况：

（1）继续持有可转债

触发强赎后，投资者有多种操作方法，其中最不可取的就是继续持有可转债。因为如果已经触发强赎，投资者仍然持有可转债就只能得到本金加利息的收益，这相比其他获利方式来看是获利较低的一种方式。

例如，某只可转债的转股价为 10.00 元，则只要正股的股价在连续 30 个交易日中有 5 个交易日高于 13.00 元（10.00×130%），那么上市公司就可以强制赎回。假设当期年利率为 1%，计息天数为 90 天，那么投资者继续持有可转债被赎回的价格就是 100.25 元（100.00+100.00×1%×90÷365）。

根据计算结果可以看到，投资者如果继续持有可转债将遭受巨大损失。

（2）卖出可转债

卖出可转债是指当触发强赎时，公司发出强赎公告，投资者便立即卖出可转债，此时投资者可以获得 30% 的收益。这样可以避免被强赎而遭受损失。

（3）转股卖出

因为强赎触发需要持续 15 ～ 20 天，投资者有较长的时间来操作可转债，期间股价处于波动运行状态，可能会高于转股价 30%。一旦股价高于转股价的 30% 时，就是投资者的转股卖出的套利机会。

（4）转股继续持股

如果投资者比较看好正股后市的发展，可以转股之后继续持有，享受后市股价上涨的涨幅收益。

根据上述各类具体情况的介绍，可以将其总结为：当可转债达到强赎条件时，投资者应该借助二级市场判断以可转债现价卖出获利与转股获利哪个更划算。此时可以将可转债的现价与转股价值进行对比，具体如下：

①当可转债现价＞转股价值时，卖出可转债获利更高。

②当可转债现价＜转股价值时，将可转债转股卖出更划算。

下面以一个具体的例子来进行介绍：

案例实操

凯龙转债（128052）触发强赎时投资者的操作分析

2021 年 2 月 2 日，凯龙股份宣布强制赎回"凯龙转债"，2 月 3 日公司发布赎回公告。这无疑给了市场中的可转债持有者当头一棒，早在 3 个月前凯龙转债的价格就被炒高至 420.00 元。强赎则意味着这些收益可能会变成泡沫。

图 4-11 所示为凯龙股份公司发布的赎回公告的部分内容。

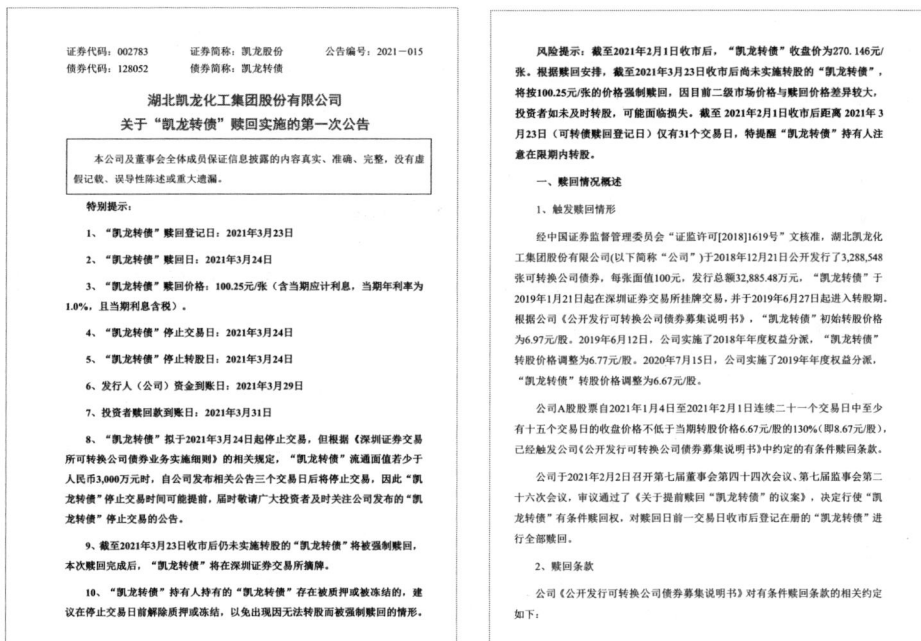

图 4-11 赎回公告

根据公告可以得到下列信息：

①截至 2021 年 2 月 1 日收市后，凯龙转债的收盘价为 270.146 元 / 张，如果投资者 3 月 23 日收市后尚未转股将按照 100.25 元 / 张的价格强制赎回。

② 2021 年 1 月 4 日至 2021 年 2 月 1 日正股价格连续 21 个交易日中至少有 15 个交易日的收盘价格不低于当期转股价格 6.67 元 / 股的 130%（8.67 元 / 股），已经触发了强赎条件。

因此，为避免投资者的收益遭受损失，投资者应该作出卖出转债或转股的决定。那么，投资者应该转股，还是直接卖出转债呢？

我们查看凯龙转债的详细信息，如图 4-12 所示。

债券全称	湖北凯龙化工集团股份有限公...	债券简称	凯龙转债	债券代码	128052	期限	2.2576年
发行量	3.288548亿元	发行价	100元	计息方式	累进利率	票面利率（当期）	1%
上市日期	2019-01-21	发行单位	湖北凯龙化工集团股份...	付息方式	周期性付息	交易市场	深圳证券交易所
起息日期	2018-12-21	到期日期	2021-03-24	发行起始日	2018-12-21	剩余期限	47天
币种	人民币	每年付息日	12-21	正股名称	凯龙股份	正股现价	10.37元
开始转股日期	2019-06-27	转股价	6.67元	转股价值	155.3223	转股溢价率	23.86%
回售触发价	4.67元	强赎触发价	8.67元	到期赎回价	110.00元	纯债价值	99.2883元
最新赎回执行日	2021-03-24	赎回价格	100.25元/张	最新回售执行日	-	回售价格	-

图 4-12　凯龙转债详细信息

继续查看凯龙转债的 K 线走势，图 4-13 所示为凯龙转债 2020 年 8 月至 2021 年 2 月的 K 线走势。

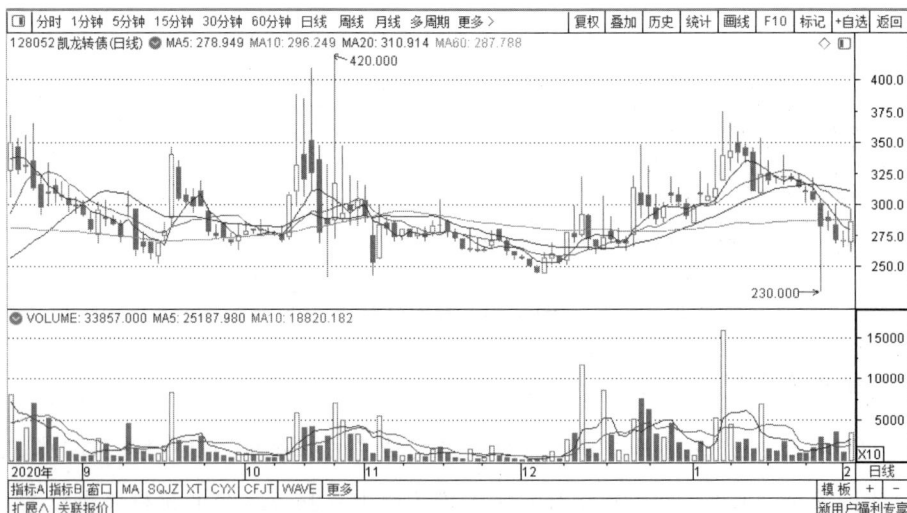

图 4-13　凯龙转债 2020 年 8 月至 2021 年 2 月的 K 线走势

从图中可以看到，此时可转债溢价率较高，可转债价格维持在 275.00 元附近。此时对比债券现价 275.00 元和转股价值 155.322 3 元，发现转股价值远远小于债券现价，说明此时投资者在二级市场上卖出可转债明显获利更丰。为了锁定收益，投资者应该尽快卖出可转债。

图 4-14 所示为凯龙转债 2021 年 2 月 3 日和 2 月 4 日的分时走势。

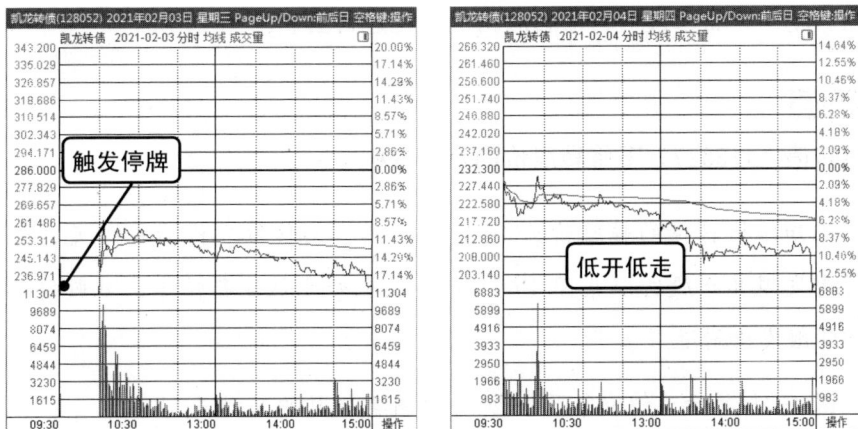

图 4-14　凯龙转债 2021 年 2 月 3 日和 2 月 4 日的分时走势

从上图可以看到，凯龙转债的强赎公告发出后，场内投资者疯狂出逃，2 月 3 日以 257.40 元的价格大幅低开，低开后不久跌幅达到 20%，触发临停。停牌半小时结束后，小幅回升后又继续下跌，最终以 232.30 元收盘，当日跌幅 18.78%。第二天继续低开低走，最终以 200.49 元收盘，当日跌幅为 13.69%。如果投资者不尽快出逃，就会让自己的收益大幅缩水。

4.3.3　下修股价套利

在前面的内容中我们介绍过，下修实际上是指公司将转股价格向下修正的这样一个过程。通常当公司股票连续 20 个交易日中至少有 10 个交易日的收盘价低于当期可转债转股价的一定比例时，公司就有权利下修转股价格。那么，投资者应该如何利用下修来进行套利呢？

虽然下修是由于股价下跌触发的，说明此时股市行情较弱，或是处于一个低迷的时期中，但实际上是利好，是投资者的投资机会。从可转债市场的历史来看，一般情况下，转股价下修都会引发可转债价格出现大涨，所以投资者可以在股价进入回售触发区域后买入可转债，等待向下修正条款启动，然后通过可转债转股价的修正进行套利。

案例实操

维格转债（113527）下修转股价的套利分析

已知维格转债的转股价为 10.52 元 / 股，回售触发价为 6.89 元，但某投资者发现其正股锦泓集团（603518）长期处于低迷行情中，且股价已跌至回售触发价附近。

图 4-15 所示为锦泓集团 2020 年 2 月至 7 月的 K 线走势。

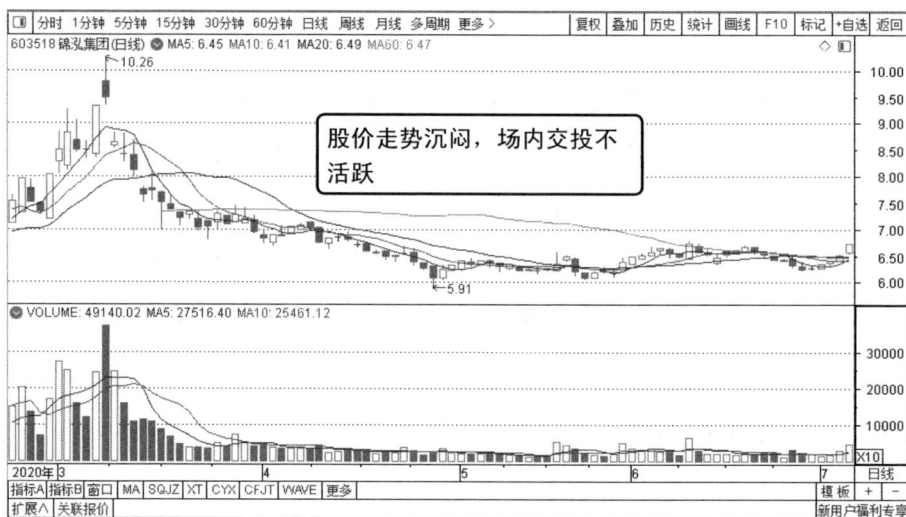

图 4-15　锦泓集团 2020 年 2 月至 7 月的 K 线走势

从上图可以看到，该股确实处于低迷行情中，股价近两个月左右的时间一直在 7.00 元价位线下方横盘运行，极有可能触发公司下修转股价。与此同时，查看维格转债的走势。

图 4-16 所示为维格转债 2020 年 3 月至 7 月的 K 线走势。从下图可以看到，维格转债也处于下跌走势中，价格跌破面值，最低跌至 87.93 元。此时投资者发现买进机会，并在 90.00 元位置买进可转债 100 张。

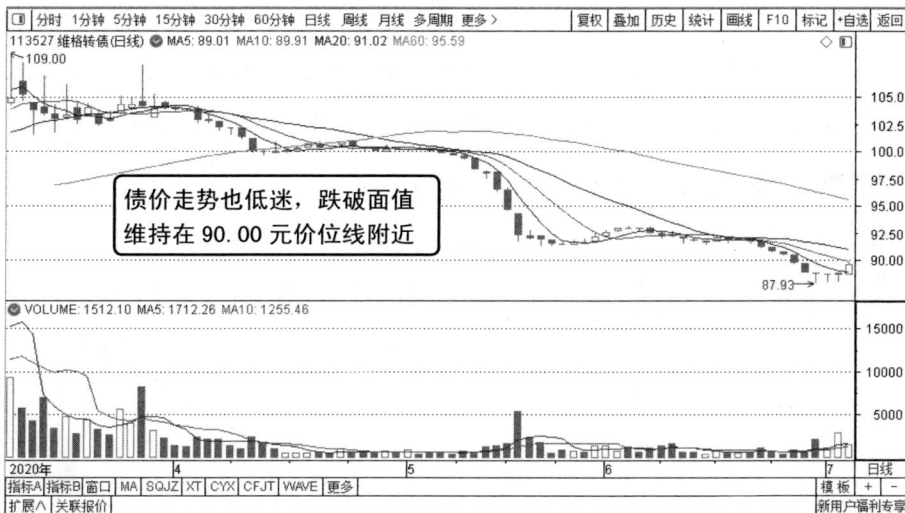

图 4-16　维格转债 2020 年 3 月至 7 月的 K 线走势

随后，锦泓股份公司在 7 月 16 日发布下修转股价公告，如图 4-17 所示。

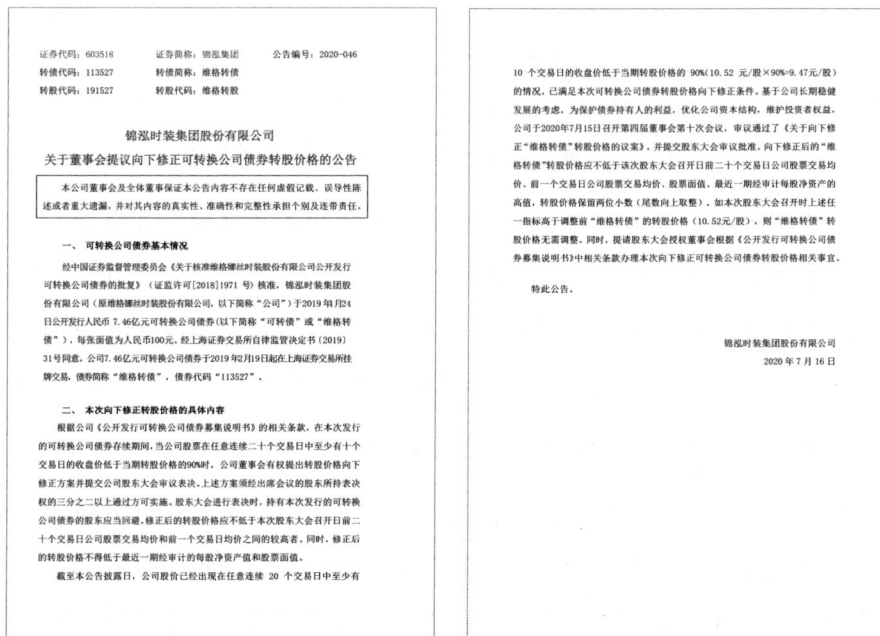

证券代码：603518　　证券简称：锦泓集团　　公告编号：2020-046
转债代码：113527　　转债简称：维格转债
转股代码：191527　　转股简称：维格转股

锦泓时装集团股份有限公司
关于董事会提议向下修正可转换公司债券转股价格的公告

本公司董事会及全体董事保证本公告内容不存在任何虚假记载、误导性陈述或者重大遗漏，并对其内容的真实性、准确性和完整性承担个别及连带责任。

　　一、可转换公司债券基本情况

经中国证券监督管理委员会《关于核准维格娜丝时装股份有限公司公开发行可转换公司债券的批复》（证监许可[2018]1971 号）核准，锦泓时装集团股份有限公司（原维格娜丝时装股份有限公司，以下简称"公司"）于 2019 年 月 24 日公开发行人民币 7.46 亿元可转换公司债券（以下简称"可转债"或"维格转债"），每张面值为人民币 100 元。经上海证券交易所自律监管决定书〔2019〕31 号同意，公司 7.46 亿元可转换公司债券于 2019 年 2 月 19 日起在上海证券交易所挂牌交易，债券简称"维格转债"，债券代码"113527"。

　　二、本次向下修正转股价格的具体内容

根据公司《公开发行可转换公司债券募集说明书》的相关条款，在本次发行的可转换公司债券存续期间，当公司股票在任意连续二十个交易日中至少有十个交易日的收盘价低于当期转股价格的90%时，公司董事会有权提出转股价格向下修正方案并提交公司股东大会审议表决，上述方案须经出席会议的股东所持表决权的三分之二以上通过方可实施。股东大会进行表决时，持有本次发行的可转换公司债券的股东应当回避。修正后的转股价格应不低于本次股东大会召开日前二十个交易日公司股票交易均价和前一个交易日均价之间的较高者。同时，修正后的转股价格不得低于最近一期经审计的每股净资产值和股票面值。

截至本公告披露日，公司股份已经出现在任意连续 20 个交易日中至少有

10 个交易日的收盘价低于当期转股价格的 90%（10.52 元/股×90%=9.47 元/股）的情况，已满足本次可转换公司债券转股价格向下修正条件。基于公司长期稳健发展的考虑，为保护债券持有人的利益，优化公司资本结构，维护投资者权益，公司于 2020 年 7 月 15 日召开第四届董事会第十次会议，审议通过了《关于向下修正"维格转债"转股价格的议案》，并提交股东大会审议批准。向下修正后的"维格转债"转股价格应不低于该次股东大会召开日前二十个交易日公司股票交易均价、股票面值和最近一期经审计每股净资产的高值，转股价格保留两位小数（尾数向上取整）。如本次股东大会召开时上述一指标高于调整前"维格转债"的转股价格（10.52元/股），则"维格转债"转股价格将无需调整。提请股东大会授权董事会根据《公开发行可转换公司债券募集说明书》中相关条款办理本次向下修正可转换公司债券转股价格相关事宜。

特此公告。

锦泓时装集团股份有限公司
2020 年 7 月 16 日

图 4-17　锦泓股份下修公告

根据公告我们知道，因为正股股价连续 20 个交易日中至少 10 个交易日的收盘价低于当期转股价格的 90%（10.52×90%=9.47 元 / 股），所以公司决定向下修正转股价格。随后维格转债的转股价下修为 9.85 元 / 股。

下修公告的出现刺激了可转债市场的上涨，维格转债向上攀升，图 4-18 所示为维格转债 2020 年 6 月至 8 月的 K 线走势。

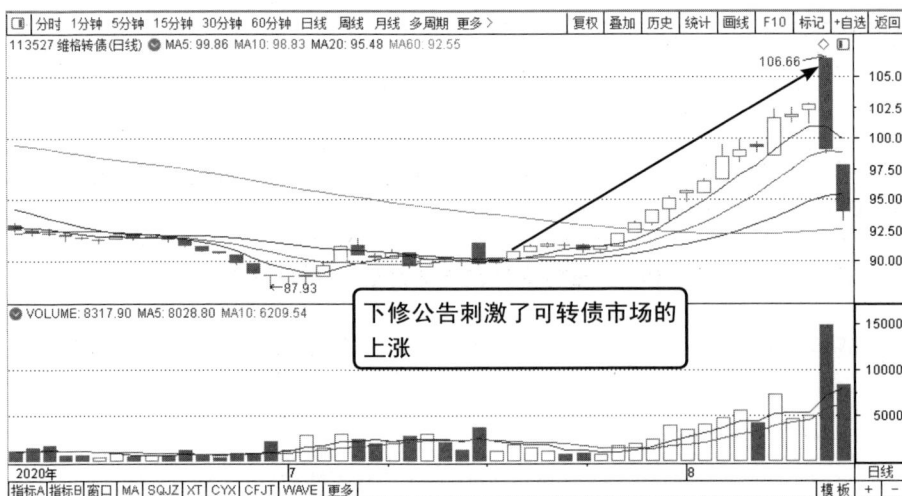

图 4-18　维格转债 2020 年 6 月至 8 月的 K 线走势

从图中可以看到，下修公告发出后维格转债很快迎来一波拉升，可转债价格快速升高至 100 元上方，最高上涨至 106.66 元。8 月 13 日，价格高开低走收出一根大阴线，此时为投资者的卖出机会。如果投资者在 105.00 元附近卖出可转债，那么投资者这番套利的收益计算如下：

收益 =105.00×100−90.00×100=1 500.00（元）

这是比较完整的一次借助下修条款套利的操作，但是投资者在实际操盘过程中需要注意，下修只是公司的权利而非义务，即便正股股价达到了下修条件时，也可能出现不下修的情况。所以，投资者对下修情况的准确判断很重要，需要投资者的经验累积。

4.3.4　回售条款套利

回售条款也是转债中比较特殊的一个条款，它属于一个兜底性保护条款，在正股股价大幅下跌时可以保护投资者，避免投资者遭受重大损失。

回售条款包括两个部分，即有条件回售和附加条件回售。有条件回售指的是可转债持有人在特定条件下（通常为公司股价在任何连续 30 个交易日的收盘价格低于当期转股价格的 70%），按照约定时间把可转债回售给公司，公司不可以拒绝。回售价格通常为面值加上当期应计利息。

附加条件回售指的是发行可转债募集的资金事先说好有指定用途的，如果中途出现更改，投资者享有回售的权利。

那么，应该如何利用回售条款实现价格差获利呢？此时主要分为两种情况，具体如下：

（1）正股获利

正股股价在连续 30 个交易日的收盘价低于转股价格的 70%，就可能触发回售。因为我们知道上市公司发行可转债的目的是融资，并不想出现回售而给自己造成资金压力，所以通常当公司股价即将触发该条件时，公司为了避免回售的发生，可能会采取种种措施，例如发出利好消息等，拉升股价。此时，投资者的套利机会就出现了。

（2）回售差价获利

股价大幅下跌必然会连累可转债市场下跌，此时可转债市场的价格也会大幅跳水，例如可转债发行价为 100.00 元，因为连续下跌而跌至 85.00 元附近。而正股市场股价大幅下跌可能会触发回售，所以此时投资者趁低买进可转债，一旦回售触发公司将以面值加当期收益的形式接受投资者持股回售，那么投资者就可以获利。例如前面投资者在 85.00 元位置买进，正股继续下跌触发回售，以 102.00 元 / 张的价格回售可转债，那么投资者每张可转债就可以获利 17.00 元（102.00−85.00）。

但是，投资者在利用回售条款做套利操作时要注意以下两点：

①触发回售条款的前提通常是在可转债的最后一个或两个计息年度，如果可转债发行不久，或者距离到期还有三个及以上的计息年度，股价就早早跌破转股价格的 70%，这种情况是不能触发回售的。

②回售条款只允许可转债持有人一年参与一次，如果投资者在本年度放弃了，则不再享有回售的权利了。

4.4
价差——低买高卖赚取差价收益

可转债实际上也可以像股票一样，在可转债二级市场中买卖交易，通过低买高卖之间存在的差价获得涨幅收益。这就需要投资者找到底部低位和顶部高位，才能逢低买进，逢高卖出。

4.4.1 逢低买进可转债

逢低买进可转债的关键在于投资者如何判断可转债的低位底部信号，此时投资者可以借助可转债具体的行情走势和成交量等信号来进行判断。其中，成交量是市场行为最基本、最直接的表现之一，也是技术分析中的关键要素。

成交量的大小可以看出市场上多、空双方对市场某一时刻价位的认同情况，成交量大则说明多空分歧大，成交量小则说明多空分歧小。成交量的大小也可以查看出市场交易的活跃程度，了解买卖双方入市或退市的情况，从中寻找入市或退市的时机。

借助成交量判断底部信号可以从以下几点入手：

①连续的地量（指成交量极低）出现在可转债价格长期下跌后的低位区域，说明随着可转债价格的下跌，市场中的抛压逐步减小，由此造成成交量的不断缩量。但成交量缩量达到一个极限时，就会形成地量，底部出现，投资者可趁机买进。

②在可转债价格下跌后的低位出现成交量逐步放量，说明场内行情已经发生变化，后期上涨的概率较大，投资者一旦发现这种成交量变化应该立即跟进买进。

③底部巨量大阳线指在可转债价格下跌的低位区域出现了巨量大阳线，表示多方突然爆发，可转债价格有触底回升的迹象，此时投资者可以适量抄底。

④可转债价格经历了大幅下跌行情之后，在低位底部区域成交量出现温和放量，这是可转债价格即将进入上升趋势的信号。这个阶段的温和放量形态，大部分都会演变成反转行情，有些甚至会走出一波大幅度的上涨行情。

⑤可转债价格经历了大幅下跌行情之后，投资者要特别留意可转债价格底部附近的低洼区出现的放量拉升形态，该形态通常标志下跌趋势的终结，底部确立，多空转换已经形成，后市会有一波上涨行情。

理财贴士 *关注移动平均线*

投资者在低位底部区域查看成交量的过程中，还要注意移动平均线的形态，尤其是 5 日均线。市场行情发生变化时，5 日均线拐头向上，可转债价格也依托 5 日均线向上攀升，即便偶尔跌破 5 日均线也要快速回到 5 日均线上方。

案例实操

淮矿转债（110065）低位买进分析

图 4-19 所示为淮矿转债 2020 年 1 月至 7 月的 K 线走势。

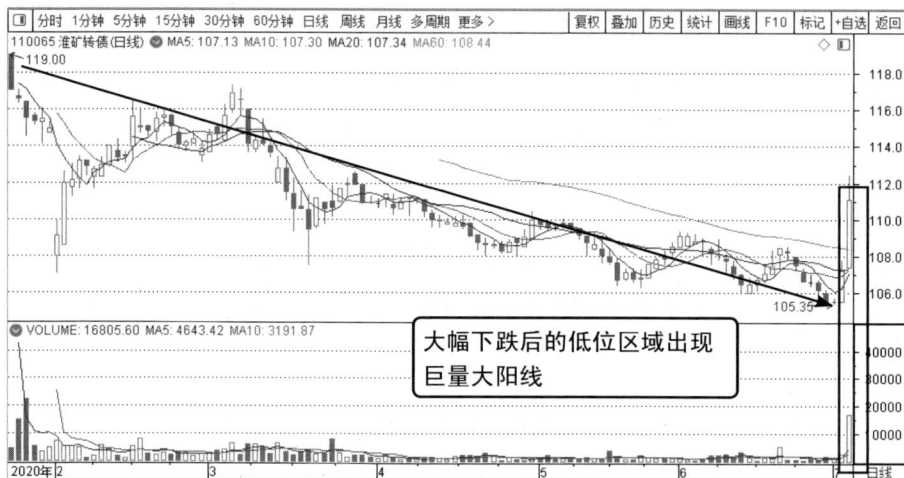

图 4-19　淮矿转债 2020 年 1 月至 7 月的 K 线走势

从图中可以看到，淮矿转债处于震荡下跌行情中，可转债价格从 119.00 元的高位处开始下滑，跌至 106.00 元附近。在下跌的过程中成交量逐渐萎缩，直至出现地量。

7 月初，可转债止跌，7 月 2 日 K 线收出一根大阳线拉升价格，7 月 3 日 K 线收出一根带天量大阳线，说明大量资金入场，这一轮下跌行情已经结束，底部已经确定，后市即将迎来一波上涨，投资者可以在 110.00 元位置附近积极买进。

图 4-20 所示为淮矿转债 2020 年 6 月至 12 月的 K 线走势。

从下图可以看到，低位带天量大阳线出现后淮矿转债进入了震荡上涨的走势中，最高上涨至 131.70 元，如果投资者在 130.00 元附近卖出，此时投资者可以得到 18.2% 的涨幅收益。

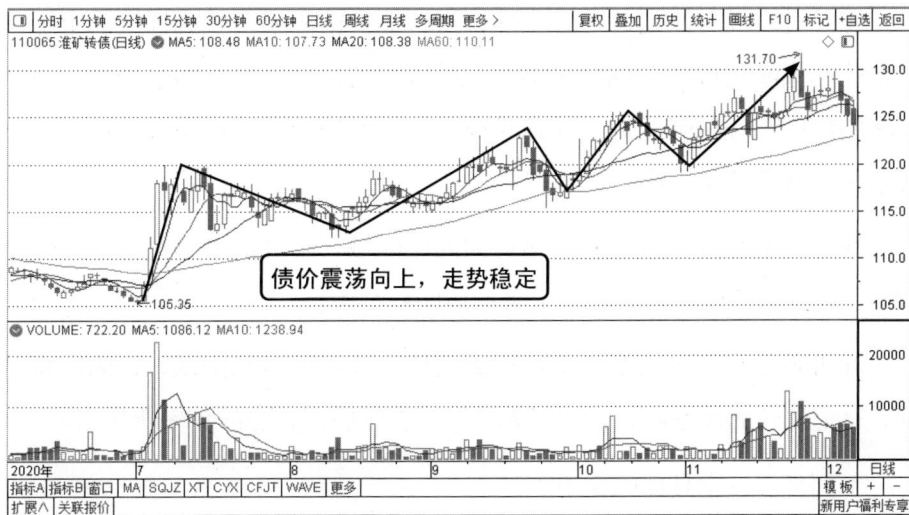

图 4-20 淮矿转债 2020 年 6 月至 12 月的 K 线走势

4.4.2 逢高卖出了结获利

逢高卖出了结获利要求投资者能准确判断出可转债上涨的顶部,才能避免被套而及时卖出获利。同样,我们也可以通过成交量来进行查看,具体如下:

①在行情大幅上扬之后,成交量放出天量,后市要么就是继续上升,要么就是连续下跌。如果行情涨幅已经达到一定的程度,那么下跌的可能性较大,可转债价格极有可能触顶,后市看跌。

②行情大幅上扬后,成交量却与可转债价格出现高位背离的现象,即可转债价格上涨,成交量表现萎缩,则说明形成头部的可能性较大,后市可能下跌。

③行情大幅上涨后,高位出现回落,在回落后再次放量冲高,却在前期高点位置受阻,说明后续上涨无力,顶部形成,后市即将转入下跌。

④经过较长时间的趋势性上涨，可转债价格积累了较大幅度的上涨，当量能的巅峰出现后，成交量缩小，股价回落，可转债价格也回落。虽然回落的途中出现反弹，但是反弹时成交量相比顶峰时远远不及。这属于比较常见的缩量见顶下跌。

⑤可转债经过大幅上涨后运行到高位区域，出现震荡整理走势，随后放量下跌跌破高位平台，标志上涨行情即将结束。

⑥可转债在经过大幅上涨运行到高位后收出巨量长阴线，说明即将见顶，行情反转的概率高，投资者无论怎样看好后市，也应该果断卖出。

下面来看一个具体的例子。

案例实操

吉视转债（113017）高位卖出分析

图4-21所示为吉视转债2018年10月至2019年3月的K线走势。

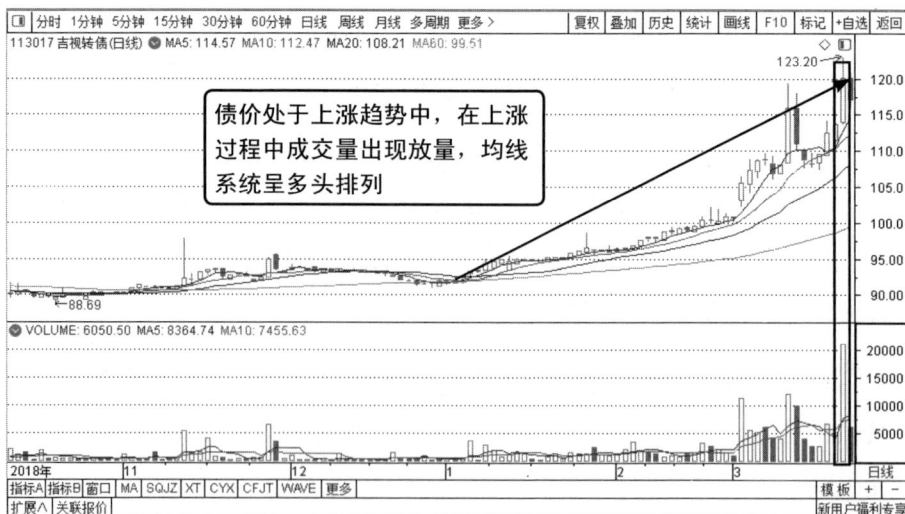

图4-21　吉视转债2018年10月至2019年3月的K线走势

从图中可以看到，吉视转债从 2018 年 11 月开始转入上涨走势中，可转债价格从 90.00 元左右上涨至 120.00 元左右，尤其在 2019 年 1 月后的上涨过程中，成交量出现明显放量，均线系统呈多头排列。此番上涨持续了 5 个月左右，涨幅达到 33.3%。

2019 年 3 月中旬，可转债价格上涨至 115.00 元附近后止涨横盘运行，形成平台走势，此时成交量表现明显缩量。但是，3 月 21 日，成交量放出天量，将可转债价格进一步拉升至 120.00 元的高位。此时，投资者就要引起注意，谨防价格见顶。

图 4-22 所示为吉视转债 3 月 21 日的分时走势。

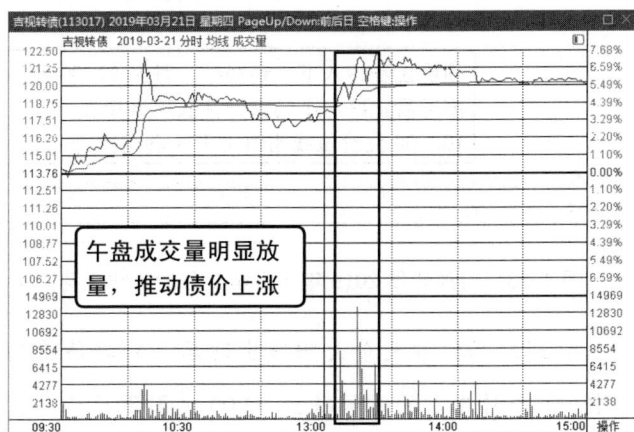

图 4-22　吉视转债 3 月 21 日的分时走势

从上图可以看到，当日可转债价格平开之后，出现小幅上涨。早盘结束后，成交量呈密集放量，直线拉伸价格上涨至 121.25 元后止涨回落。午盘时，可转债价格回落至均价线下方，下方成交量再次明显放大，将可转债价格拉升至前期高位附近后止涨，并维持在 121.25 元附近，随后可转债价格线在均线上下波动横向运行。

在可转债价格上涨后的高位区域出现这样的分时走势，说明场内主力资金准备出逃，刻意拉高价格吸引接盘，并让价格稳定在121.25元附近，保障自己的获利空间，也可以制作出一根漂亮的K线，吸引场外的散户投资者入场接盘。

图4-23所示为吉视转债2019年3月至8月的K线走势。

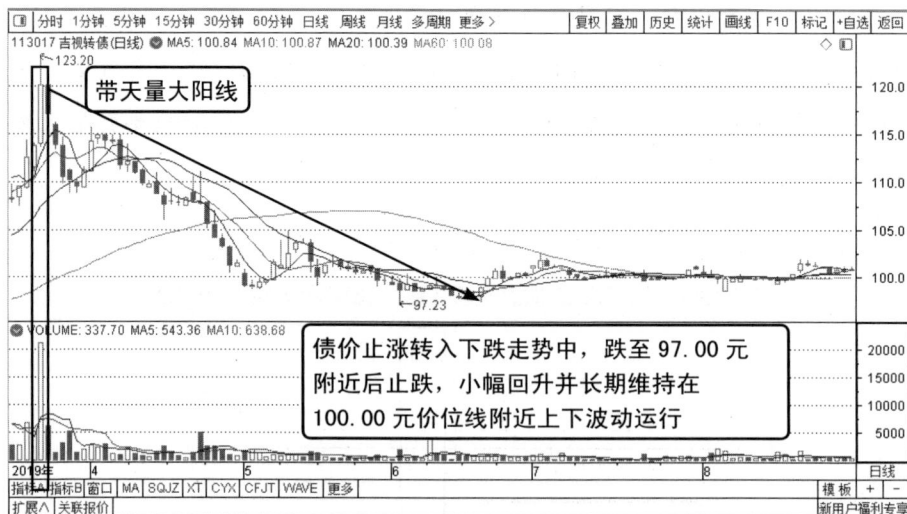

图4-23　吉视转债2019年3月至8月的K线走势

从图中可以看到，高位带天量大阳线出现后，可转债价格止涨，随后转入下跌走势中，1个月左右的时间跌至97.00元附近后止跌，随后小幅回升并长期维持在100.00元价位线附近上下波动运行。

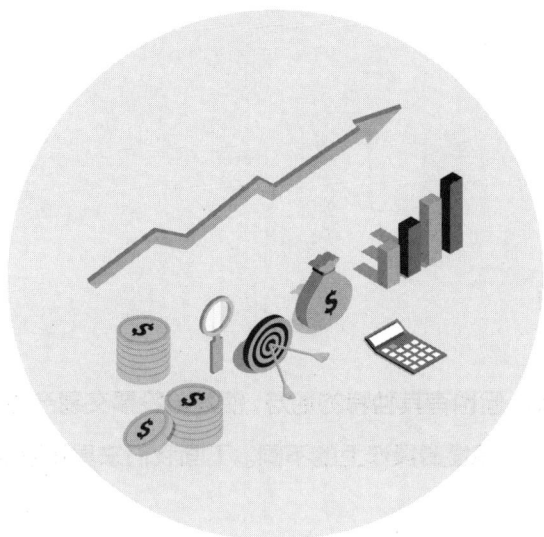

第5章

可转换债券的交易指南

我们知道，可转换债券可以像股票一样在市场上交易，但是它的交易规则却与股票有所不同，投资者需要了解并掌握这些交易规则才能更好地完成买卖操作。

5.1
可转债如何交易

可转债交易与股票交易类似，但也有其独特的地方，使其与股票交易产生了区别，也就造成了可转债与股票交易投资操作上的不同。下面我们来具体看看。

5.1.1　可转债二级市场交易的流程

可转债在买卖操作上与股票交易一样，需要经过图 5-1 所示的几个重要过程。

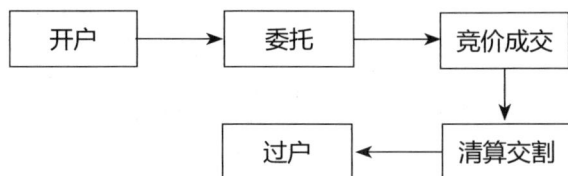

```
┌────────┐      ┌────────┐      ┌──────────┐
│  开户  │ ───▶ │  委托  │ ───▶ │ 竞价成交 │
└────────┘      └────────┘      └──────────┘
                                      │
                                      ▼
┌────────┐      ┌──────────┐
│  过户  │ ◀─── │ 清算交割 │
└────────┘      └──────────┘
```

图 5-1　交易流程

（1）开户

投资者在做证券投资之前都需要开立账户，包括证券账户和资金账户，前面在可转债申购中已经介绍了，这里就不做赘述了。

当甲投资者买入证券，乙投资者卖出证券，成交后证券从乙投资者的证券账户转入甲投资者的证券账户，相应的资金在扣除费用后从甲投资者的资金账户转入乙投资者的资金账户。因此，投资者投资前需要开户。

（2）委托

投资者买卖证券需通过证券交易所的会员进行。投资者委托证券经纪人买卖某种证券时，要签订委托契约书，填写年龄、职业、身份证号码、通信地址和电话号码等基本信息。委托书还要明确买卖何种证券、何种价格、买卖数量和时间等。

从委托方式来看，在电子化交易方式下，可分为柜台递单委托、电话自动委托和电脑自动委托等。

（3）竞价成交

经纪人在接受投资者的委托后，即按投资者指令进行申报竞价，然后拍板成交。

（4）清算交割

投资者的委托成交之后，由证券登记结算公司负责对交易所传送的数据进行结算，证券营业部再根据登记结算公司发来的资金交收数据划拨证券，由银行代理完成资金的划拨。

（5）过户

可转债交易投资者在成交后当日可以在自己的账户中查寻成交的实际情况，进行过户操作。

5.1.2　可转债交易与股票交易的区别

虽然从交易流程上来看，可转债与股票相似，但是从具体交易细节和规则上来看，可转债与股票交易存在一些区别，具体如下：

（1）可转债 T+0 交易制度

股票实行 T+1 交易制度，即投资者当天买进股票，当天并不能卖出，需要等到第二天才能卖出。这无疑增加了投资者的投资风险。但是可转债则不同，可转债实行 T+0 交易制度，投资者当天买进的可转债，当天就能够卖出，而且买卖交易的次数也不受限制。

T+0 的交易制度给了投资者更多的短线操作机会，只要投资者能够准确研判市场行情，就能最大限度地抓住买卖获利机会。

案例实操

明泰转债（113025）T+0 操作分析

图 5-2 所示为明泰转债 2021 年 1 月 6 日的分时走势。

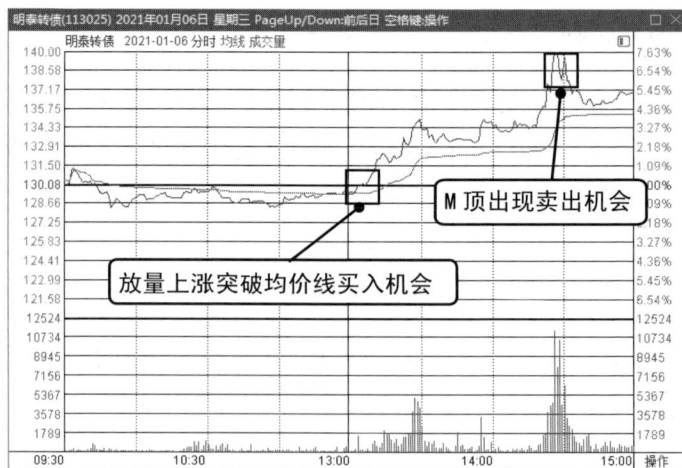

图 5-2 明泰转债 2021 年 1 月 6 日的分时走势

从图中可以看到，当日可转债价格平开后，随即小幅上涨，但并没有维持几分钟便止涨下跌滑落到均价线下方，并维持在均价线下方 128.66 元位置横盘波动。

期间可转债向上波动想要突破均价线的压制，但没有成功，直至午盘，成交量突然放量，可转债价格上涨，一举突破均价线，形成买入机会。投资者可以在此位置积极买进。

随后可转债继续向上攀升，涨至 134.33 元附近后止涨小幅回落，但很快在均价线上方企稳，并形成小平台走势，说明后市还可能继续上涨，此时为上涨途中的调整。

果然 14:30 左右，成交量再次放量，将可转债拉升至 140.00 元后止涨回落，但很快再次上冲，但是在前期高位 140.00 元附近受阻，再次下跌，形成 M 顶，此时为投资者的卖出信号。

如果投资者在 1 月 6 日这天，在 129.00 元附近买进，在 140.00 元附近卖出，操作 T+0，这一买一卖就可以实现 8.5% 的涨幅收益。

（2）无涨跌幅限制规定

可转债与股票交易有一个明显的差异就是涨跌幅限制。在股票交易中有涨跌停板限制，但是在可转债中却没有涨跌幅限制，这样投资者就有机会获得更高的收益。

但是为了避免可转债市场价格出现过度的大幅度波动，市场也对其做出一些限制，即临停规则。关于临停我们在前面的第三章中有过介绍，具体内容是当可转债价格较前一交易日上涨或下跌幅度达到 20% 时，会临时停牌 30 分钟，当上涨或下跌幅度达到 30% 时，会临时停牌到 14:57 案例实操。

案例实操

康隆转债（113580）无涨跌幅限制分析

图 5-3 所示为康隆转债 2020 年 12 月 31 日的分时走势。

从下图可以看到，当日康隆转债平开之后，成交量出现明显放量，推动可转债价格向上直线攀升，涨至180.72元后止涨，小幅调整后再次放量拉升，将可转债价格拉升至185.08元。此时涨幅达到20%，触发临时停牌，康隆转债停牌半小时。

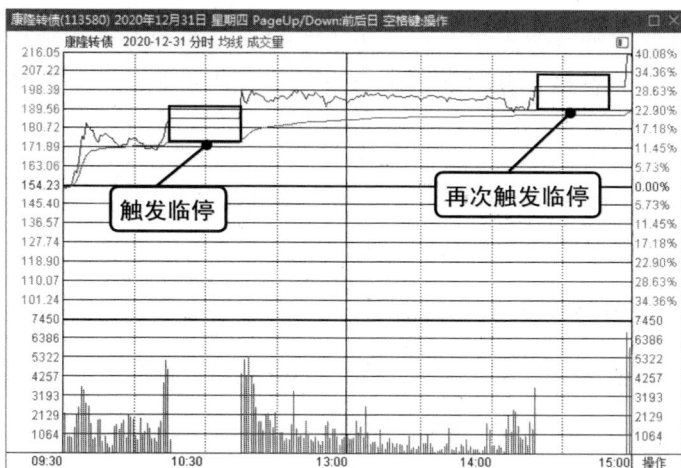

图5-3　康隆转债2020年12月31日的分时走势

10:44停牌结束后，成交量继续放量，拉升可转债价格至198.39元附近后止涨。为避免再次触发临停，可转债价格在198.39元附近波动，此时涨幅为28.63%左右。14:15可转债价格下跌至189.56元左右，涨幅为22.9%左右，成交量再次放量拉升，14:18时可转债价格上涨至200.50元，涨幅达到30%，再次触发临停，此次停牌直至14:57。

14:57分停牌结束后，没有了停牌规则限制，可转债价格开始疯长，成交量放出巨量，在3分钟内将可转债价格拉升至216.05元，涨幅达到40.08%。

（3）交易单位

股票交易的交易单位是1手，1手为100股；可转债的交易单位虽然也为1手，但是1手为10张，每次交易必须是10张或是其整数倍。

如果因为正股配售等原因产生了不足1手的情况，可一次性卖出，但不可以买入不足 1 手的可转债。

（4）交易费用

无论是可转债还是股票，在交易时买卖双方都要收取佣金，且不同的券商佣金的收费标准也是不一样的。但是，对于股票而言，买卖沪市和深市的股票，佣金是一样的。但是对于可转债而言，有的券商沪市和深市的手续费收费标准是不一样的，有的券商沪市和深市收费标准是统一的。

此外，在可转债交易过程中，两市都没有印花税，但是股票交易过程中，只有卖方需要缴纳印花税。

总结看来，虽然可转债交易与股票交易都属于证券交易，但是有其独特之处，投资者需要谨记二者的区别才能够更好地做可转债投资，在股市与债市中任意穿梭。

5.2 可转债集合竞价规则

可转换债券实行集合竞价规则，投资者在投资买卖操作过程中需要彻底理清集合竞价是怎么一回事，集合竞价的价格是如何产生的，才能使买卖交易过程更顺畅。

5.2.1　集合竞价成交价格确定原则

集合竞价是指对一段时间内接收的买卖申报一次性集中撮合的竞价方

式。对于集合竞价的成交价格确定原则，沪市与深市存在不同，具体如下：

（1）沪市的集合竞价的成交价格确定原则

在沪市集合竞价时，成交价格的确定原则为以下三项：

①在有效价格范围内选取成交量最大的价位。

②高于该价格的买入申报与低于该价格的卖出申报全部成交。

③与该价格相同的买方或卖方至少有一方全部成交的价格。

有两个以上申报价格且均符合上述条件的，使未成交量最小的申报价格为成交价格；仍有两个以上使未成交量最小的申报价格符合上述条件的，其中间价为成交价格。

集合竞价的所有交易以同一价格成交。

（2）深市的集合竞价的成交价格确定原则

深市集合竞价时，成交价的确定原则为以下三项：

①可实现最大成交量。

②高于该价格的买入申报与低于该价格的卖出申报全部成交。

③与该价格相同的买方或卖方至少有一方全部成交。

两个以上价格符合上述条件的，取在该价格以上的买入申报累计数量与在该价格以下的卖出申报累计数量之差最小的价格为成交价；买卖申报累计数量之差仍存在相等情况的，开盘集合竞价时取最接近即时行情显示的前收盘价的价格为成交价，盘中、收盘集合竞价时取最接近最近成交价的价格为成交价。

集合竞价的所有交易以同一价格成交。

5.2.2　可转债交易的时间

对于可转债交易的时间，沪市与深市也存在不同的规定，具体内容如下：

在沪市，基金、债券、债券回购交易，每个交易日的 9:15—9:25 为开盘集合竞价时间，9:30—11:30、13:00—15:00 为连续竞价时间。

在深市，证券采用竞价交易方式，每个交易日的 9:15—9:25 为开盘集合竞价时间，9:30—11:30、13:00—14:57 为连续竞价时间，14:57—15:00 为收盘集合竞价时间。

其中，尤其需要注意的是集合竞价时间与股市相同，可转债每天早盘的开盘价都是通过集合竞价获得的，即每个交易日的 9:15—9:25 都属于集合竞价时间。

早盘集合竞价阶段实际上又可以分为三个不同的时间段：

◆ 9:15—9:20

这是集合竞价的第一个时间段，在该时间段内，投资者可以发出买入或卖出指令，也可以撤销买卖指令。也就是说，在此阶段，投资者可以随意挂单和撤单，在证券交易软件中，也会显示出虚拟的成交信息。

◆ 9:20—9:25

这是集合竞价的第二个时间段，在该时间段内，投资者可以发出买入或卖出指令，但是不可撤销买卖指令。也就是说，投资者只能挂单，不能撤单。系统会根据投资者的挂单情况，按照集合竞价的成交规则自动撮合成交。

在此期间，投资者提交的撤销命令如果在集合竞价阶段没有成交，则会在 9:30 之后撤销，不参与连续竞价阶段的撮合交易。

◆ 9:25

在此时间节点，系统会给出当日的开盘价，即根据集合竞价得到的最优化成交价格。在此价格以上的买入订单已全部成交，在此价格以下的卖出订单也全部成交。

除此时段外，深市每天的收盘价格也是通过集合竞价的方式获得的，即 14:57—15:00。

在沪市中没有收盘集合竞价，其收盘价规定如下：

①除本规则另有规定外，证券的收盘价通过集合竞价的方式产生。收盘集合竞价不能产生收盘价或未进行收盘集合竞价的，以当日该证券最后一笔交易前一分钟所有交易的成交量加权平均价（含最后一笔交易）为收盘价。

②基金、债券、债券买断式回购的收盘价为当日该证券最后一笔交易前一分钟所有交易的成交量加权平均价（含最后一笔交易）。

③债券质押式回购的收盘价为当日该证券最后一笔交易前一小时所有交易的成交量加权平均价（含最后一笔交易）。

④当日无成交的，前收盘价格视为最新成效价格。

5.2.3　开盘集合竞价范围

开盘集合竞价的范围在沪市和深市中也有不同的规定，且深市中上市首日和非上市首日也有区别，具体如下：

（1）沪市开盘集合竞价范围

沪市没有上市首日和非上市首日的区别，统一规定，除了有特殊规定之外，投资者买卖无价格涨跌幅限制的证券，集合竞价阶段的有效申报价格都应符合下列规定：基金、债券开盘集合竞价阶段的交易申报价格最高不高于前收盘价格的 150%，并且不低于前收盘价格的 70%。

（2）深市开盘集合竞价范围

深市开盘集合竞价的范围是根据是否为上市首日进行划分，具体内容如下：

买卖无价格涨跌幅限制的证券，按下列方法确定开盘集合竞价的有效竞价范围。

①债券上市首日开盘集合竞价的有效竞价范围为发行价的上下 30%。

②非上市首日开盘集合竞价的有效竞价范围为前收盘价的上下 10%。

5.2.4　连续竞价范围

根据前面可转债交易时间介绍，我们可以知道，沪市 9:30—11:30、13:00—15:00 为连续竞价时间，深市 9:30—11:30、13:00—14:57 为连续竞价时间。那么，该时间段下，连续竞价的范围是怎么规定的呢？

（1）沪市连续竞价范围

沪市规定：除本所另有规定外，买卖无价格涨跌幅限制的证券，连续竞价阶段、开市期间停牌阶段的有效申报价格应符合下列规定。

基金、债券、债券回购连续竞价阶段的交易申报价格不高于即时揭示的最低卖出价格的 110% 且不低于即时揭示的最高买入价格的 90%；同时不高于上述最高申报价与最低申报价平均数的 130% 且不低于该平均数的 70%。

即时揭示中无买入申报价格的，即时揭示的最低卖出价格、最新成交价格中较低者视为前项最高买入价格；即时揭示中无卖出申报价格的，即时揭示的最高买入价格、最新成交价格中较高者视为前项最低卖出价格。

当日无交易的，前收盘价格视为最新成交价格。

（2）深市连续竞价范围

深市规定，买卖无价格涨跌幅限制的证券，按下列方法确定连续竞价和收盘集合竞价的有效范围。

债券上市首日连续竞价、收盘集合竞价的有效竞价范围为最近成交价的上下10%；非上市首日连续竞价、收盘集合竞价的有效竞价范围为最近成交价的上下10%。

①买卖无价格涨跌幅限制的证券，超过有效竞价范围的申报不能即时参加竞价，暂存于交易主机。当成交价波动使其进入有效竞价范围时，交易主机自动取出申报，参加竞价。

②无价格涨跌幅限制的证券在集合竞价期间没有成交的，继续交易时，按下列方式调整有效竞价范围。

◆ 有效竞价范围内的最高买入申报价高于即时行情显示的前收盘价或最近成交价，以最高买入申报价为基准调整有效竞价范围。

◆ 有效竞价范围内的最低卖出申报价低于即时行情显示的前收盘价或最近成交价，以最低卖出申报价为基准调整有效竞价范围。

5.3 证券交易软件的介绍与使用

可转债交易通常在证券交易软件中实现，所以投资者需要掌握基本的证券交易软件操作技巧，才能实时查看可转债行情，判断当前的走势，以便准确抓住买卖的关键时机，从而帮助获益。

　　另外，如果投资者能够灵活运用证券交易软件，那么可以更快、更轻松地获取更多的信息，甚至可以得到专业级的行情分析和投资向导，让投资变得更科学，让盲目投资变为理性投资。

5.3.1　认识行情列表窗口

　　启动证券交易软件后，投资者首先会进入股市今日行情列表窗口，单击下方的"债券"按钮，在展开的菜单列表中选择"可转换债券 KZZ"选项，如图 5-4 所示。

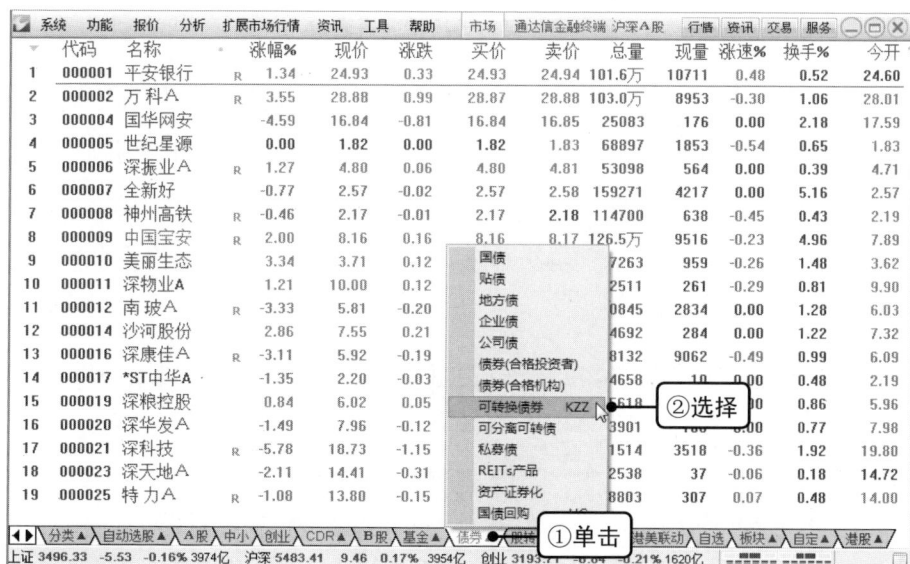

图 5-4　选择"可转换债券 KZZ"选项

　　进入可转债今日行情列表，在该窗口中列举了所有可转债的基本信息，包括可转债代码、可转债名称、当日涨幅情况、现价、当日涨跌、买价、卖价和总量等，如图 5-5 所示。

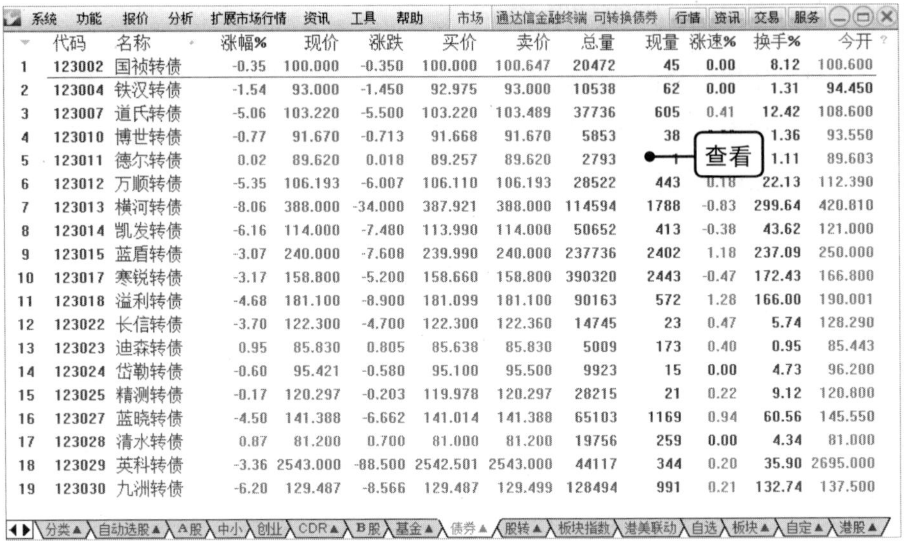

	代码	名称	涨幅%	现价	涨跌	买价	卖价	总量	现量	涨速%	换手%	今开
1	123002	国祯转债	-0.35	100.000	-0.350	100.000	100.647	20472	45	0.00	8.12	100.600
2	123004	铁汉转债	-1.54	93.000	-1.450	92.975	93.000	10538	62	0.00	1.31	94.450
3	123007	道氏转债	-5.06	103.220	-5.500	103.220	103.489	37736	605	0.41	12.42	108.600
4	123010	博世转债	-0.77	91.670	-0.713	91.668	91.670	5853	38		1.36	93.550
5	123011	德尔转债	0.02	89.620	0.018	89.257	89.620	2793		查看	1.11	89.603
6	123012	万顺转债	-5.35	106.193	-6.007	106.110	106.193	28522	443	0.18	22.13	112.390
7	123013	横河转债	-8.06	388.000	-34.000	387.921	388.000	114594	1788	-0.83	299.64	420.810
8	123014	凯发转债	-6.16	114.000	-7.480	113.990	114.000	50652	413	-0.38	43.62	121.000
9	123015	蓝盾转债	-3.07	240.000	-7.608	239.990	240.000	237736	2402	1.18	237.09	250.000
10	123017	寒锐转债	-3.17	158.800	-5.200	158.660	158.800	390320	2443	-0.47	172.43	166.800
11	123018	溢利转债	-4.68	181.100	-8.900	181.090	181.100	90163	572	1.28	166.00	190.001
12	123022	长信转债	-3.70	122.300	-4.700	122.300	122.360	14745	23	0.47	5.74	128.290
13	123023	迪森转债	0.95	85.830	0.805	85.638	85.830	5009	173	0.40	0.95	85.443
14	123024	岱勒转债	-0.60	95.421	-0.580	95.100	95.500	9923	15	0.00	4.73	96.200
15	123025	精测转债	-0.17	120.297	-0.203	119.978	120.297	28215	21	0.22	9.12	120.800
16	123027	蓝晓转债	-4.50	141.388	-6.662	141.014	141.388	65103	1169	0.94	60.56	145.550
17	123028	清水转债	0.87	81.200	0.700	81.000	81.200	19756	259	0.00	4.34	81.000
18	123029	英科转债	-3.36	2543.000	-88.500	2542.501	2543.000	44117	344	0.20	35.90	2695.000
19	123030	九洲转债	-6.20	129.487	-8.566	129.487	129.499	128494	991	0.21	132.74	137.500

图 5-5　可转债行情列表窗口

在行情列表窗口中，默认情况下所有可转债都是按照代码顺序进行排列的，投资者可以单击感兴趣的项目名称重新调整可转债的排列顺序，方便查看。例如，投资者单击"现价"按钮，可转债则按照现价由高到低进行排列，如 5-6 上图所示。再次单击"现价"菜单，则按现价由低到高的顺序排列，如 5-6 下图所示。

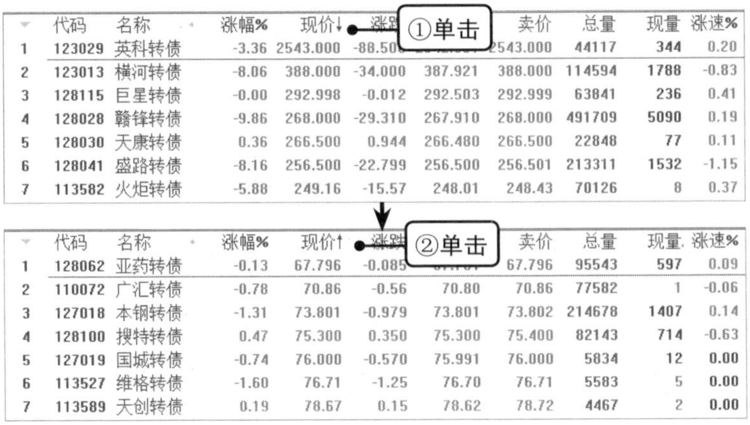

	代码	名称	涨幅%	现价↓	涨跌		卖价	总量	现量	涨速%
1	123029	英科转债	-3.36	2543.000	-88.50	①单击	2543.000	44117	344	0.20
2	123013	横河转债	-8.06	388.000	-34.000		387.921	388.000	114594	1788	-0.83
3	128115	巨星转债	-0.00	292.998	-0.012	292.503	292.999	63841	236	0.41
4	128028	赣锋转债	-9.86	268.000	-29.310	267.910	268.000	491709	5090	0.19
5	128030	天康转债	0.36	266.500	0.944	266.480	266.500	22848	77	0.11
6	128041	盛路转债	-8.16	256.500	-22.799	256.500	256.501	213311	1532	-1.15
7	113582	火炬转债	-5.88	249.16	-15.57	248.01	248.43	70126	8	0.37

	代码	名称	涨幅%	现价↑	涨跌		卖价	总量	现量	涨速%
1	128062	亚药转债	-0.13	67.796	-0.085	②单击	67.796	95543	597	0.09
2	110072	广汇转债	-0.78	70.86	-0.56	70.80	70.86	77582	1	-0.06
3	127018	本钢转债	-1.31	73.801	-0.979	73.801	73.802	214678	1407	0.14
4	128100	搜特转债	0.47	75.300	0.350	75.300	75.400	82143	714	-0.63
5	127019	国城转债	-0.74	76.000	-0.570	75.991	76.000	5834	12	0.00
6	113527	维格转债	-1.60	76.71	-1.25	76.70	76.71	5583	5	0.00
7	113589	天创转债	0.19	78.67	0.15	78.62	78.72	4467	2	0.00

图 5-6　调整排序

对行情列表排序可以帮助投资者快速了解当前可转债市场的行情，并了解目标可转债在债市中所处的位置，非常实用。

5.3.2　认识动态图形窗口

动态图形窗口通常是指某单只债券的走势动态图形窗口，它是盘面技术分析的主要窗口之一。投资者在行情窗口列表中双击某只可转债的名称即可进入其动态图形窗口。

如果投资者知道某可转债的名称或是代码，直接在页面输入其名称和代码，双击该可转债即可。

案例实操

进入天创转债（113589）的动态图形窗口查看详情

在可转债行情列表窗口输入天创转债代码，双击可转债名称，如图 5-7 所示。

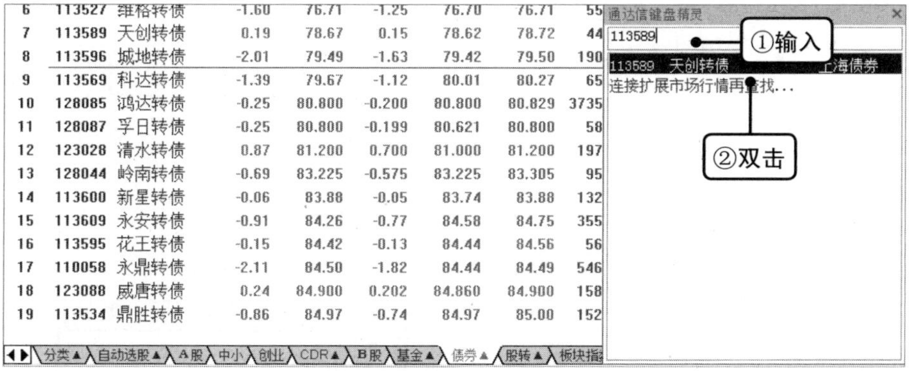

图 5-7　锁定单只可转债

进入天创转债的动态图形窗口，默认情况下，系统会显示两个窗口，分别是日 K 线窗口和成交量窗口，图 5-8 所示为天创转债日 K 线窗口和成交量窗口。

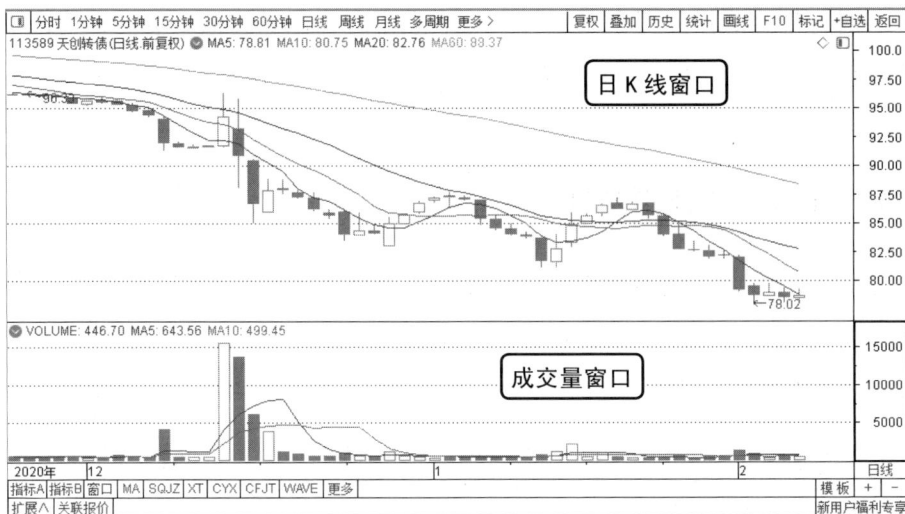

图 5-8　天创转债的日 K 线窗口和对应的成交量窗口

在日 K 线窗口中，投资者可以直接单击上方的时间周期按钮调整日 K 线的显示周期。调整日 K 线周期时，下方的成交量窗口也会同步更改，例如单击"60 分钟"按钮，天创转债的 K 线窗口和成交量窗口如图 5-9 所示。

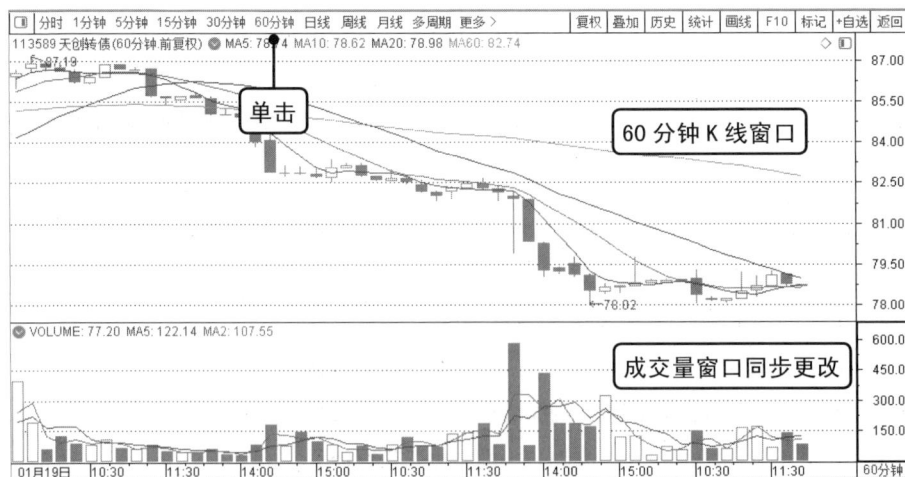

图 5-9　天创转债的 60 分钟 K 线窗口和对应的成交量窗口

调整 K 线的周期可以帮助投资者更准确地抓住行情的变化，尤其是在可转债交易中。因为可转债实行 T+0 交易制度，投资者更需要精准地找到一些短线，甚至是超短线的操盘机会，而这些往往都需要投资者调整 K 线的周期来发掘其中可能潜藏着的投资机会。

5.3.3　读懂盘口信息

在 K 线窗口的右侧实际上还有一个隐藏窗口，也就是盘口。盘口中有许多盘面信息，它能直接显示可转债的委比、委差、量比和涨幅等信息。首先，投资者需要在 K 线窗口右侧单击"显隐行情信息"按钮，打开盘口，如图 5-10 所示。

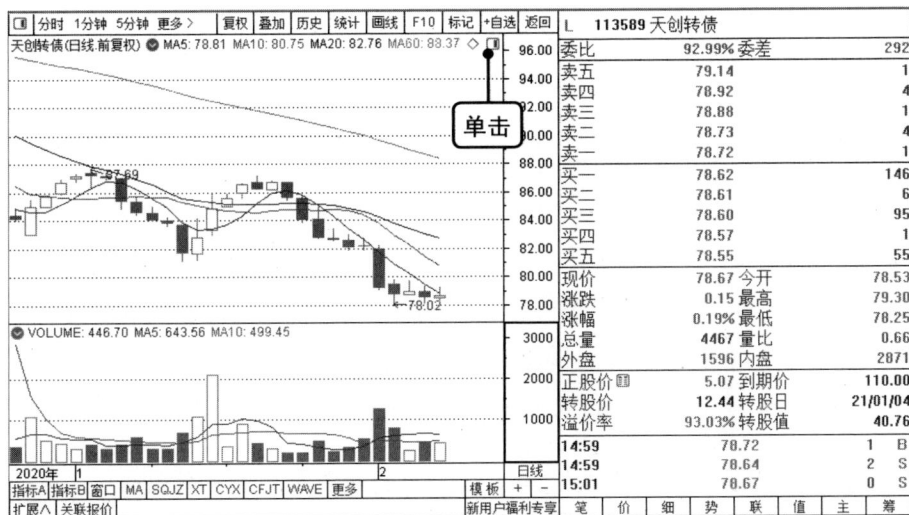

图 5-10　显示盘口

从图中可以看到，委托盘中包括了两个部分，即卖盘和买盘，其具体意义如下：

◆ **卖盘**：卖盘包括卖五、卖四、卖三、卖二、卖一，表示已经委托但尚未成交的委托价最低的 5 笔卖出价格及其数量，其中卖一为最低申卖价格。

◆ **买盘**：买盘包括买一、买二、买三、买四、买五，表示已经委托但尚未成交的委托价最高的 5 笔买进委托价格及其数量，其中买一为最高申买价格。

图 5-11 所示为盘口中的买盘信息和卖盘信息。

委比	92.99% 委差	292
卖五	79.14	1
卖四	78.92	4
卖三	78.88	1
卖二	78.73	4
卖一	78.72	1
买一	78.62	146
买二	78.61	6
买三	78.60	95
买四	78.57	1
买五	78.55	55

图 5-11 委托盘

其中，还有"委比"和"委差"这两个数据。委比指交易中某一时段内买盘和卖盘相对强度的指标，委比的范围为 −100% 至 100%。如果委比为 100% 说明全部的委托均是买盘；−100% 则说明全部的委托均是卖盘；0 则说明买单和卖单的数量相等。委比的计算公式为：委比 =（委买数量 − 委卖数量）÷（委买数量 + 委卖数量）×100%。投资者通过委比数据可以看出市场买入和卖出意愿的不平衡程度。

委差指的是委买与委卖之间的差值，是投资者意愿的体现，一定程度上反映了价格的发展方向。委差为正，价格上升的可能性就大；反之，下降的可能性就大。

紧接着可以看到，可转债基本盘面信息，包括现价、当日开盘价、涨跌、涨幅、最高价和最低价等。此外，还可以看到可转债比较有特色的一个转股盘面信息，包括当前的正股价、转债到期价、转股价、转股日、溢价率以及转股值，投资者转股分析操作需要仔细查看这一盘面信息。

最后，在盘口信息的最下方就是当日的实时交易信息，通过该数据可以查看各个时段的可转债交易情况。

5.3.4　查看分时走势图

分时走势图指可转债的动态即时走势图，在 K 线图中查看的是某一周期下的走势情况，但如果想要查看某一天中某一时间段的具体情况就需要借助分时走势图。

在日 K 线图中选中需要查看的某一天的单根 K 线，双击即可打开分时走势窗口，如图 5-12 所示。

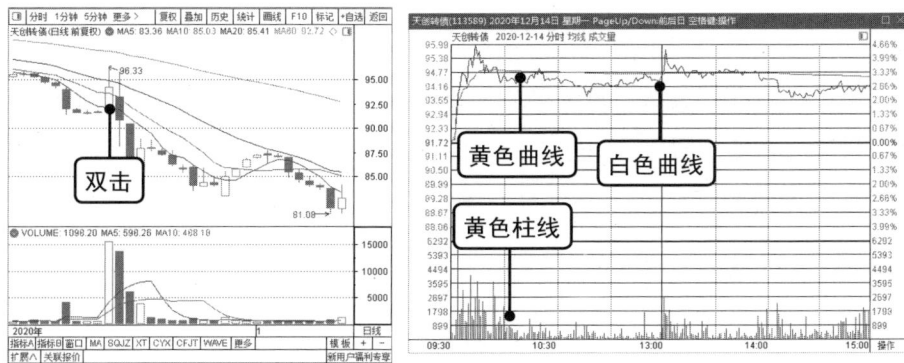

图 5-12　打开分时走势窗口

根据分时图可以看到，默认情况下分时图中主要包括黄色曲线、白色曲线和黄色柱线，它们各自的含义也不同，具体如下：

◆ 白色曲线表示该可转债即时成交的价格。

◆ 黄色曲线表示该可转债即时成交的平均价格，即当天成交总额除以成交总数。

◆ 黄色柱线在分时图下方，表示每一分钟的成交量。

单击窗口右侧的"显隐行情信息"按钮，可以展开右侧窗口，查看可转债实时的分笔交易情况，如图5-13所示。

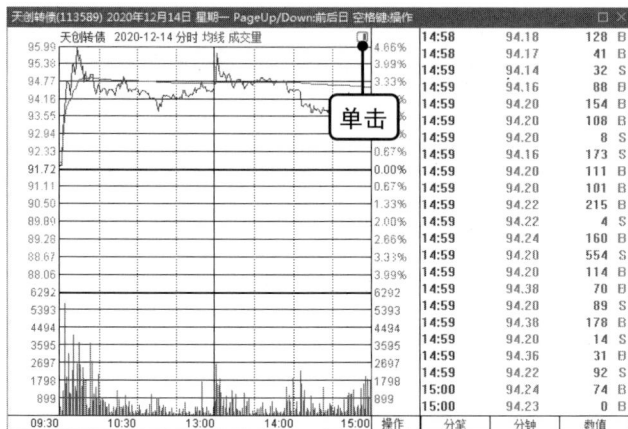

图 5-13 查看分笔交易

单击下方的"分钟"或"数值"选项卡，可以切换窗口查看可转债分钟交易情况和可转债当日的基本数值信息。

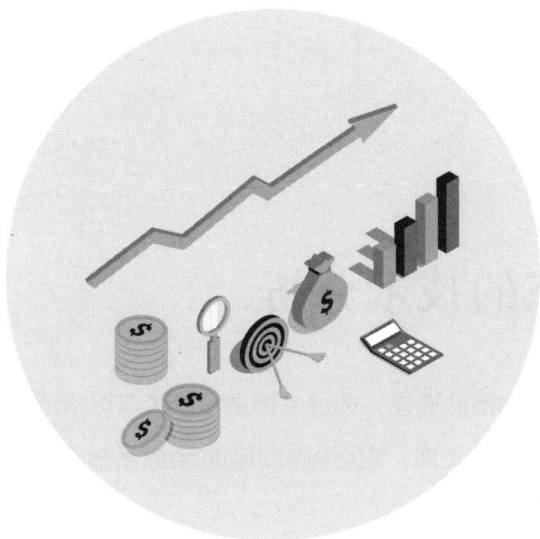

第6章

可转债投资必会的看盘技巧

盘面是证券投资绕不过的一个关键技术，可转债投资也是如此。投资者在进行可转债操盘时必须要学会看盘，并掌握基本的看盘方法，正确地看盘，才能够提高行情趋势预测的准确性，从而直接提高投资的成功率。

6.1
K 线与 K 线形态的技术分析

K 线图是对可转债价格变化的精准描述，通过 K 线图投资者可以快速了解可转债价格的走势变化，并预测后市走向，也可以较明确地判断多空双方的力量对比，从而为投资决策提供重要参考。

6.1.1 认识单根 K 线

K 线也被称为阴阳线或阴阳烛。它将每一个交易期间的开盘与收盘的涨跌实体用阴阳线表示出来，并将交易中曾出现的最高价及最低价用上影线和下影线的形式直观地反映出来，使人们对变化多端的可转债行情一目了然。

K 线有三个要素，即实体部分、上影线和下影线，图 6-1 所示为 K 线的三种基本类型。

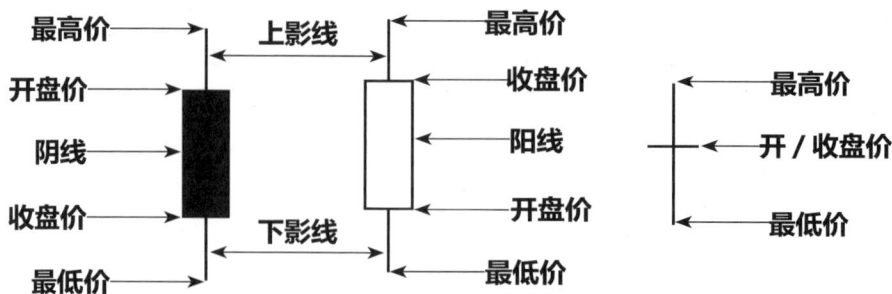

图 6-1　K 线的基础形态

上图介绍的是 K 线的三种基本形态，即阴线、阳线和十字星线，具体内容如下：

◆ **阴线：** 可转债当日收盘价低于开盘价，说明当天的价格先高后低，属于下跌，称之为阴线。其在 K 线上反映为开盘价在上，收盘价在下，实体常为绿色或黑色实心。

◆ **阳线：** 可转债当日收盘价高于开盘价，说明当天的价格先低后高，属于上涨，称之为阳线。其在 K 线上反映为收盘价在上，开盘价在下，实体常为红色实心或空心。

◆ **十字线：** 可转债当日的收盘价等于开盘价，称之为十字线，其在 K 线上反映为开盘价、收盘价和实体重合的"+"字形。

在实际的 K 线图中，随着可转债价格不同的变化情况，会形成不同的 K 线形态，而不同的 K 线形态又表示出了不同的市场意义。表 6-1 所示为常见的几种单根 K 线形态。

表 6-1　常见的单根 K 线形态

名　　称	形　　态	说　　明
小阳星		小阳星 K 线形态表示全天债价波动很小，收盘价略高于开盘价。该形态表明行情处于混乱不明的阶段，需根据前期 K 线组合的形态以及当前所处的价位区域综合判断
小阴星		小阴星 K 线形态表示全天债价波动很小，收盘价略低于开盘价。该形态出现说明当前行情疲软，发展方向不明确
小阳线		小阳线 K 线形态表示全天债价波动范围较小，收盘价高于开盘价。该形态表明多方稍占上风，但上攻乏力，后市行情发展仍扑朔迷离
小阴线		小阴线 K 线形态表示全天债价波动范围较小，收盘价低于开盘价。该形态表示空方呈打压态势,但力度不大，行情发展趋势不明

续表

名　称	形　态	说　明
上吊阳线		上吊阳线也称为吊颈线，这种 K 线的特征是实体很短，无上影线或有很短的上影线，下影线远长于 K 线的实体。上吊阳线出现在不同的价位区，代表的意义也不同。债价在探底过程中成交量萎缩，之后随着债价的逐步攀高，成交量呈逐渐放大状态，并最终以阳线报收形成低位上吊阳线，则后市看涨；如果在高价位区域出现上吊阳线形态，并且债价走出尾盘拉高形态，则有可能是主力在拉高出货，需要留心
光头阳线		光头阳线是没有上影线的 K 线，即当天的收盘价即是当天的最高价，其实体部分远长于下影线。如果光头阳线出现在低价位区，在分时走势图上表现为债价探底后逐浪走高且成交量同时放大，该形态预示着新一轮上升行情的开始；如果光头阳线出现在上升行情途中，后市通常会继续看好
光头阴线		光头阴线的开盘价为当天的最高价，随后债价一路下滑，在低位又遇买盘涌入使债价略微回升，但低于开盘价。如果光头阴线出现在低价位区，说明有抄底盘的介入使债价反弹，但力度不大；如果光头阴线出现在经过一段明显的上涨之后的高价位区，且下跌时放量，尾盘短时间内小幅拉升但成交量不大，则有可能是主力全天派货后，临近尾盘用少量资金快速拉高债价，为次日继续出货做准备
下影阳线		下影阳线是指下影线比较长的阳线，它与上吊阳线不同的是，下影阳线可以带一点上影线，但远小于下影线，通常实体部分也大于上吊阳线。下影阳线表明多方的进攻沉稳有力，债价先跌后涨，债价有进一步上涨的潜力
上影阳线		上影阳线的上影线远长于下影线，则说明多方上攻时上方抛压沉重。在上涨初中期，这种形态通常是主力的试盘动作，也说明浮动筹码较多，涨势不强，但也有可能是主力故意用冲高回落的方式洗盘，需根据其他情况来综合判断

续表

名　称	形　态	说　明
上影阴线		上影阴线是一种带上影线的阴实体，上影阴线收盘价低于开盘价；上影十字星是带长上影线的十字星；倒 T 字线是带有长上影线而无阴线实体的 K 线。这 3 种 K 线形态中的任何一种出现在高价位区时，都说明上方抛压沉重，行情疲软，债价有反转下跌的可能。如果这种形态出现在债价的上升途中，则表明后市仍有上升空间
上影十字星		
倒 T 形线		
下影阴线		下影阴线是带有下影线而无上影线（或上影线很短），阴线实体较短的 K 线；下影十字星是带长下影线的十字星；T 形线的开盘价、收盘价和最高价相同，K 线上只留下影线，如果有上影线也是很短的。这 3 种 K 线形态出现在低价位区时，都说明下档承接力较强，债价有反弹的可能
下影十字星		
T 形线		
光脚阳线		光脚阳线是指开盘价为当日最低价，带有上影线，但实体远大于上影线的 K 线。这种形态表示上升势头强劲，但在高价位处多空双方有所分歧
光脚阴线		光脚阴线是指收盘价为当日最低价，带有上影线，但实体远大于上影线的 K 线。这种形态表示债价虽有反弹，但上档抛压沉重。如果该形态出现在下降趋势中，则次日还有下跌；如果该形态出现在上升途中，则可能是主力趁势打压洗盘
十字星		当收盘价等于开盘价，且上、下影线长度相差不大时就会形成十字星。十字星通常是变盘信号，预示着债价即将改变原来的运行方向。但如果上下影线过短，则意义较弱，通常是原走势的延续。实际上，开盘价和收盘价完全相等的情况不多，通常将开盘价和收盘价相差极小的情况都视作十字星

续表

名　称	形　态	说　明
光头光脚阳线		光头光脚阳线是开盘价即当日最低价，收盘价为当日最高价的阳线，这种形态表明多方已经牢固控制盘面，逐浪上攻，实体越长表明涨势越强烈
光头光脚阴线		光头光脚阴线是以当日最高价开盘，以最低价收盘形成的 K 线，若债价全天走出波下跌行情，说明空方力量强劲，后市继续看跌。若债价全天大多数时间横盘或缓跌，尾盘突然放量下跌，表明空方在交战后最终占据主导地位，次日低开的可能性很大

6.1.2　多根 K 线组合形态

单根 K 线判断行情的准确性较低，想要更准确地判断市场变化，可以借助多根 K 线的组合形态来进一步判断。K 线中有一些比较常见的买卖信号 K 线组合，投资者可以根据这些组合作出买卖决定。表 6-2 所示为常见的买入信号 K 线组合。

表 6-2　买入信号 K 线组合

名　称	形　态	说　明
早晨之星		早晨之星是一种行情见底转势的形态，由三根 K 线组合而成，第一根是继续下跌的阴线；第二根是跳空下行，但跌幅不大，实体部分较短的 K 线，形成星的主体部分；第三根为大阳线，阳线实体深入到第一根 K 线实体之内。如果出现在下降趋势中应引起注意，说明此时趋势已经发出了比较明确的反转信号
好友反攻		好友反攻出现在下跌行情中，由两根 K 线组成，先是一根大阴线，接着跳空低开，结果收出一根中阳线或大阳线，且收在大阴线收盘价接近的位置上，是债价见底的信号，后市看涨

续表

名　称	形　态	说　明
曙光初现		曙光初现出现在下跌趋势中，由两根 K 线组成，第一根是大阴线或中阴线，接着出现一根大阳线或中阳线，阳线的实体深入到阴线实体的 1/2 以上。阳线实体深入阴线实体的部分越多，转势的信号就越强烈
旭日东升		旭日东升出现在下跌趋势中，由两根 K 线组成，第一根为大阴线或中阴线，第二根为高开的大阳线或中阳线。阳线的收盘价高于阴线的开盘价。阳线实体深入阴线实体部分越多，转势的信号就越强
看涨吞没		在下跌趋势中，出现前阴后阳两根 K 线，第二根 K 线实体吞没了第一根 K 线的实体，并完全包住第一根 K 线的实体，由此形成看涨吞没。看涨吞没出现后的次日，如果债价不跌破形态的最低点，则可以买进
平头底部		在下跌趋势中，两根 K 线有相同的最低价，说明行情探低见底，债价即将反转回升。平头底部对这两根 K 线的涨跌情况并没有严格限制
阴孕十字		下跌趋势中出现一根中阴线或大阴线，接着出现一根包含在前一根阴线的实体之内的十字星线，形成阴线孕十字线。次日若债价继续上涨，并超过十字线实体，则可以买进
红三兵		红三兵是比较常见的底部反转信号，由 3 根连续的开盘价和收盘价都逐步抬高的中阳线或大阳线组成。红三兵出现，后市上涨的可能性较大
三空阴线		在下跌趋势中，连续出现 3 根跳空低开的下跌阴线，过度下跌是对空方势能的极大消耗，说明债价极有可能见底，后市看涨

除了有买入信号之外，也有卖出信号的 K 线组合形态，如表 6-3 所示。

表 6-3　卖出信号 K 线组合

名　　称	形　　态	说　　明
黄昏之星		黄昏之星表示债价回落，是卖出信号。第一天债价继续上升，拉出一根阳线，第二天波动较小，形成一根小阳线或小阴线，构成星的主体部分，第三天形成一根包容第二天 K 线并延伸至第一天实体内的阴线
乌云盖顶		在经过一波上涨后，出现一根高开低走的阴线，并且阴线的收盘价盖过前一日阳线实体的 1/2 以下，但并没有将阳线实体全部吞并。乌云盖顶是顶部行情反转向下的信号，后市看跌
黑三兵		由 3 根债价连续下跌创新低的小阴线组成，后一根 K 线的收盘价均低于前一日的收盘价。当黑三兵出现在高价位区域，说明行情即将反转下跌
双飞乌鸦		双飞乌鸦通常出现在上涨行情末期，由 3 根 K 线组成，第一根是大阳线，延续前期的上升势头，第二天债价高开低走收出一根小阴线，第三天继续收出一根中阴线或大阴线，且这根阴线完全将前一根阴线包住。双飞乌鸦是行情见顶的信号
上涨受阻线		上涨受阻线出现在上涨途中，由 3 根阳线组成，其形态表现为 3 根阳线的实体越来越小，且最后一根阳线带有很长的上影线。上涨受阻形态出现在高位区域，预示债价即将见顶回落

续表

名　称	形　态	说　明
平顶线		平顶线出现在上涨一段时间后的高位区域，由处于同一水平位置的两根或两根以上的 K 线组成，且它们的最高价相近或相同，说明债价在此位置受到严重阻力，是债价见顶或阶段性见顶的信号
淡友反攻		淡友反攻通常出现在上涨行情中，由一阳一阴两根 K 线组成，先收出一根大阳线或中阴线，接着收出一根跳空高开的大阴线或中阴线，且两根 K 线的收盘价相同或相近
分手线		分手线是由两根运动方向相反，实体基本相同的 K 线组成，可以是如示意图的一根阳线和一根阴线组成，也可以是一根阴线和一根阳线组成。但前阳后阴是显示卖出信号的 K 线组合，而前阴后阳显示买入信号。在卖出信号中，阳线开盘价与阴线开盘价相同
高位斩回线		斩回线是由一阴一阳两根 K 线组合而成，阴线为大阴线，阳线为中阳线或大阳线，阳线的开盘价要求尽量低开，收盘价要收在前阴线中心值以上位置，即阳线实体应超过阴线实体的中心线。但是高位区域出现的斩回线并不是上涨的信号，反而是下跌卖出的信号，一旦发现高位区出现该组合应该及时出逃
下跌三颗星		下跌三颗星通常出现在下跌行情初期或中期，K 线先拉出一根大阴线或中阴线，随后在这根阴线下方出现三根小 K 线，小 K 线不论阴阳，也可以是十字星线。下跌三颗星为卖出信号，后市看跌，在下跌初期出现下跌三颗星说明市场转弱，后市看跌

下面我们用一个具体的实例来应用 K 线组合形态。

案例实操

洪涛转债（128013）红三兵买入分析

图 6-2 所示为洪涛转债 2017 年 10 月至 2018 年 7 月的 K 线走势。

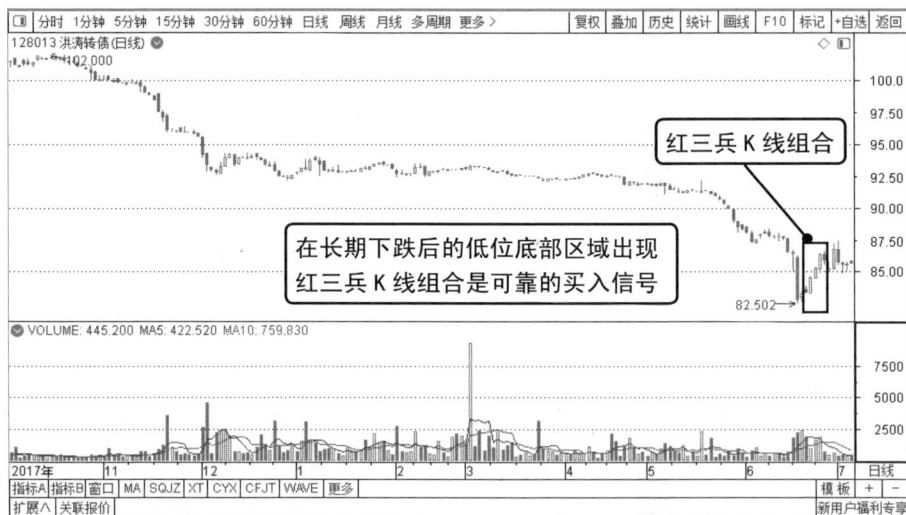

图 6-2　洪涛转债 2017 年 10 月至 2018 年 7 月的 K 线走势

从图中可以看到，该可转债处于熊市行情中，经历了长时间的下跌。当债价下跌至 92.50 元附近后止跌，并在该价位线上维持了近半年的横盘走势。2018 年 5 月下旬，K 线连续收阴，债价进一步下跌，6 月下旬可转债在创下 82.502 元的新低后止跌回升。紧接着 6 月 22 日、6 月 25 日和 6 月 26 日，K 线连续 3 天收出实体大致相同，且开盘价和收盘价逐步抬高的中阳线，形成红三兵组合。

红三兵出现在经过较长时间盘整下跌后的低位底部区域，是比较可靠的买进信号，说明多方开始聚集力量发起上攻，后市债价上涨的可能性较大，投资者可以在此位置积极买进。

图 6-3 所示为洪涛转债 2018 年 6 月至 2019 年 4 月的 K 线走势。

图 6-3　洪涛转债 2018 年 6 月至 2019 年 4 月的 K 线走势

从图中可以看到，红三兵 K 线组合出现后，债价短暂休整后继续上涨至 90.00 元附近。随后止涨回调，但并未跌破前期低位，并在 85.00 元价位线附近得到支撑止跌回升，一轮拉升行情正式开启。债价最高上涨至 102.770 元，如果投资者在红三兵 K 线组合出现时在 85.00 元附近买进，可以得到近 21% 的涨幅收益。

6.1.3　长期 K 线形态

除了单根 K 线和多根 K 线组合之外，长期 K 线还会形成有意义的组合形态。长期 K 线形态是由一段时间的 K 线表现形成，这些形态也可以给我们带来可靠的买进卖出信号。并且长期 K 线形态相比单根 K 线和多根 K 线来说可靠性更强，因为单根 K 线和多根 K 线由一天或几天的交易形成，可能会出现主力作假的情况，而长期 K 线形态形成时间较长，主力操盘难度较大。

下面我们来认识一下常见的长期 K 线形态有哪些：

（1）头肩形态——头肩底和头肩顶

头肩底形态是在实战中出现最多的一种形态，它是一个长期趋势的反转形态，说明后市即将转入上涨走势中，通常出现在下跌行情的末期。这一形态具有以下特征。

①头肩底形态的两肩低点大致相等。

②就成交量而言，左肩最少，头部次之，右肩最多。债价突破颈线不一定需要大成交量配合，但是日后继续上涨时成交量会放大。

图 6-4 所示为头肩底的形态。

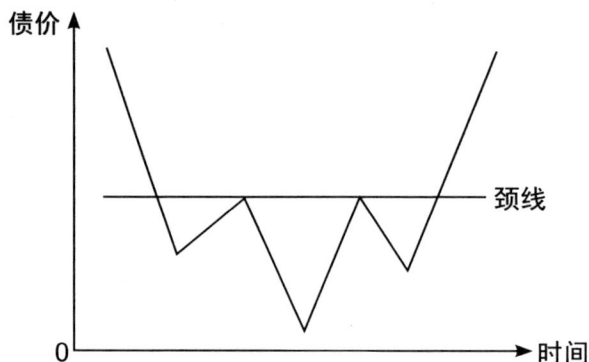

图 6-4　头肩底

头肩顶则与头肩底相反，是比较可靠的卖出信号，通常出现在大幅上涨后的高位区域。通过三次连续的涨跌构成该形态的三个高点，其中位于中间的高点称为"头部"，且头部明显高于其他两个高峰。两侧的高点则分别为左肩和右肩，高点大致相等，部分头肩顶的左肩稍低，但如果右肩的高点比头部还要高，头肩顶形态则不能成立。

图 6-5 所示为头肩顶的形态。

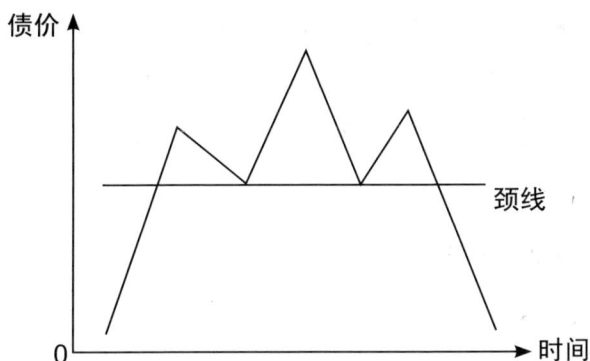

图 6-5　头肩顶

（2）V 形形态——V 形底和倒 V 形顶

V 形底形态又称为尖底形态，它是一个比较常见的底部反转形态，指的是债价先跌后涨的 K 线形态，因为形似大写字母"V"而得名。

V 形底常常出现在一段下跌行情的尾声部分，债价快速下跌，跌到一定幅度时又立即拐头上涨，上涨和下跌之间完全没有整理过渡。因此 V 形底的反转非常尖锐，可能在几个交易日内形成，且转势点处成交量往往会明显放大。

图 6-6 所示为 V 形底形态。

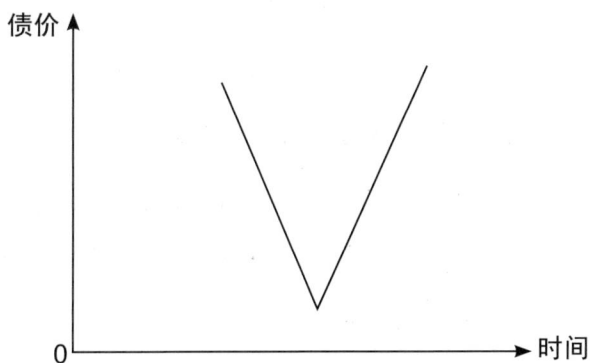

图 6-6　V 形底

倒V形顶也称倒V形反转形态或尖顶形态，其走势同V形底一样，也是一个比较常见的反转形态。倒V形顶出现在上涨行情的顶部，债价先是快速上涨然后立即快速下跌，没有整理过渡。倒V形顶的顶部非常尖锐，通常在几个交易内完成。

图6-7所示为倒V形顶形态。

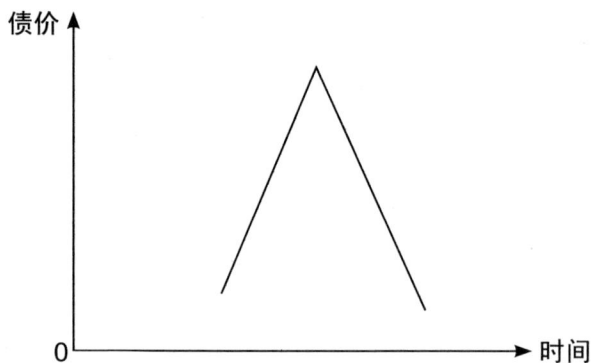

债价

0 ————————————————→ 时间

图 6-7　倒 V 形顶

（3）双重形态——双重底和双重顶

双重底又称为 W 形底，该形态一般在下跌行情的末期出现，是指可转债的价格在连续两次下跌的低点大致相同时形成的债价走势图形。两个跌至最低点的连线叫支撑线。双重底反转形态一般具有如下特征。

①形态的低点通常在同一水平线，债价第一次冲高回落后形成的顶点称为颈部，当债价放量突破颈线时，行情可能见底回升。

②形态形成之后，债价有可能出现回落的行情，但最终会在颈部附近的价格止跌企稳，后市看涨，投资者可在第二次突破回落止跌后介入。

图 6-8 所示为双重底的一般形态。

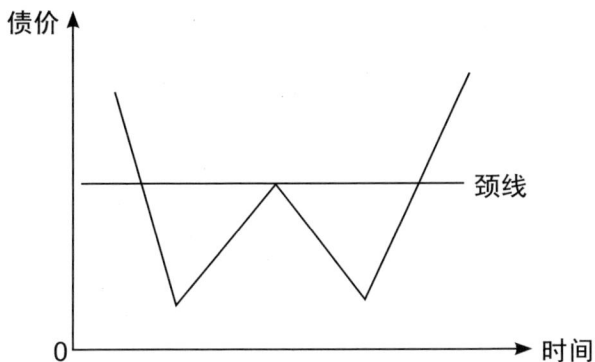

图 6-8　双重底

理财贴士 *实战中的双重底形态*

在实际操作中，也会出现双重底的两个低点不在同一水平线上的情况，通常第二个低点都较第一个低点稍高，是因为部分先知先觉的投资者在第二次债价回落时已开始买入，令债价没法再次跌回到上次的低点。而且形态底部也有两个低点之间的距离不对称的情况，通常，左底成交量大于右底，突破颈线时若伴随放量，则上涨信号比较明确。此外，双重底形态在底部构筑的时间越长，其产生的回升效果就越好。完整形态的 W 底构筑时间至少需要一个月左右。

双重顶又称 M 形顶，该形态一般是在上升行情的末期出现，它与双重底形态的作用刚好相反，它是一个后市看跌的见顶反转形态。双重顶反转形态一般具有如下特征。

①形态的高点并不一定在同一水平，通常第二个顶点比第一个顶点稍高，是高位追涨筹码介入拉高的结果，由于主力借机出货，因此债价上涨力度不大。

②形态的两个顶点就是债价这一轮上升行情的最高点，当债价有效跌破形态颈线（第一次下跌的低点为颈部）时行情发生逆转，投资者应果断卖出可转债。

图 6-9 所示为双重顶的一般形态。

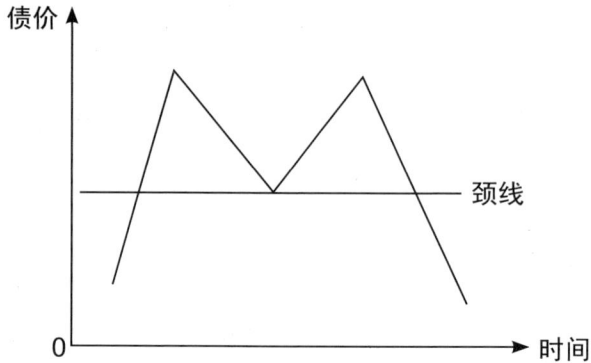

图 6-9　双重顶

（4）三重形态——三重底和三重顶

三重底形态是头肩底形态的变形，由三个一样的低位或接近的低位形成，与头肩底的区别是头部的价位回缩到和肩部差不多相等的位置。

三重底是相对比较少见的一种反转形态，可以认为是头肩底的变体。两者之间的主要区别在于，三重底的三个或波谷位于大致相同的价位上。在三重底中，三个波谷相应的成交量是相继减少的，反映随着市况的发展，看空的投资者在逐步减少，是市场即将发生逆转的一种迹象。

三重底形态的分析需要注意以下两点：

①三重底的颈部和顶部连线是水平的，所以三重底具有矩形的特征。

②三重底的低点与低点的间隔距离不必相等。

图 6-10 所示为三重底的一般形态。

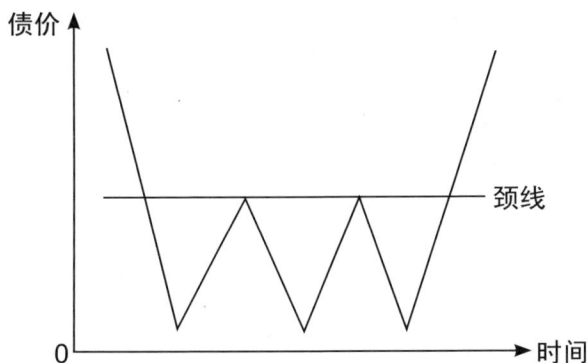

图 6-10 三重底

三重顶与三重底类似，由三个一样高位或接近的高位形成，头部的价位与肩部的位置相离不远。出现三重顶形态的原因也是投资者没有耐心，在形态完全形成时便急于卖出或急于买进，等到形态完成，大势已定时，却发现债价已经处于下跌通道中，后市遭受不小损失。图 6-11 所示为三重顶的一般形态。

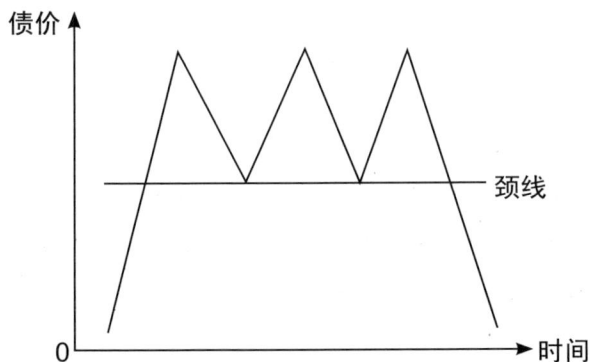

图 6-11 三重顶

前面说的是标准情况下的三重形态，在实战中，三重底（或顶）的谷底谷与谷底，或顶峰与顶峰的间隔距离和时间不必相等，同时三重底（或顶）的底部或顶部也不一定要在相同的价格形成，即颈线也不一定必须是水平的。此外，三重形态的形成时间一般在两个月以上，且时间越长，三重形态更可靠。过于短暂的时间形成的三重形态，很容易变成其他形态。

（5）圆弧形态——圆弧底和圆弧顶

圆弧底是一种极具上涨能力的底部形态，其形成过程是债价缓慢下滑，在跌势趋缓并止跌之后，多空达到平衡，在底部横盘少许时日后，债价又缓慢回升，每次回落点都略高于前一次形成的低点，整个形态就像一个圆弧，所以被称为圆弧底或圆底，其形态如图 6-12 所示。

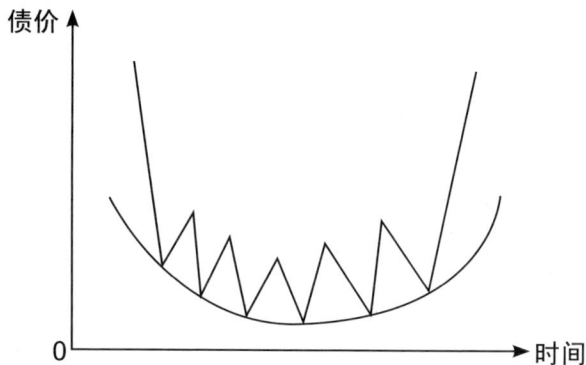

图 6-12 圆弧底

理财贴士 *圆弧底形态的成交量变化*

在圆弧底形成过程中，成交量的变化趋势与价格平行。即在圆形底形成初期，随着债价下跌，成交量也会下降。随后债价在一个相对低迷的时期过后（即圆形底的底部）债价开始上涨，交易量也随之上升。

圆弧顶与圆弧底的形成过程相反，其形成过程是债价上升到高位后，开始缓慢上升，到达顶部后，债价又缓慢下跌，每次回落的高点都略低于前一次形成的高点，整个形态像一个圆弧。但在圆弧顶发展的末期，成交量会放大，债价会逐渐加速下跌。

圆弧顶的形态如图 6-13 所示。

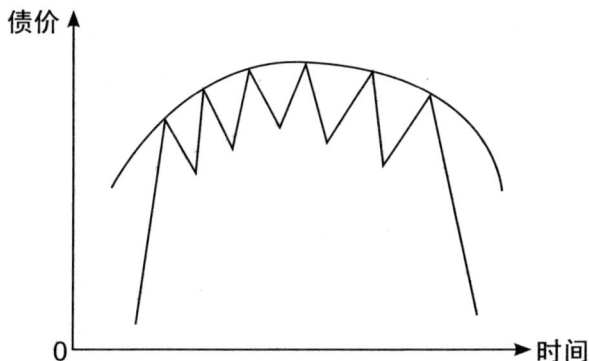

图 6-13 圆弧顶

在实战操盘中，标准的圆弧底和圆弧顶形态比较少见，大多数时候，这两种形态都不太标准，但是同样可以发出可靠的行情反转信号。

下面我们来看一个长期 K 线形态应用案例。

案例实操

永创转债（113559）双重底买入分析

图 6-14 所示为永创转债 2020 年 2 月至 7 月的 K 线走势。

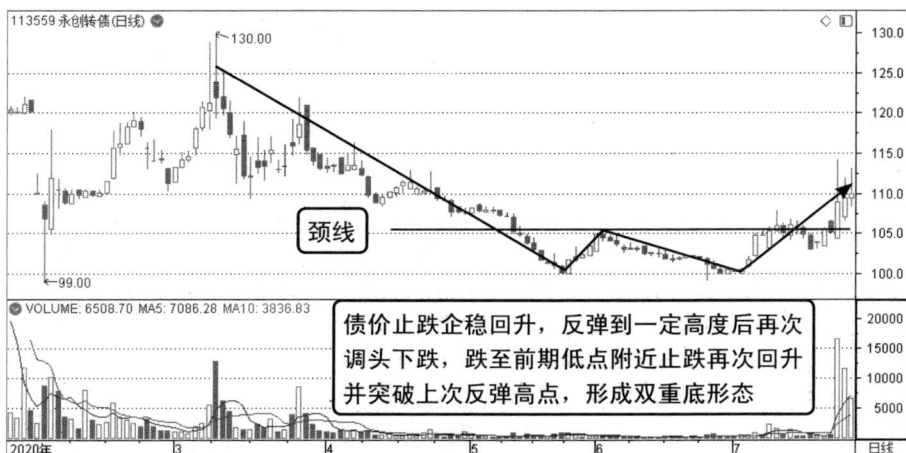

图 6-14 永创转债 2020 年 2 月至 7 月的 K 线走势

从图中可以看到，该可转债处于下跌行情中，5月中旬债价跌至100.00元价位线后止跌，K线连续收出5根阳线反弹回升，将债价拉升至105.00元附近后止涨拐头向下，跌至前期低点100.00元附近时止跌，并再次向上拉升。当债价拉升至105.00元附近时短暂横盘，此后成交量明显放大，拉升债价向上有效突破前期反弹高点105.00元位置，形成双重底形态。

双重底形态的出现说明债价筑底成功，后市即将转势回升，债价向上突破颈线105.00元位置为投资者买进的好机会。

图6-15所示为永创转债2020年5月至9月的K线走势。

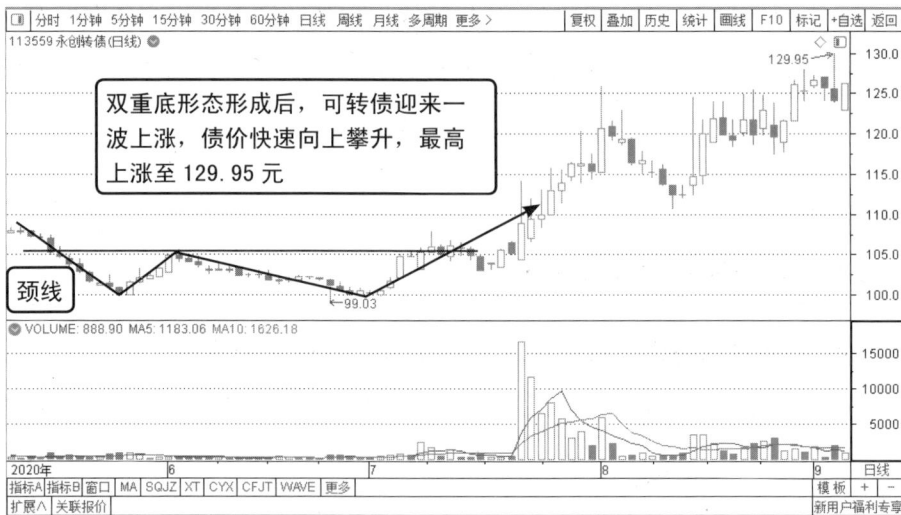

图6-15　永创转债2020年5月至9月的K线走势

从上图可以看到，双重底形态形成后，可转债迎来一波上涨，债价快速向上攀升，最高上涨至129.95元。如果投资者在债价放量突破颈线105.00元位置买进，则可以获得近24%的涨幅收益。

6.2
密切关注成交量的形态变化

成交量是市场资金进出变化的关键指标，也是判断市场走势的重要因素，当市场低迷时成交量表现萎缩，而市场活跃时成交量表现放量。因此，有经验的投资者都会密切关注成交量的变化，以便为投资决策提供强有力的依据。

6.2.1　看懂成交量指标

成交量指在一个单位时间内成交的数量，包括日成交量、周成交量、月成交量、年成交量，甚至是 5 分钟成交量、30 分钟成交量、60 分钟成交量等。它既可以反映单只可转债的交易数量，也可以反映整个市场总体的交易数量。

默认情况下，K 线走势图下方的窗口显示的就是成交量，由长短不一的柱状线和两根均量线组成，柱状线的高低就表示了成交量的多少。均量线为 5 日均量线和 10 日均量线，分别代表了 5 日平均成交量和 10 日平均成交量。图 6-16 所示为成交量窗口。

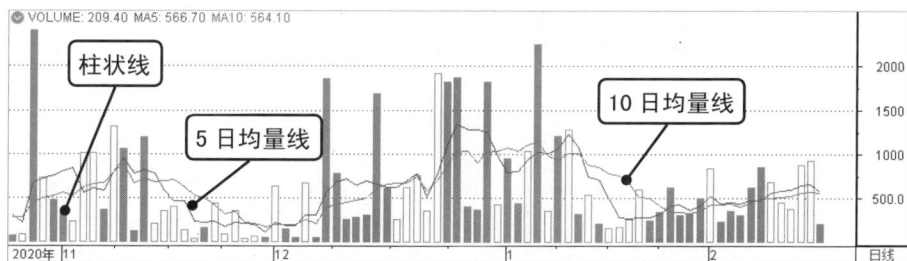

图 6-16　成交量窗口

在理解成交量的过程中要注意一点，即买盘 + 卖盘 ≠ 成交量，这是很多人对成交量的误解。沪深交易所中对买盘和卖盘的揭示，指的是买价最高前三位揭示和买价最低前三位揭示，是即时的买盘揭示和卖盘揭示，其成交后纳入成交量，不成交量则不能纳入成交量，所以，买盘与卖盘之和与成交量并没有关系。

6.2.2 认识成交量的形态

成交量的形态指在不同行情走势下，成交量变化形成的状态，比较常见的有以下几种形态，如表 6-4 所示。

表 6-4 成交量的常见形态

名　　称	形　　态	说　　明
逐渐放量形态		逐渐放量就是随着时间的推移成交量总体趋势为逐步增大。在上涨初期出现逐渐放量形态，表示后市看好，投资者可以在低位建仓；如果在上涨后期出现逐渐放量形态，行情有可能出现转势，因此投资者需要认真分析，谨慎入市
逐渐缩量形态		逐渐缩量就是随着时间的推移成交量总体趋势为逐渐减小。如果是在上涨初期缩量，后市还有一段上升行情，这是主力故意打压部分散户而为；如果在上涨后期缩量，这是行情转势的信号，后市可能下跌
快速放大量形态		快速放大量就是成交量在持续较小量后突然出现很大的成交量。这种形态在上升行情的初期、中期或在下降行情的末期，都是投资者做多的好时期，投资者可以在低位逢低吸纳买入；如果在上升行情的末期或者下跌行情的初期和中期出现这种情况，后市不被看好，投资者可以选择空仓观望

续表

名　称		形　态	说　明
快速出小量形态			快速出小量就是在连续出现很多大的成交量后突然出现较小成交量。这种形态出现在上升行情或者下降行情的初期和中期时都不适宜入市，投资者应选择空仓观望的策略，而在下降行情的末期，由于做空局势已经基本稳定，投资者应转空头为多头，可以分批建仓
量平	量大平		上升行情初期，量大平主要是由于多方主力采取稳扎稳打的策略，步步推高债价，投资者可以趁机跟进；而在上升行情中期，为了谨防主力连续用量大平出货，投资者可以退出观望
	量中平		上升行情中期出现量中平形态，投资者要谨慎做多；而在下降行情中出现量中平，主要是由于下跌趋势已经比较明显，持有者已在陆续出货
	量小平		上升行情中期出现量小平，说明主力很强，投资者可以继续做多，而在后期出现量小平，投资者可再持有一段时间，因为主力出货不能在瞬间完成。下降行情初期或中期出现量小平都是主力在大量出货，后市将继续下跌，投资者应全线做空，而在后期，由于行情趋于见底，此时投资者可以逢低纳入

6.2.3 特殊的天量和地量

成交量中还有两种特殊的形态，即天量和地量。天量和地量的说法是相较于正常情况下的成交量而言的，它们对债价走势变化有重要的影响。

（1）天量

天量指在一定的时间周期内，出现的最大成交量（至少是前一天成交量的两倍以上）。在不同的行情下，天量出现的位置不同，具有不同操作指导意义。

如果在经历一番上涨后的高位区域出现天量，此时预示债价见顶，后市行情可能发生转变，此时投资者应果断出局。

图 6-17 所示为高位天量示意图。

图 6-17 高位天量

如果在大幅下跌后的低位区域或是上涨初期出现天量，这是主力资金建仓的动作，且发生在债价下跌的后期，这是转势的信号，投资者可以趁机果断跟进。有时候成交量出现天量后，债价不会立即上涨，甚至可能出现小幅回调，此时只要出现天量后的几个交易日的债价不跌破天量当日的低点，且债价超过前期的高点，投资者就可以跟进。

图 6-18 所示为低位天量示意图。

图 6-18　低位天量

（2）地量

地量指在一定的时间周期内，出现的极度萎缩状态的成交量，且还具有一定的持续性，是交投极其不活跃的表现，通常出现在下跌行情的末期，是行情反转的重要信号。图 6-19 所示是低位地量示意图。

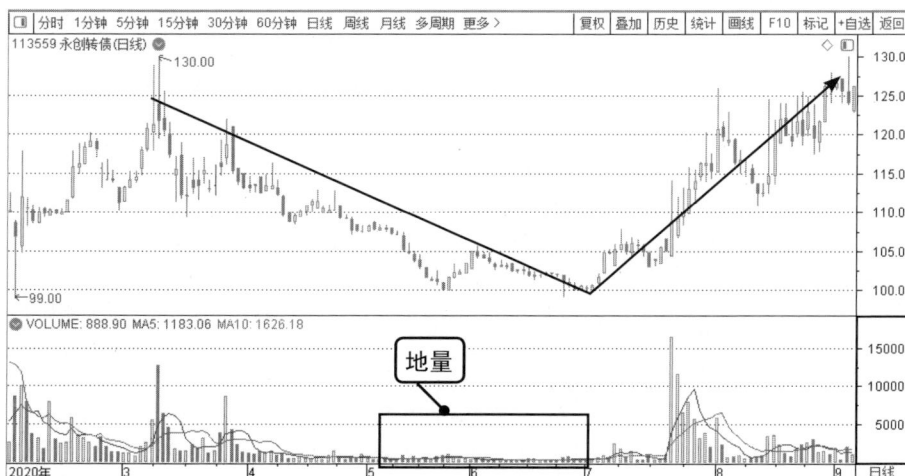

图 6-19　低位地量

低位地量出现后,投资者应该引起注意,这一时期往往是中线进场时机,此时可以再结合其他基本面、技术面的分析,投资通常都会有不错的收益。

6.2.4　利用量价关系判断趋势

债价的上涨需要成交量的配合,由此可以将量价关系分为量价配合和量价背离。量价配合指的是成交量配合债价的上涨而放大、下跌而缩小,运行方向一致;量价背离则是指成交量不配合债价,债价上涨成交量缩小,债价下跌成交量放大,运行方向相反的情况。不同的量价关系具有不同的指示意义,具体如表 6-5 所示。

表 6-5　量价关系

关　系	描　　述	意　　　义
量增价升	债价随着成交量的放大而上涨	①在上涨初期或上涨途中出现量增价升,说明场外资金不断注入,后市看涨,此时为明显的买入信号。 ②在上涨末期出现量增价升,是主力高位出局,后市看跌,待主力完全出货后,行情将逆转。 ③在下跌初期或下跌途中出现量增价升往往是债价反弹,当量能不能继续放大时反弹结束,下跌继续。 ④在下跌末期出现量增价升,债价不会立即大幅上涨,可能会经历一个调整回落的阶段
量增价平	随着成交量放大的同时债价在一定价位区间内水平波动	①在上涨初期或上涨途中出现量增价平,说明场内抛压重,后市将向上突破,盘整后会继续上涨。 ②在上涨末期出现量增价平,主要是主力在高位借助盘整形态趁机出货,一旦主力出货完毕,行情就会逆转步入下跌行情。 ③在下跌初期或下跌途中出现量增价平,债价跌破形态后,后市会继续下跌,即使向上突破,也会因上涨受阻而回落。 ④在下跌末期出现量增价平,预示有大量资金介入,后市债价有望见底,行情可能发生逆转,投资者应做好买入准备

续表

关　系	描　述	意　义
量增价跌	随着成交量的放大，而债价出现不涨反跌的走势	①在上涨初期或上涨途中出现量增价跌，是主力震仓洗盘，只要债价在均线位置获得支撑，就会继续上涨。②在上涨末期出现量增价跌，说明做多量能衰减，债价上涨乏力，行情即将反转，后市可能出现见顶回落。③在下跌初期或下跌途中出现量增价跌，主要是主力派发完成，债价上涨失去主力依托，做空动能强，这是明显的助跌信号，后市看空。④在下跌末期出现量增价跌，说明有资金接盘，尤其是出现快速放量下跌形态，往往是主力诱空，后市有望形成底部或产生反弹
量减价跌	随着成交量减小，债价出现下跌的走势	①在上涨初期出现量减价跌属债价正常回落调整，后市看涨。②在上涨途中出现量减价跌为主力震荡洗盘，后市看涨，该阶段必须量减，否则债价将持续下跌。③在上涨末期出现量减价跌，说明主力开始出货，若随后债价走势疲软，则行情可能发生逆转。④在下跌初期出现量减价跌，且在几个交易日内成交量也未见明显增加，后市看跌，投资者应及时离场。⑤在下跌途中出现量减价跌，债价将继续下跌，投资者应持币观望。⑥在下跌末期出现量减价跌，说明行情运行到底部，此时在短时间内债价可能在反弹之后创新低
量减价平	随着成交量减小，债价走势几乎是在一定价位区间内水平波动	①在上涨初期出现量减价平，表示市场方向不明确，投资者应观望。②在上涨途中出现量减价平是主力横盘清洗浮筹的手段，只要债价不跌破 60 日均线，后市将继续上涨。③在上涨末期出现量减价平，若前期持续大量，此时说明主力出货完毕，后市必然下跌。④在下跌初期或下跌途中出现量减价平，此时为弱势信号，投资者应谨慎操作。⑤在下跌末期出现量减价平，说明行情见底，后市将企稳回升

续表

关　系	描　述	意　义
量减价升	债价随着成交量的减小而上涨	①在上涨初期或下跌末期出现量减价升，债价上涨无量能配合，说明上涨幅度有限，短期内可能会出现债价回落下调或者横盘整理，需要等到更多的参与者达到债价见底共识才会上升。②在上涨途中出现量减价升是主力大量吸筹后锁仓拉升债价，后市会继续上涨。③在上涨末期出现量减价升是强烈的行情逆转信号，后市将进入一段下跌行情。④在下跌初期或下跌途中出现量减价升，说明价格会反弹，但是如果成交量不能继续放大，债价反弹将结束，后市继续下跌
量平价升	成交量几乎是在一定幅度水平波动的同时债价出现上涨的走势	①在上涨初期出现量中平、量大平，后市看涨；出现量小平说明资金介入有限，上涨无法维持，短期内债价会出现回落走势。②在上涨途中，量小平说明主力高度控盘，后市继续看涨；量中平说明债价运行方向不明；量大平则看淡后市。③在上涨末期，量大平为滞涨信号，后市看弱；由于主力出货不能在瞬间完成，因此出现量小平可以再持股一段时间。④在下跌初期或下跌途中出现量平价升，此时价升属于一个技术反弹，只要后期量不增加，后市债价将继续下跌
量平价平	成交量几乎是在一定幅度水平波动的同时债价也呈现出横向整理的走势	①在上涨初期出现量平价平，表明多空双方暂时取得平衡，后市方向不明，投资者应以观望为主。②在上涨的途中出现量平价平，说明市场观望气氛较重，投资者应谨慎看多，但须谨防债价回调。③在上涨末期出现量平价平，表明债价相对滞涨，随时可能反转下跌，投资者宜清仓观望。④在下跌途中出现量平价平，此时如果均线仍处于空头排列，表明债价并未止跌，后市仍有下跌空间。⑤在下跌末期出现量平价平，此时做空量能得到充分释放，如果此时的量能已经极度萎缩，说明底部不远，可逐步建仓

关　系	描　述	意　义
量平价跌	成交量几乎是在一定幅度水平波动的同时债价出现下跌的走势	①在上涨初期或上涨途中出现量平价跌，是主力盘整洗筹，只要债价不跌破 60 日均线，后市继续看多。②在上涨末期出现量平价跌，说明债价在拉升到预期高度后，主力在开始逐渐出货，后市看跌。③在下跌初期或下跌途中出现量平价跌，债价将继续下跌，后市看空。④在下跌末期出现量平价跌，若成交量为量小平，说明债价运行到低位区，后市将出现见底回升的行情

案例实操

正裕转债（113561）量平价升分析

图 6-20 所示为正裕转债 2020 年 3 月至 6 月的 K 线走势。

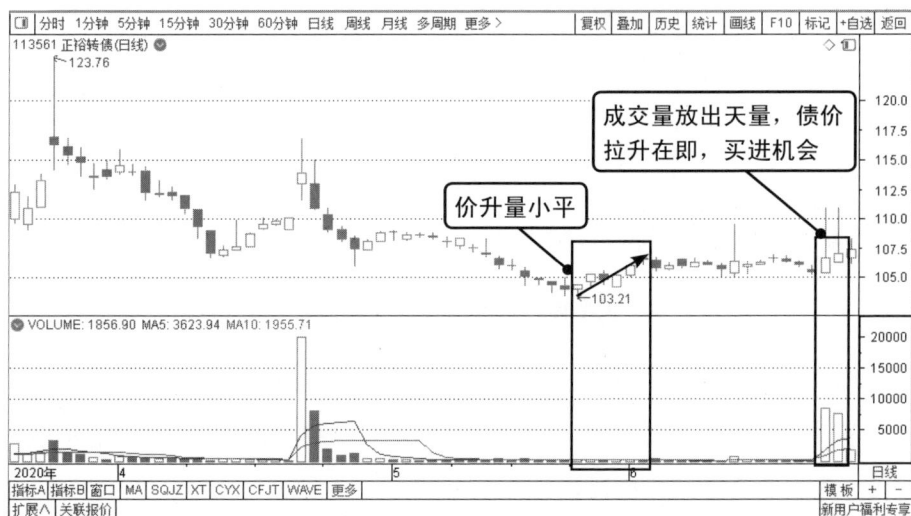

图 6-20　正裕转债 2020 年 3 月至 6 月的 K 线走势

从图中可以看到，2020 年 3 月下旬开始正裕转债开始下跌，从最高的 123.76 元跌至最低的 103.21 元后止跌。随后开始小幅回升，与此同时查看成交量发现成交量表现出量小平的形态，形成量平价升的关系。

量平价升出现在一轮下跌后的上涨初期，说明此时场内做多资金不足，短期内即将迎来一波调整，所以并不是投资者最好的买进机会。

6月初债价止涨横盘调整，6月22日和6月23日，债价小幅上涨，成交量放出天量，说明场内有主力资金介入，调整结束，债价拉升在即，此时为投资者的买进机会。

图 6-21 所示为正裕转债 2020 年 5 月至 9 月的 K 线走势。

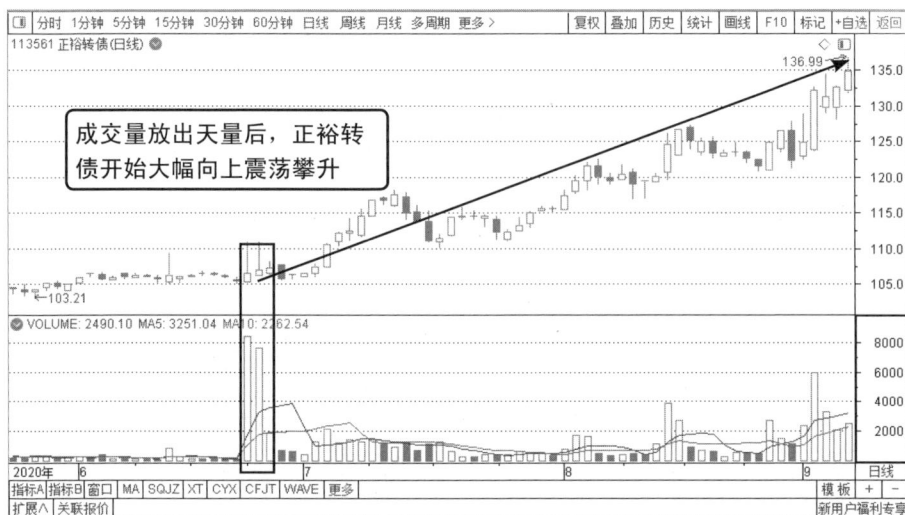

图 6-21　正裕转债 2020 年 5 月至 9 月的 K 线走势

从上图可以看到，成交量放出天量后，正裕转债的价格开始大幅向上震荡攀升，涨幅惊人，最高上涨至 136.99 元。如果投资者在 105.00 元附近买进，可以获得 30.5% 的涨幅收益。

成交量是技术分析中的重要指标，投资者在实战分析中要引起重视，尤其要注意其与债价走势的关系。

6.3
添加技术指标辅助思考

在价与量的基础上，各类操盘工具还为投资者提供了大量的技术分析指标，这些技术指标是依照一定的算法计算得来的，能够在一定程度上反映、评估和预测债价的走势情况，为投资者提供决策依据，具有重要的投资分析意义。

6.3.1　移动平均线 MA

移动平均线简称均线，英文为 Moving Average，简称为 MA，它是将一定时期内的可转债收盘价加以平均，并将不同时间的平均值连接起来，形成的一条曲线，用以观察债价变动趋势的一种技术指标。

例如，某只债券周一收盘价为 101 元，周二收盘价为 102 元，周三收盘价为 103 元，周四收盘价为 104 元，周五收盘价为 105 元，那么 5 日均线为 MA（5）=（101+102+103+104+105）÷5=103 元。

根据时间周期的长短，移动平均线可以分为短期、中期以及长期三种，具体如表 6-6 所示。

表 6-6　均线类型

名　称	含　义	类　型	意　义
短期移动平均线	指周期为一个月以下的移动平均线，其波动较大，过于敏感，适合短线投资者	5 日均线和 10 日均线	5 日均线代表 1 个星期的债价走向；10 日均线代表半个月的债价运行方向
中期移动平均线	指一个月以上，三个月以下的移动平均线，其走势相对沉稳，经常被使用	20 日均线、40 日均线和 60 日均线	20 日均线代表 1 个月的债价走向；40 日均线代表两个月债价走向；60 日均线表示 3 个月债价运行方向

续表

名　　称	含　　义	类　　型	意　　义
长期移动平均线	指半年以上的移动平均线，其走势过于平稳，不灵活，适合长线投资者使用	120 日均线和240 日均线	120 日均线代表半年的债价运行趋势；240 日均线表示一年的债价运行趋势

通常移动平均线以平滑的连接曲线直接加载在主图上，在默认的情况下显示 5 日、10 日、20 日及 60 日移动平均线，如图 6-22 所示。当然，具体的均线周期可以根据自己的使用习惯进行调整设置。

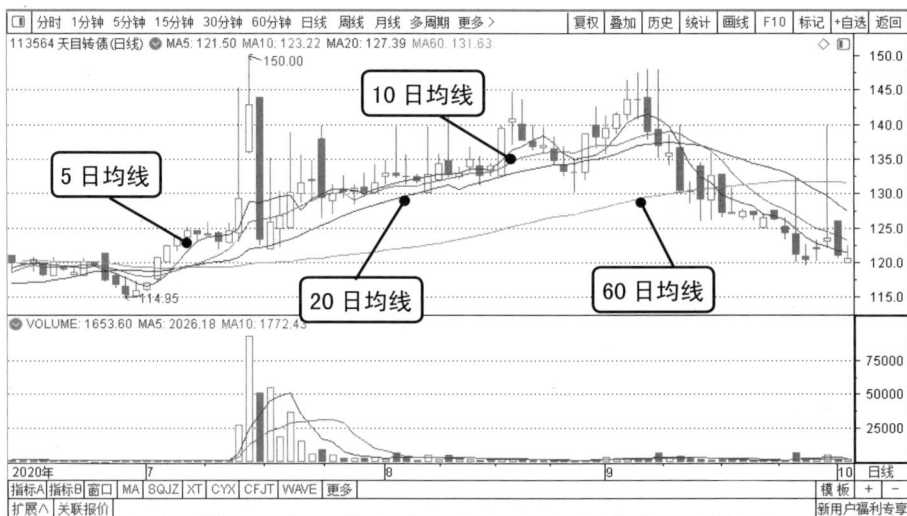

图 6-22　均线显示情况

实战中对于均线的应用主要是根据其运行时的状况和交叉情况来判断走势，下面来具体介绍：

（1）均线运行时的状况

均线系统由多条不同周期的均线组成，这就决定了均线系统在运行过程中会出现不同的状态，大致上可以分为下列两类：

◆　均线黏合

均线黏合指多条均线相互缠绕在一起。黏合状态的均线通常出现在债价横盘波动运行过程中，说明后市债价走势不明朗，但是如果均线黏合出现在上涨后的高位或是下跌后的低位，则变盘的概率较大。图 6-23 所示为均线黏合状态。

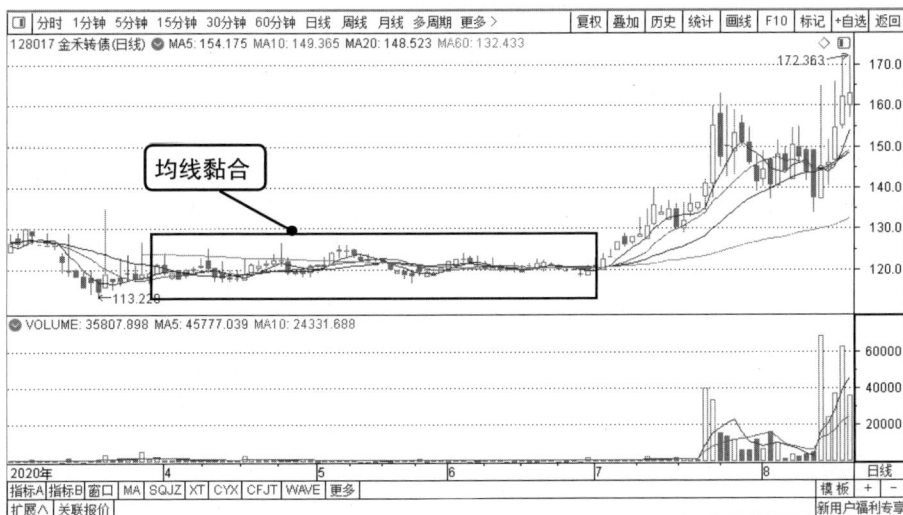

图 6-23　均线黏合

◆　均线发散

均线发散是指在债价运行过程中，各周期的均线由黏合聚拢开始分离，且相互之间距离越来越大的现象。均线发散状态中需要重点注意的是多头发散和空头发散。

多头发散指均线系统自上而下按照短期、中期和长期的顺序进行排列，说明此时市场处于强势上升状态，后市继续看涨。空头发散指均线系统自上而下按照长期、中期和短期的顺序进行排列，说明此时市场处于弱势下跌状态，后市继续看跌。图 6-24 所示为均线多头发散与空头发散。

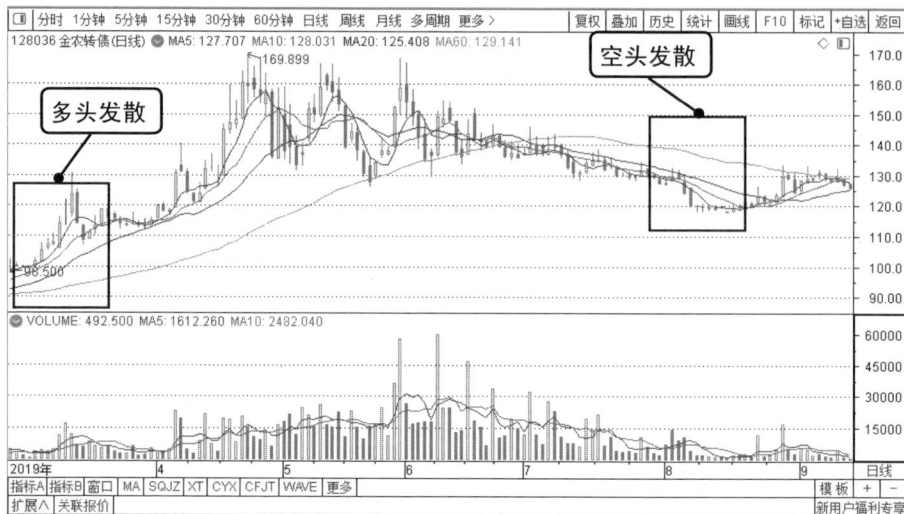

图 6-24　均线发散

（2）均线交叉

多条均线在运行过程中必然会出现交叉的情况，但这些交叉并非都是无意义交叉，其中黄金交叉和死亡交叉具有重要的指导意义。

◆　黄金交叉

黄金交叉简称为金叉，指短周期的均线自下而上穿过长周期的均线形成的交叉。黄金交叉通常出现在上升区域中，是多方占据有利地位的表现。出现黄金交叉，则说明后市上涨的可能性较大，黄金交叉形成之际就是投资者的入场之时。

◆　死亡交叉

死亡交叉简称为死叉，指短周期的均线自上而下穿过长周期的均线形成的交叉。死亡交叉通常出现在下跌区域中，是空方逐渐占领市场的表现。出现死亡交叉，则说明后市下跌的可能性较大，死亡交叉形成之际就是投资者离场的机会。

图 6-25 所示为黄金交叉和死亡交叉。

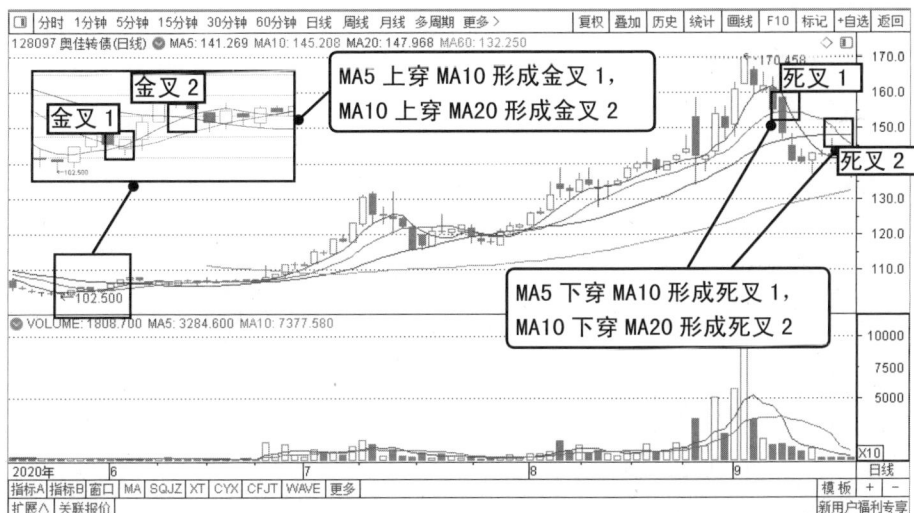

图 6-25　黄金交叉和死亡交叉

6.3.2　异同移动平均线指标 MACD

MACD 称为异同移动平均线英文为 Moving Average Convergence Divergence，是由双指数移动平均线发展而来的，由快的指数移动平均线（EMA12）减去慢的指数移动平均线（EMA26）得到快线 DIF，再用 2×（快线 DIF−DIF 的 9 日加权移动均线 DEA）得到 MACD 柱线。MACD 素有指标之王的美称，是实战中趋势判断的强有力的工具之一。

MACD 指标由 DIF 快线、DEA 慢线、MACD 柱线和 0 轴 4 个部分组成。DIF 线变动灵敏，DEA 线变动较为平缓，两条曲线都围绕 0 轴上下波动。MACD 柱线即为 BAR 柱状线，表示 DIF 线与 DEA 线之间的偏离程度，DIF 线距离 DEA 线越远，则 BAR 柱线越长。BAR 柱线有红绿色之分，红色表示 BAR 值为正，绿色表示 BAR 值为负。

图 6-26 所示为 MACD 指标。

图 6-26　MACD 指标

利用 MACD 指标来对后市债价发展进行研判，主要是围绕 DIF 线和 DEA 线所处位置、交叉情况以及 BAR 柱线状况展开。具体内容如下：

（1）DIF 线和 DEA 线的位置

DIF 线和 DEA 线的位置指的是它们在运行过程中与 0 轴的位置关系，主要包括下列四种：

①当 DIF 线和 DEA 线均处于 0 轴以上并向上移动时，说明市场处于多头行情，为买进信号。

②当 DIF 线和 DEA 线均处于 0 轴以下并向下移动时，说明市场处于空头行情，为卖出信号。

③当 DIF 线和 DEA 线均处于 0 轴以上但都向下移动时，表示行情处于多头市场的短期回调，债价即将下跌，以观望为主。

④当 DIF 线和 DEA 线均处于 0 轴以下但都向上移动时，表示为行情即将启动，拉升在即，可以买进待涨。

（2）DIF 线和 DEA 线的交叉情况

MACD 指标中也有黄金交叉和死亡交叉，但这里的交叉指的是 DIF 线与 DEA 线的交叉。DIF 线自下而上穿过 DEA 线形成的交叉为黄金交叉，而 DIF 线自上而下穿过 DEA 线形成的交叉为死亡交叉。另外，不同位置下出现的交叉，具有不同的指示意义。

①当 DIF 线与 DEA 线都在 0 轴以上，而 DIF 线向上穿过 DEA 线形成金叉，表明市场处于强势，债价将再次上涨，可以加仓买进。

②当 DIF 线和 DEA 线都在 0 轴以下，而 DIF 线向上穿过 DEA 线形成金叉，表明市场即将转强，跌势已尽，将止跌朝上，为买进信号。

③当 DIF 线与 DEA 线都在 0 轴以上，而 DIF 线向下穿过 DEA 线形成死叉，表明市场即将由强势转为弱势，债价即将大跌，投资者应及时出逃。

④当 DIF 线和 DEA 线都在 0 轴以下，而 DIF 线向下穿过 DEA 线形成死叉，表明市场将再次进入极度弱市中，债价还将下跌，投资者应以观望为主。

（3）BAR 柱线状况

BAR 柱线也是可以比较清晰、直观地分析行情变化的一个工具，投资者可以利用 BAR 柱线的状态变化来对当前的行情进行判断。

①当红柱持续放大时，表明市场处于强势行情中，债价将继续上涨，此时投资者应积极跟进。

②当绿柱持续放大时，表明市场处于弱势行情中，债价将继续下跌，此时投资者应及时离场。

③当红柱开始缩小时，表明上涨结束或要进入调整期，债价将出现下跌，投资者应该及时离场。

④当绿柱开始缩小时，表明下跌行情即将结束，债价将止跌向上或进入盘整，投资者可以观望，适时买进。

⑤当红柱开始消失、绿柱开始放出时，为转势信号，表明上涨行情或高位盘整行情即将结束，债价将开始加速下跌，投资者应及时离场。

⑥当绿柱开始消失、红柱开始放出时，为转势信号，表明下跌行情或低位盘整已经结束，债价将开始加速上升，投资者应该积极跟进。

6.3.3　随机指标 KDJ

KDJ 指标是利用统计学原理，通过一个特定的周期内出现过的最高价、最低价及最后一个计算周期的收盘价这三者之间的比例关系，来计算最后一个计算周期的未成熟随机值 RSV，然后根据平滑移动平均线的方法来计算 K 值、D 值与 J 值，并绘成曲线图来研判债价走势。

KDJ 指标主要是利用价格波动的幅度来反映价格走势的强弱和超买超卖现象，以便帮助投资者找到准确的买进卖出机会。

KDJ 指标主要由 K 线、D 线、J 线 3 条曲线组成，其中 J 线波动最大，反应最为灵敏，其次是 K 线，而 D 线则是最为平滑、反应最慢的曲线。

图 6-27 所示为 KDJ 指标图。

图 6-27　KDJ 指标

KDJ 指标中，K 值和 D 值的取值范围都是 0 ～ 100，而 J 值的取值范围可以超过 100 和低于 0，但在分析软件上 KDJ 的研判范围都是 0 ～ 100。根据 KDJ 的取值，可将其划分为几个区域，即超买区、超卖区和徘徊区。按一般划分标准，K、D、J 这三个值在 20 以下为超卖区，是买入信号；K、D、J 这三个值在 80 以上为超买区，是卖出信号；K、D、J 这 3 个值在 20 ～ 80 之间为徘徊区，宜观望。

KDJ 指标的核心功能是超买超卖，这也是其最重要的用法。

KDJ 超买指在价格上涨过程中，买盘逐渐放大，已超出了买方的实力，说明债价随时可能出现回落。也就是说，债价经过一段时间的上涨之后，KDJ 指标中的 J 线、K 线和 D 线先后进入超买区域，即 80 线上方。

KDJ 超卖指在价格下跌过程中，卖盘逐渐放大，KDJ 指标逐渐走低。当卖盘达到一定程度无法继续放大时，KDJ 指标下降的难度会越来越大。说明债价随时可能出现反弹上涨。也就是说，债价经过一段时间的下跌之后，

KDJ 指标中的 J 线、K 线和 D 线先后进入超卖区域，即 20 线下方。

图 6-28 所示为 KDJ 超买和 KDJ 超卖。

图 6-28　KDJ 超买和超卖

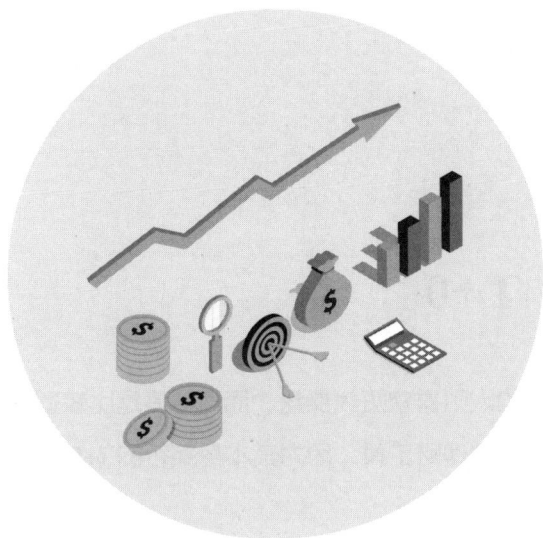

第7章

可转债T+0短线投资策略

相较于股市 T+0 操盘，可转债更适合 T+0 的短线操盘策略，因为可转债有无限制的日内操作规定，比股票更灵活，也更容易进行波段操作，可以帮助投资者获得更多的获利机会。

7.1
为什么要做短线 T+0

有的人习惯中长线操作，有的人则喜欢短线操盘，而可转债是比较适合短线操作并帮助投资者快速获利的一种理财工具，因为其本身实行的 T+0 交易制度为 T+0 套利提供了更多的机会。

7.1.1　T+0 操盘的优势

T+0 操盘指的是投资者在当天完成买进卖出的操作，实现快速获利。这样快速的短线操盘相比中长线交易来说，具有如下一些优势：

提高资金利用率。 T+0 的交易制度使得投资者手中的同一笔资金可以在一个交易日内反复买卖操作，来回套利，这样能提高投资者资金的利用率。

规避陷阱及时出逃。 股市容易被套的一个原因在于 T+1 交易制度，即便投资者在追涨买进后发现主力的诱多行为，也需要等到第二天才能够交易出逃，这就容易给自己造成损失。但可转债交易中，投资者买进后发现主力存在诱多行为时，可以及时采取相反交易措施，来避免遭受损失。

增加投资机会。 可转债实行 T+0 交易制度，且在一个交易日内没有买卖操作的限制，这样的规则给了更多投资者追涨杀跌、快进快出的机会，使价格波动更为频繁，差价获利的机会也增多。

但是，投资者需要注意的是，多次交易必然会引发交易成本的增加，甚至可能会消耗投资者的部分收益。因此，投资者需要在有较大把握的情况下进入。

7.1.2　T+0 操盘可转债的选择

想要通过 T+0 短线操盘获利，首先投资者就需要选择一只适合做 T+0 的可转债。因为 T+0 操作的核心是利用债价波动变化来赚取差价收益，所以波动变化越大的可转债，其获利空间更大。因此，投资者可以从下面两个方面来进行选择：

（1）换手率

换手率指在一定时间内市场中可转债转手买卖的频率，它是可转债流动性强弱的指标之一。因此，我们可以通过换手率的高低来判断可转债交投的活跃度。如果换手率较低，则说明场内多空双方意见基本一致，债价通常会因为成交低迷而出现小幅下跌或是横盘整理；如果换手率较高，则说明场内多空双方存在的分歧较大，只要成交活跃的状况可以维持下去，债价就会小幅上扬。

因此，投资者关注可转债时应该选择相对换手率高、场内交投活跃的可转债作为标的。

下面以一个例子来说明：

案例实操

通过换手率选择隆 20 转债（113038）

图 7-1 所示为隆 20 转债 2021 年 1 月 7 日的分时走势。

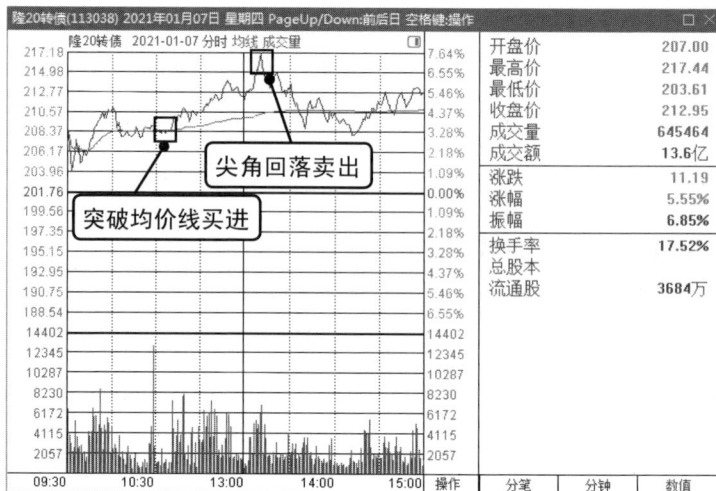

图 7-1　隆 20 转债 2021 年 1 月 7 日的分时走势

从图中可以看到，当日开盘后隆 20 转债交投活跃，市场反应积极，换手率较高，债价小幅上涨。此时投资者可以关注该可转债的走势变化，到 10:00 时债价下跌，跌至均价线上方并在均价线上横盘波动，当债价再次向上拉升突破均价线时为买进机会。

随后，债价一路飙升，上涨至 217.18 元后止涨并急速下跌，形成尖角回落形态，此时为投资者的卖出机会。

（2）所处走势

投资者选择的可转债应是处于非横盘整理走势中的，因为当债价处于横盘整理走势时，价格波动变化较小，且可能会越来越小，这样的可转债做 T+0 套利空间较小，不合适，所以应该选择价格波动较大的债券。

图 7-2 所示为模塑转债（127004）2019 年 11 月至 2020 年 5 月的 K 线走势。从下图可以看到，2020 年 1 月以前，该可转债的走势比较平稳，价格波动幅度不大。2020 年 1 月之后，可转债的价格转入剧烈波动变化中，此时投资者就可以入场做 T+0 交易了。

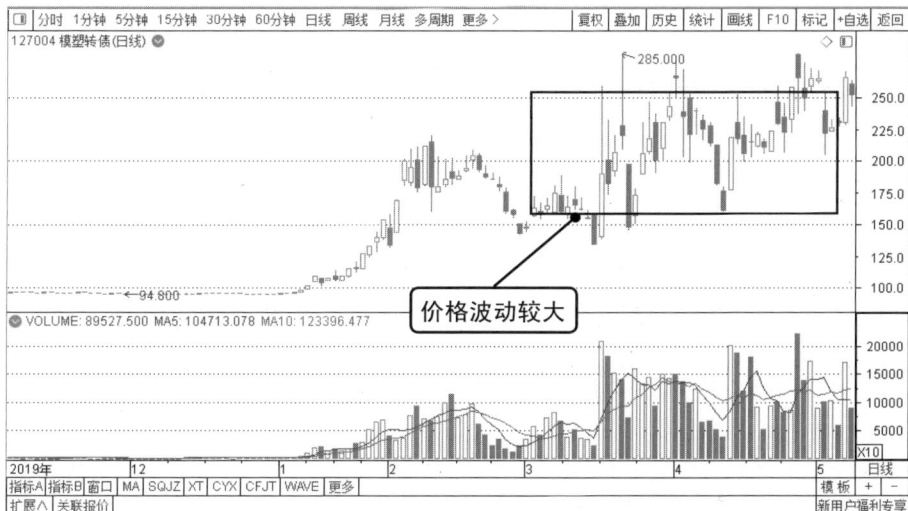

图 7-2　模塑转债 2019 年 11 月至 2020 年 5 月的 K 线走势

需要注意的是，剧烈的价格波动给投资者带来了巨大的获利空间，同时也为投资者带来了较大的投资风险，所以投资者要谨慎操盘。

7.1.3　T+0 操作对投资者的要求

T+0 这种短线投资对投资者的要求较高，既需要投资者具备专业的投资知识，能够把握可转债的走势规律，也要求投资者具有灵敏的反应，可以进行快进快出操作。具体来看，主要包括下列四点要求：

良好的心理素质。 因为可转债交易中没有涨跌幅限制，所以很有可能出现获益巨大和损失巨大的情况，因此可转债 T+0 操作要求投资者具备良好的心理素质，保持冷静和客观的态度，才能避免被一些突发情况打乱自己的投资计划。

具有专业的投资知识。 T+0 交易要求投资者对可转债走势和盘面有长期的观察以及比较准确的判断，这样才能够准确出手。这就需要投资者不断丰富自身的专业投资知识。

实时监控掌握动态。T+0 操盘是需要投资者实时盯紧盘面抓住当天可能出现的获利机会，这就要求投资者必须实时监控债价走势，才能敏锐地发现盘面变化，进而采取相应的操盘策略。

严格遵循 T+0 交易制度。T+0 操盘的核心在于投资者需严格遵守 T+0 交易制度，即必须做到当天进、当天出，不能因为想要赚取更多，或形势变化不利于自己而改变离场时间。如果不能当天进出就不是 T+0 操盘了。

7.2 T+0 的操盘方向

根据 T+0 操盘时的方向对 T+0 操盘的类型进行划分，可以分为顺向 T+0 和逆向 T+0 两种类型，两种操盘方法具有不同的优势和特点，但是只要操作得当都能为投资者带来可观的收益。

7.2.1 顺向 T+0 操盘

顺向 T+0 操盘指的是在某天的交易时段内，投资者预测该可转债将上涨，有利可图，所以在某一低点买进，待其上涨到一定高度后，再卖出持仓的可转债。这样在同一个交易日内先买后卖，通过低买高卖来获得中间的差价收益。

下面以一个例子来进行说明：

案例实操

英科转债（123029）顺向 T+0 操作

图 7-3 所示为英科转债 2021 年 1 月 6 日的分时走势。

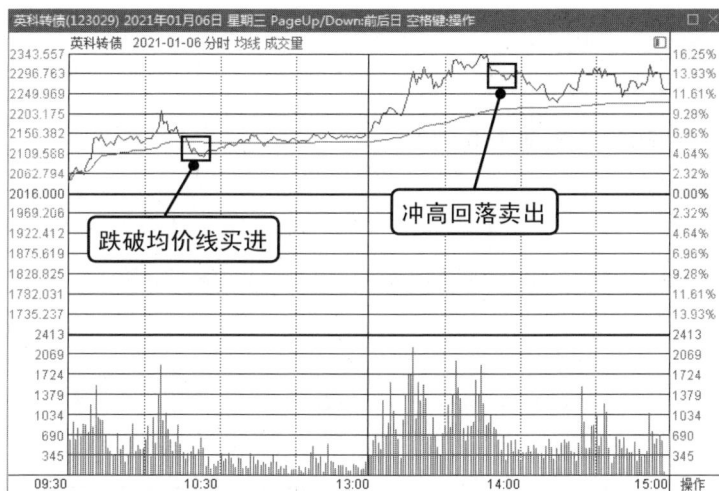

图 7-3　英科转债 2021 年 1 月 6 日的分时走势

从图中可以看到，当日英科转债高开之后，债价短暂横盘后便向上攀升，运行在均价线上方，下方成交量密集，交投活跃。所以，投资者认为当日债价可能会继续上涨，当债价小幅跌落至均价线下方时买进。

午盘结束后，成交量明显放量，推动债价快速向上攀升。当涨幅达到 16.25% 之后，债价止涨回落，查看下方的成交量发现成交量明显缩小，说明这一波冲高结束，此时为投资者离场的好机会。

案例中的交易过程就是比较完整、清晰的顺向 T+0 操作过程。但是并不是所有的可转债都适合做顺向 T+0，在操作之前要先观察，只有满足下列条件的可转债才可以。

①可转债 K 线走势有震荡向上的运行趋势。因为可转债顺向的 T+0 操

作核心是"低买高卖",所以要求走势必须整体向上,才可能出现操盘机会。

②确定后期的上涨,应该以可转债出现明显的上涨态势,并且突破关键位置作为支撑,投资者才能开始行动。此时可以借助 1 分钟 K 线走势来判断。

案例实操

金禾转债(128017)顺向 T+0 判断

图 7-4 所示为金禾转债 2020 年 12 月至 2021 年 2 月的日 K 线走势。

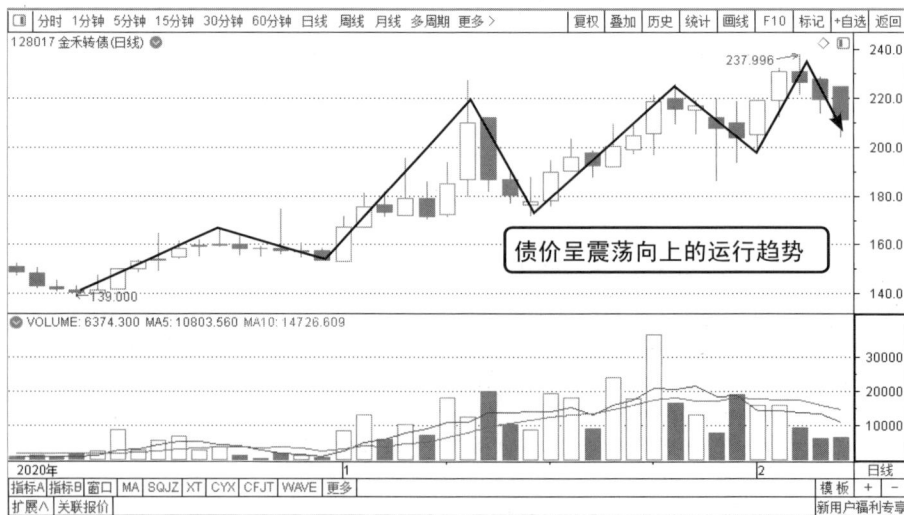

图 7-4　金禾转债 2020 年 12 月至 2021 年 2 月的日 K 线走势

从上图可以看到,金禾转债处于上涨行情中,债价震荡向上运行,整体趋势向上发展,因此只要金禾转债的运行趋势不发生转变,就比较适合做顺向 T+0 操盘。

为了进一步找到顺向 T+0 操盘的机会,此时打开 1 分钟 K 线图,图 7-5 所示为金禾转债 2021 年 2 月 3 日至 2 月 8 日的 1 分钟 K 线图。

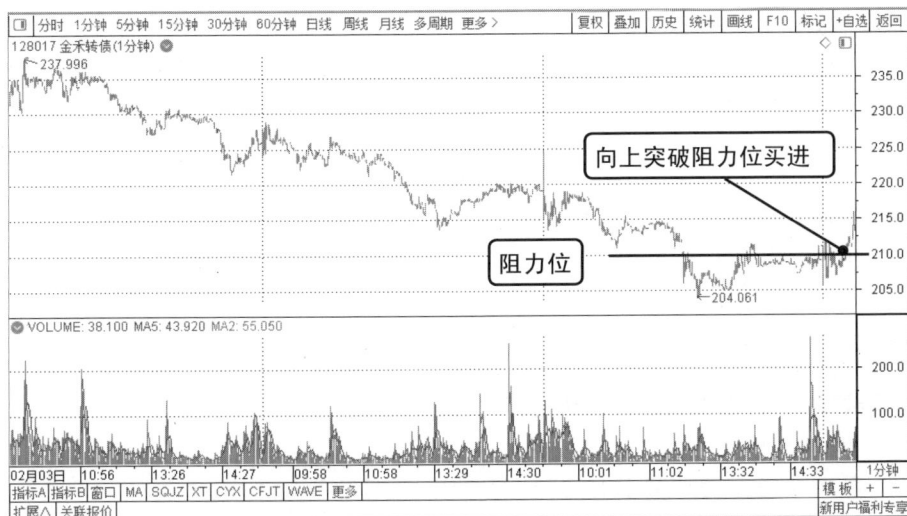

图 7-5　金禾转债 2021 年 2 月 3 日至 2 月 8 日的 1 分钟 K 线图

从图 7-4 中可以看到，2021 年 2 月 3 日、4 日和 5 日收出 3 根下跌阴线，再结合图 7-5 的 1 分钟 K 线走势，可以看到债价一路下跌，在创下 204.061 元的新低后，债价止跌小幅回升，然后在 210.00 元价位线下方横盘波动，210.00 元成为有力的阻力位。

2 月 8 日开盘后，债价继续在 210.00 元附近波动，随后在 9:50 左右，债价上冲，有效突破 210.00 元阻力位。此时，可转债上涨的态势得以确定，即将迎来一波上涨，投资者可以在此位置积极买进。

投资者在操作顺向 T+0 的过程中，最容易犯的错误就是不当天卖出，因为顺向 T+0 通常在上涨行情中，很多投资者为了获得更多的获利空间进而留到下一个交易日卖出，这是比较错误的做法。T+0 操盘一定要保证当天买进、当天卖出，否则下一个交易日可能会生出变化，蚕食掉自己的收益。

在卖出时投资者也要注意卖出的位置，应在债价跌破重要支撑位时积极卖出离场，例如均价线、某均线或者某价位线。

7.2.2　逆向 T+0 操盘

逆向 T+0 操盘则与顺向 T+0 相反，它指的是投资者持有一定数量的某只可转债，在某天的交易时段内认为债价可能会下跌，因此卖出手中持有的可转债，待债价下跌到一定价位后，再买回相同数量的同一只可转债。这样在同一个交易日内先卖后买，通过高卖低买来获得中间的差价收益。

案例实操

江银转债（128034）逆向 T+0 操作

图 7-6 所示为江银转债 2020 年 7 月 14 日的分时走势。

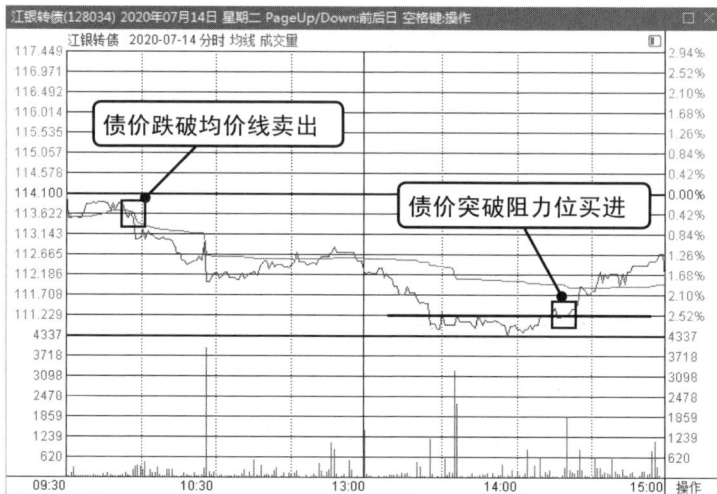

图 7-6　江银转债 2020 年 7 月 14 日的分时走势

从图中可以看到，当日江银转债低开之后，债价在均价线上方小幅横盘运行一段时间之后，拐头向下有效跌破均价线，此时为投资者的卖出机会，投资者可以积极卖出。

随后债价下跌，跌至 110.90 元位置止跌横盘小幅波动运行，111.229 元价位线成有力的阻力位，债价多次上冲触及该价位线便止涨下跌。在

14:13，债价再次上冲，一举突破111.229元价位线，说明这一波下跌已结束，投资者可以在此位置积极买进。

从逆向 T+0 操作的过程来看，与顺向 T+0 相反，它需要投资者先持有一定数量的可转债，才能操作。其次，也不是任何一段走势都适合做逆向 T+0 操作的，需要满足下列两个条件：

①可转债 K 线走势有震荡向下的运行趋势。因为可转债的逆向 T+0 操作核心是"高卖低买"，所以要求走势必须整体向下，才可能出现操盘机会。

②确定后期的下跌，应该以可转债出现明显的下跌态势，并且跌破关键位置，投资者才能开始行动。此时可以借助 1 分钟 K 线走势来判断。

案例实操

大丰转债（113530）逆向 T+0 判断

图 7-7 所示为大丰转债 2020 年 11 月至 2021 年 2 月的日 K 线走势。

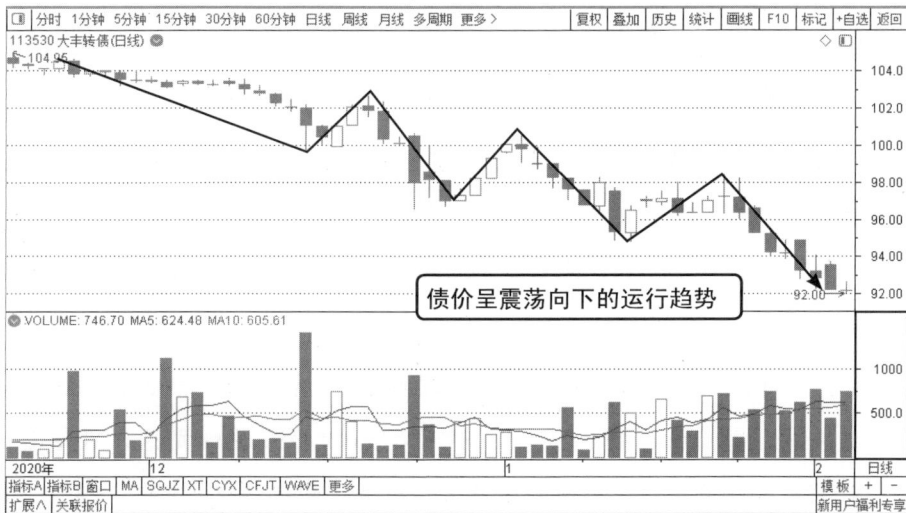

图 7-7　大丰转债 2020 年 11 月至 2021 年 2 月的日 K 线走势

从图中可以看到，大丰转债处于下跌行情中，债价震荡向下运行，整体趋势向下发展，因此只要大丰转债的运行趋势不发生转变，就比较适合做逆向 T+0 操盘。

为了进一步判断逆向 T+0 操盘的机会，此时打开 1 分钟 K 线图，图 7-8 所示为大丰转债 2021 年 1 月 28 日至 2 月 4 日的 1 分钟 K 线走势。

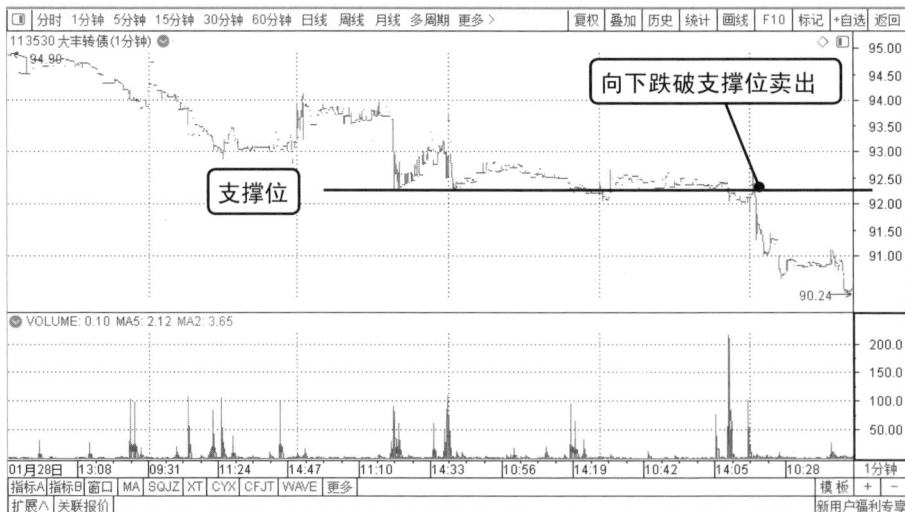

图 7-8　大丰转债 2021 年 1 月 28 日至 2 月 4 日的 1 分钟 K 线走势

从上图可以看到，大丰转债处于下跌走势中，债价不断下滑。但仔细观察可以发现，债价多次跌至 92.30 元价位线附近时止跌，并小幅反弹回升，即便跌破也快速回到 92.30 元价位线上方。因此，92.30 元价位线是比较重要的支撑位置。

2 月 4 日，低开后，债价立即向上攀升至 92.30 元附近，但很快便转入下跌走势中，并有效跌破 92.30 元。说明 92.30 元价位线的支撑作用失效，债价即将迎来一波下跌，此时为投资者卖出做逆向 T+0 的机会。

理财贴士　*T+0 仓位注意事项*

　　需要注意的是，在 T+0 操盘中，顺向 T+0 操作的投资者手中必须持有部分现金，避免投资者满仓被套无法实施交易。但逆向 T+0 操作则不需要投资者持有现金，即使投资者满仓被套也可以实施交易。

7.3
T+0 交易时间操盘法

　　除了懂得选择目标债和投资策略之外，投资者还要懂得把握每个交易日中的几个重要时间段。我们知道每个交易日的时间段分为早盘、盘中和尾盘 3 个阶段，在不同的时间段里有不同的操盘方法。

7.3.1　早盘 T+0 看盘重点

　　早盘指的是开盘后的 30 分钟，虽然只有 30 分钟，但是早盘的走势对当天的走势有着重要的影响，也是看盘的关键。早盘看盘主要包括两点：一是开盘的形态，二是早盘的走势。

　　（1）开盘的形态

　　开盘的形态大致上可以分为低开、平开和高开三种，每一种开盘形态具有不同的指示意义。

◆ 低开

低开指当日以低于上一个交易日收盘价的价格开盘，如图 7-9 所示。

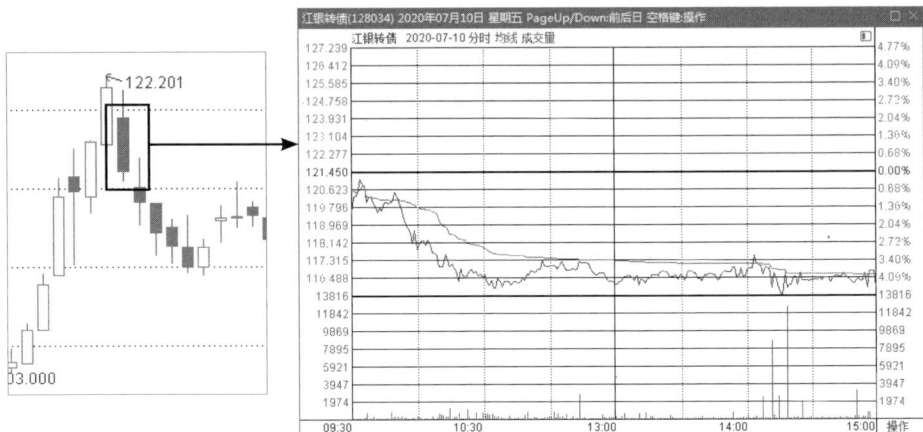

图 7-9　低开

处于不同位置中的低开有不同意义，所以投资者需要联系其在 K 线图中所在位置进行分析。

如果低开处于下跌后的低位底部区域，可能是多方刻意行为，目的在于清除场内意志不坚定的投资者，等清除完成后再做拉升，此时投资者可以跟进。

如果低开处于上涨后的高位顶部，则说明多头势能逐渐衰弱，遭受空头打压，后市可能下跌，逆向 T+0 投资者可视情况卖出持仓。

◆ 平开

平开指当日以与上一个交易日收盘价相同或相近的价格开盘。平开说明场内投资者观望情绪较浓，后市走势不明朗，需要等待盘中量能变化明朗之后，再根据方向进行判断。图 7-10 所示为平开示意图。

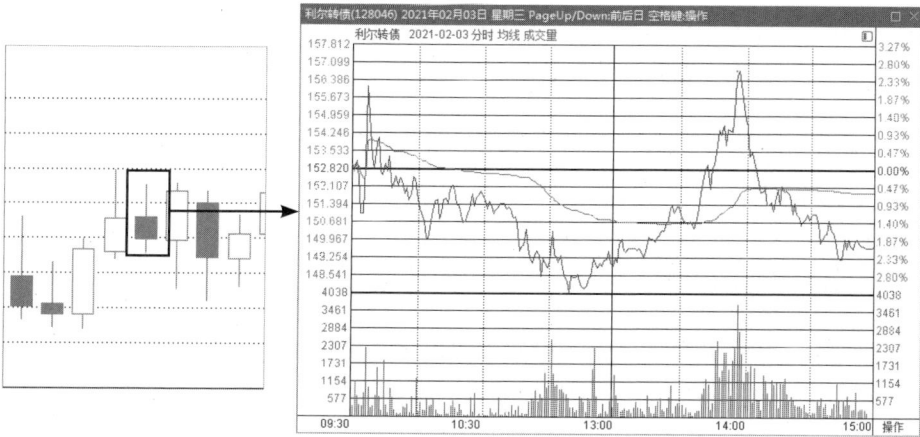

图 7-10　平开

◆　高开

高开指可转债当日以高于上一个交易日收盘价的价格开盘，如图 7-11 所示。

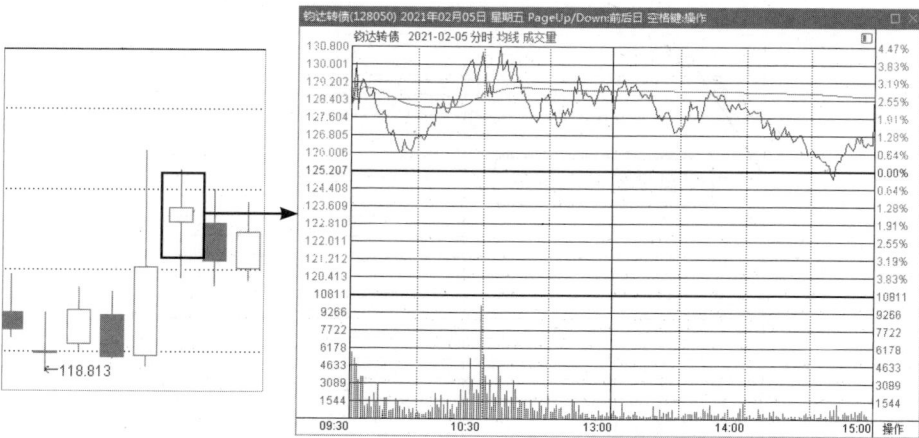

图 7-11　高开

处于不同位置中的高开也具有不同的意义，投资者需要联系其在 K 线图中所在的位置进行判断。

如果高开处于下跌后的低位底部区域，说明趋势向好，后市可能迎来上涨，投资者可以跟进。

如果高开处于上涨后的高位顶部，则可能是诱多陷阱，后市可能下跌，投资者应离场。

（2）早盘的走势

早盘的走势指的是早盘 30 分钟形成的债价走势，这对分析当日的债价走向具有重要意义。早盘走势大致上可以分为三种，即早盘拉升、早盘杀跌和早盘整理。

◆ 早盘拉升

早盘拉升指的是开盘后债价在早盘时间段内向上攀升的走势，如图 7-12 所示。

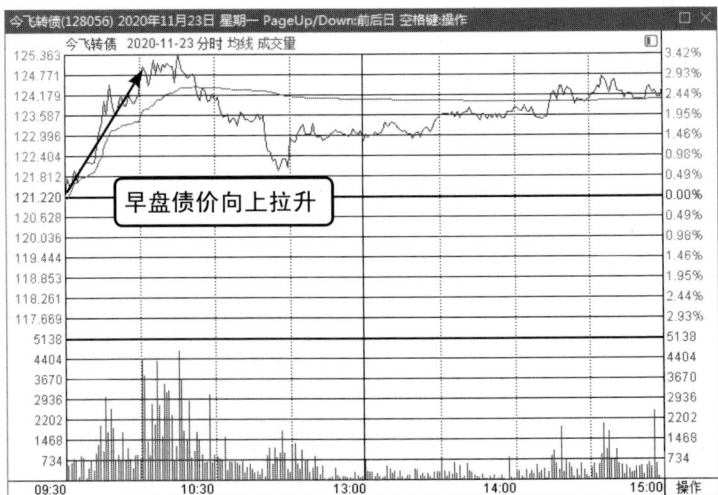

图 7-12　早盘拉升

早盘拉升并不一定意味着市场强势，因为早盘时段受到交易时段的影响，市场已经很久没有交易了，所以开盘后会产生大量交易，盘面比较活跃，可能是主力抬升，也有可能是主力出货。因此，需要与其 K 线位置联系起来进行分析，如果早盘拉升出现在低位底部则说明多头实力强劲，后市爆发拉升的可能性较大；如果早盘拉升出现在高位顶部则主力出货的可能性较大，后市可能下跌。

◆ 早盘杀跌

早盘杀跌指开盘后债价在早盘时间段内呈向下滑落的走势，如图 7-13 所示。

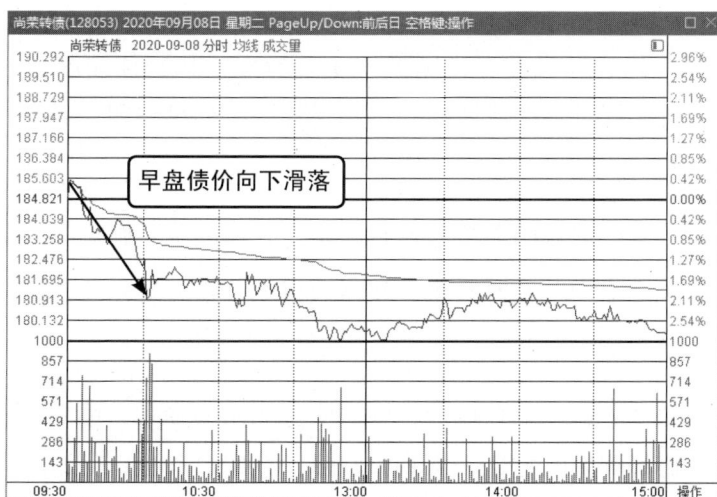

图 7-13　早盘杀跌

早盘杀跌通常是由于场内大部分投资者看空导致，后市走向并不乐观，尤其是阶段顶部。但是如果在下跌后的低位区域出现早盘杀跌，可能是主力洗盘行为。

◆ 早盘整理

早盘整理是一种不明朗的走势，整理的幅度可能大，也可能小，这是场内投资者对后市走向没有达成一致观点的表现。此时投资者不应贸然做决定，应该等到走势明朗之后，再做投资决策。

总的来看，早盘短短 30 分钟内隐藏了大量的信息，借助这些信息可以帮助投资者进一步做出判断，所以投资者不能放过这些信息，尤其在 T+0 交易中。

7.3.2　盘中 T+0 看盘重点

每个交易日的交易时间为 4 小时，除去早盘半小时和尾盘半小时，中间的 3 个小时则为盘中时间，这一阶段是多空双方搏斗的关键时间。

盘中的走势比较复杂，投资者要小心应对。从整体角度来看，盘中的走势可以分为 3 种，即快速拉升、快速打压或横盘整理。但是，盘中的 3 种走势与早盘走势有很大的区别，具体来看包括下列六点：

①早盘拉升，但盘中无法持续该走势，拐头向下，则可能转为颓势。投资者应在确定盘中转势时卖出，在当天持续下跌的尾盘低点买进，做逆向 T+0 操作。

②早盘拉升，盘中继续拉升，则说明多头实力强劲，市场强势。在盘中确定当天市场强劲时投资者可积极跟进，在尾盘高点卖出，做顺向 T+0 操作。

③早盘杀跌，但盘中没有继续该走势，拐头向上，则说明趋势转好。投资者应在盘中转势时买进，在尾盘高点卖出，做顺向 T+0 操作。

④早盘杀跌，盘中继续下跌，则说明空头实力强劲，市场弱势。在盘中确定当天的市场弱势行情时，投资者可立即卖出，在尾盘低点买进，做逆向 T+0 操作。

⑤早盘整理，盘中拉升上涨，说明多头占据优势，后市看涨。在盘中确定拉升涨势后，应立即买进，在尾盘高点卖出，做顺向 T+0 操作。

⑥早盘整理，盘中向下滑落，说明空头占据优势，后市看跌。在盘中确定下跌弱势后，应立即卖出，在尾盘低点买进，做逆向 T+0 操作。

此外，盘中横盘整理走势不适合做 T+0，因为整理时价格波动幅度较小，投资者操作 T+0 没有获利空间。

下面以一个具体的实例来进行说明：

案例实操

道氏转债（123007）盘中 T+0 操盘

图 7-14 所示为道氏转债 2021 年 1 月 19 日的分时走势。

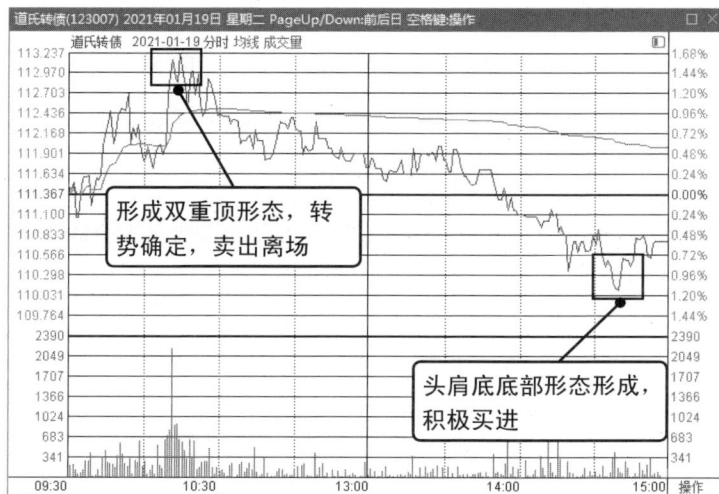

图 7-14 道氏转债 2021 年 1 月 19 日的分时走势

从图中可以看到，当日开盘后，债价震荡向上拉升，当债价上涨至 112.703 元后止涨小幅下跌。从早盘债价的表现来看，整体表现上涨走势，债价大部分时间运行在均价线上方，市场看涨。

进入盘中后债价短暂横盘整理，之后便向上直线攀升回到均价线上方，上涨至 113.10 元附近止涨下跌，跌至 112.80 元附近后止跌拐头向上，涨至

113.20 元附近再次拐头向下。两次冲高回落形成典型的双重顶形态，下方成交量放大，说明债价触顶，后市可能下跌，此时为投资者最好的卖出位置。

盘中债价继续向下运行，尾盘时债价跌至 110.10 元附近止跌回升，随后小幅向上攀升，并形成头肩底形态，所以此时为投资者买进的机会。

此外，盘中有几个关键的时间点需要引起注意：

（1）11:00

早盘经过多空双方的激战之后，通常双方会显示疲软，所以 10:00 至 11:00 这一阶段往往会延续早盘的走势结果继续运行，如果早盘多方占据优势，那么债价将继续上涨；如果早盘空方占据优势，则债价将继续下跌。

但是，到了 11:00 之后多空双方经过一段时间的休整会再次集结力量展开激战，所以 11:00 是很容易变盘的一个时间段。图 7-15 所示为博彦转债（128057）2020 年 9 月 9 日分时走势。

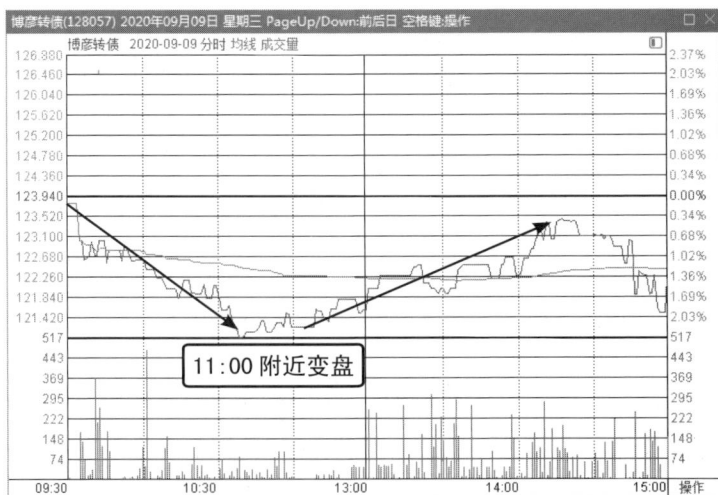

图 7-15　博彦转债 2020 年 9 月 9 日分时走势

从图中可以看到，博彦转债开盘后，早盘杀跌债价一路下跌，10:00 至

11:00 债价继续延续早盘的趋势向下运行，在 10:30 债价曾止跌小幅横盘波动，说明多空双方陷入短暂的休整中。11:00 后，多头再次发力，成交量放大，债价向上攀升，一举向上突破均价线。

（2）午盘开盘 30 分钟

因为中午停盘机制，使得午盘开盘之后产生的变数更多，盘面也更容易发生变化，一方面这期间多空双方得到了休整，另一方面这期间会有许多的消息出现，影响投资者们的投资决策。所以 T+0 的投资者需要密切关注这一时段的盘面走势。图 7-16 所示为横河转债（123013）2020 年 11 月 5 日的分时走势。

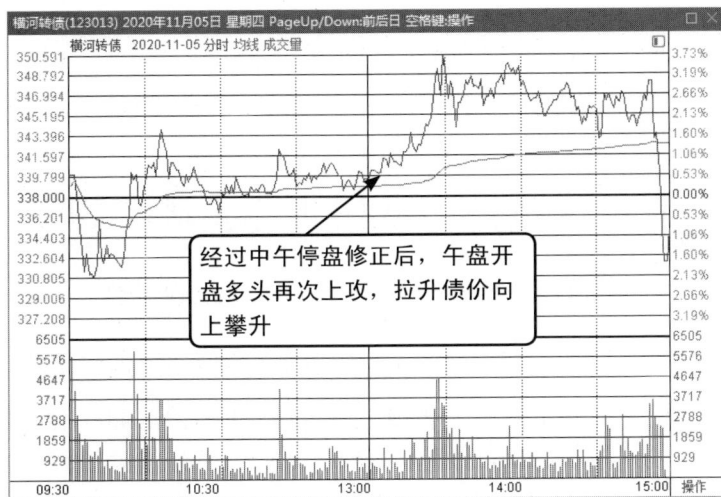

图 7-16　横河转债 2020 年 11 月 5 日的分时走势

从图中可以看到，当日开盘后债价滑落至均价线下方，随后多头发力拉升债价至开盘价附近，早盘结束后多空双方陷入激战中，多空双方没有明显的优劣势，债价在均价线上下波动运行，随后进入中午停盘。午盘开盘后，多头再次聚集力量发起上攻，成交量放大，拉升债价向上攀升，打破之前的横盘状态。

（3）14:00—14:30

在 13:30—14:00 这段时间内通常会延续午盘开盘后形成的趋势，不会产生较大的变化。但是，14:00—14:30 这一时间段因为多空经过一个小时的激战容易陷入疲惫，所以这一时间段盘面容易发生转变。图 7-17 所示为岱勒转债（123024）2020 年 11 月 25 日的分时走势。

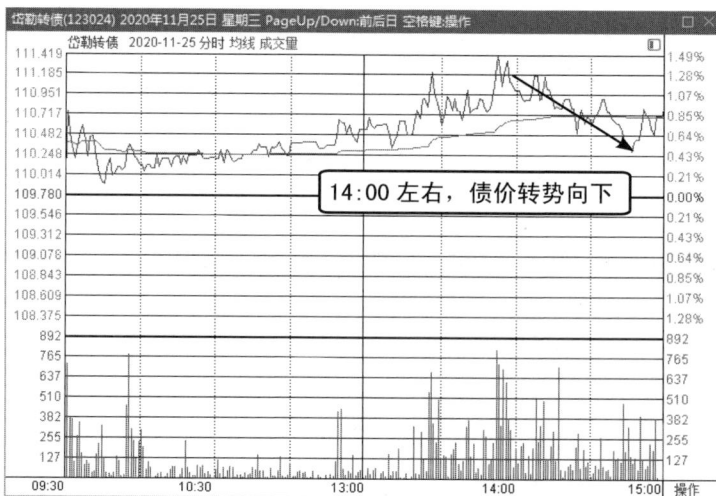

图 7-17　岱勒转债 2020 年 11 月 25 日的分时走势

从图中可以看到，当日开盘后债价维持在均价线附近横盘波动运行，11:00 之后开始逐渐向上攀升，表现上涨行情。但是到 14:00 附近时，债价止涨下跌，转入下跌走势中。

综上所述，在 T+0 操盘中，投资者要注意这几个关键的容易转势的时间节点，这样更能抓住买卖点。

7.4
分时图形态买卖分析

除了关注时间之外，分时图中形成的走势形态也是投资者判断买卖点的关键，它能够最真实地描绘价格运行轨迹。投资者真正看懂分时走势，可以帮助自己在分时图中顺利找到 T+0 操作的操盘机会，从而获得更多的获利机会。

7.4.1　分时图拉升判断

投资者做 T+0 操盘时最重要的是对当天交易的后市走向做出准确的预判，判断其是拉升，还是下跌。首先我们来看看拉升的判断。

分时图中有两种比较强势的走势，投资者遇到这样的走势时可以积极买进，做顺向 T+0。

（1）均价线支撑做多

均价线支撑做多指的是当日开盘后，债价快速运行在均价线上方，并始终维持在均价线的上方，受到均价线的支撑，不碰、不破。出现这样的走势说明主力拉升债价的意志比较坚定，后市继续拉升的可能性较大。投资者可以在回调时趁机跟进。

下面来看一个具体的例子：

案例实操
模塑转债（127004）均价线支撑做多

图 7-18 所示为模塑转债 2020 年 2 月 4 日的分时走势。

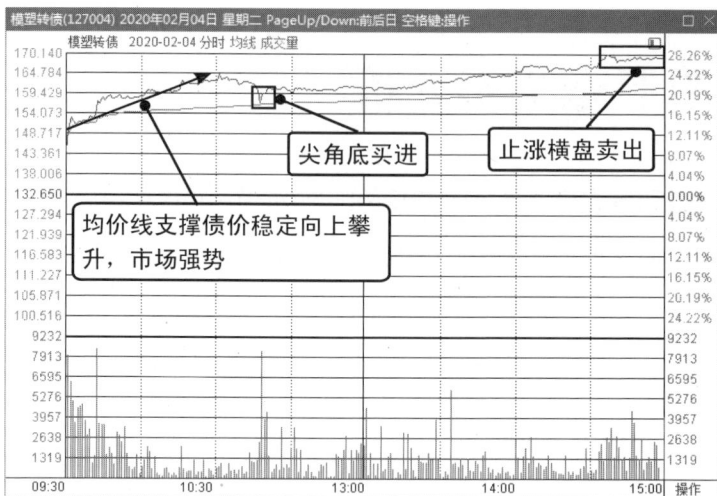

图 7-18　模塑转债 2020 年 2 月 4 日的分时走势

从图中可以看到，当日高开后，成交量放量，拉升债价快速运行至均价线上方，且随后维持在均价线上方运行，与均价线的距离越来越大，说明主力做多的态度比较坚决，后市极大可能会继续向上攀升。

当债价上涨至 164.784 元附近，涨幅达到 24% 左右后，为避免触发临时停牌，债价开始下跌回调，此时为投资者的买进机会，当尖角底形成后投资者应该积极跟进。随后债价继续向上攀升，使得债价涨幅达到 28% 附近时，止涨横盘运行，此时为投资者的卖出机会。

（2）向上突破横盘

向上突破横盘指的是前期债价小幅上涨或横盘运行，突然成交量放量，债价向上拉升突破整理平台，是市场转强的信号，债价向上突破时为投资者的买进机会。

案例实操

模塑转债（127004）债价向上突破横盘

图 7-19 所示为模塑转债 2020 年 4 月 14 日的分时走势。

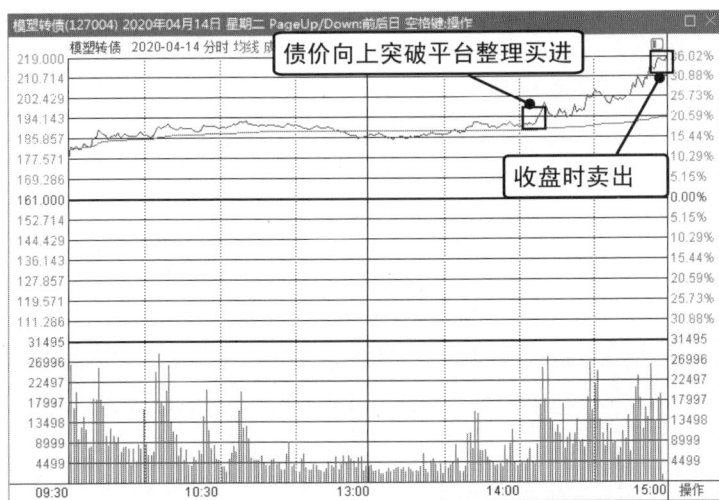

图 7-19　模塑转债 2020 年 4 月 14 日的分时走势

从图中可以看到，当日高开后，债价小幅拉升至 185.857 元附近后便止涨横盘波动运行。午盘后，成交量突然放量并持续放大，拉升债价向上运行，并向上突破整理平台，说明市场转强，此时为投资者的买进机会。

随后债价继续向上攀升，成交量放大，当债价涨幅达到 30% 时，因为在 14:57 时不受临时停牌限制，所以可以继续上涨，下方成交量继续放大，所以投资者可以继续持有至收盘卖出。

7.4.2　分时图下跌判断

除了上涨之外，分时图中还有几种比较明显的走势是市场转弱的信号，投资者可以借助这些走势来做 T+0 操作。

（1）均价线压制做空

均价线压制做空指当日开盘之后，债价快速运行至均价线下方，并受到均价的压制向下运行，不碰、不破。出现这样的走势是市场弱势的表现，后市继续下跌的可能性较大，投资者可以趁机做逆向 T+0。

案例实操

红相转债（123044）均价线压制做空

图 7-20 所示为红相转债 2020 年 9 月 8 日的分时走势。

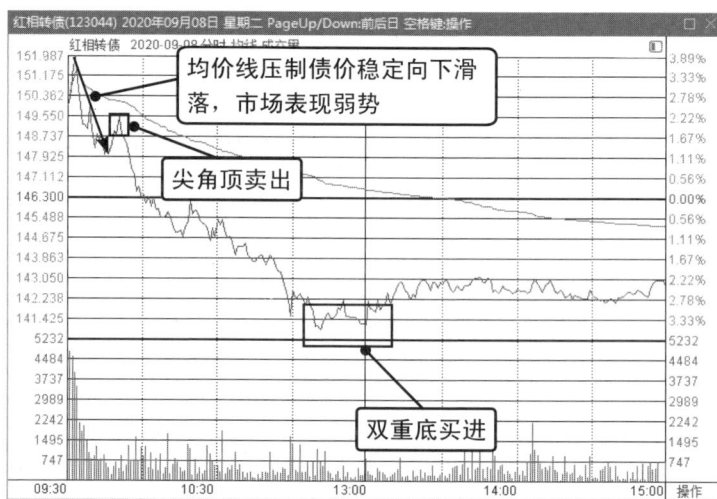

图 7-20　红相转债 2020 年 9 月 8 日的分时走势

从图中可以看到，当日高开后债价快速向上拉升，但随即止涨下跌，跌至均价线下方，且距离均价线越来越远，说明市场较弱，场内投资者普遍看空，后市下跌的可能性较大。

当债价跌至 147.925 元附近时止跌回升，当债价回升至 149.550 元左右时再次止涨下跌，并形成尖角顶形态，此时为投资者的卖出机会。

随后债价继续下跌，跌至 141.425 元附近时止跌，并在该价位线附近横盘波动，两次明显的下落回升形成典型的双重底形态，说明债价筑底，后市可能止跌小幅回升，此时为投资者的买进机会。

（2）向下跌破横盘

向下跌破横盘指的是前期债价小幅下跌或横盘运行，突然成交量放量，债价向下滑落跌破整理平台，是市场转弱的信号，债价向下跌破时为投资者的卖出机会。

案例实操

金农转债（128036）债价跌破整理平台

图 7-21 所示为金农转债 2020 年 4 月 30 日的分时走势。

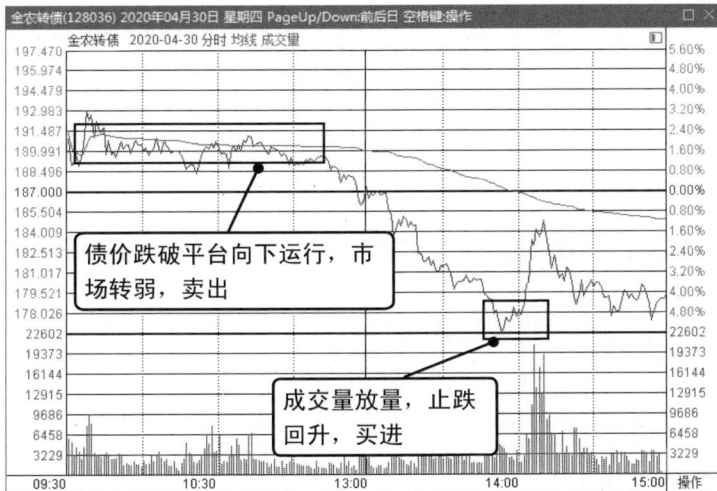

图 7-21　金农转债 2020 年 4 月 30 日的分时走势

从图中可以看到，当日开盘后债价在 189.991 元价位线上做横盘波动运行，上下波动幅度不大，形成平台，说明多空双方意见不一致。11:00 后债价进一步下跌，有效跌破平台并继续向下运行，说明在多空博弈中空头占据优势，市场转弱，后市看跌，此时为投资者的卖出机会。

当债价跌至 176.60 元附近时，债价止跌回升，成交量放大，推动债价继续上涨，此时为投资者的买进机会。

7.4.3 均价线买进卖出判断

在分时走势图中包含了两条曲线，基本走势波动较大的一条为价格曲线，另一条走势较为平缓的则为均价线，通过两条曲线的位置关系，能够判断买入卖出位置。

（1）均价线买点判断

均价线买点判断主要可以从以下三个方面入手：

◆ 价格下跌得到均价线支撑

当债价从高位下落到均价线附近时，并未成功跌破均价线，或者少量下穿均价线后就反弹上涨，此时均价线就成了一条支撑线，而在均价线位置就可以视为买入信号，图 7-22 所示为尚荣转债（128053）2020 年 3 月 11 日的分时走势。

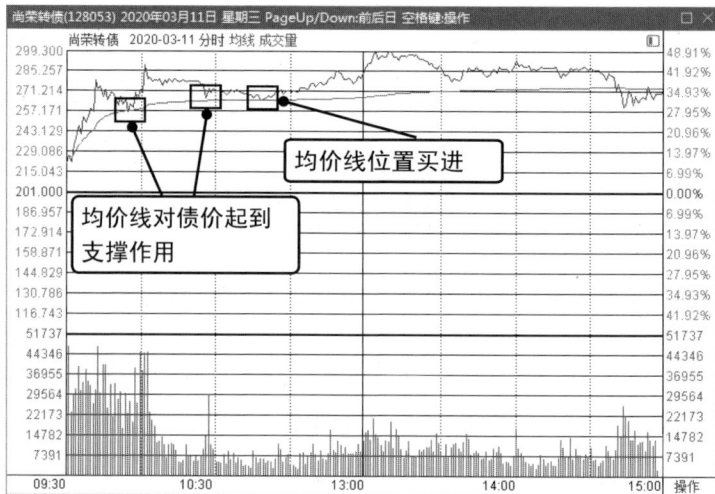

图 7-22 尚荣转债 2020 年 3 月 11 日的分时走势

从图中可以看到，当日高开后债价向上攀升，上涨至 271.214 元附近后止涨下跌，跌至均价线上受到支撑止跌回升。当债价再次上涨至 285.257 元附近后债价止涨下跌，跌至均价线上后再次受到支撑止跌，并在均价线上方波动运行。由此可以看出，均价线对债价有支撑作用，均价线位置为投资者的买进位置。所以投资者可以在债价再次触及均价线时买进。

◆　价格上涨突破均价线

均价线的支撑作用与压力作用是可以相互转化的，当债价在均价线下方运行时，均价线为压力线；当债价向上突破均价线时，均价线就由原来的压力线转为了支撑线。

在分时走势图中，债价运行在均价线下方并成功上穿均价线的情况并不多见，但一旦成功上穿并得到确认，上涨就成了必然。很多时候债价上穿后都有一个确认的过程。

债价上穿均价线后，短时间内再次向均价线靠拢，如果能在均价线附近获得支撑再次向上，那么上涨就得到了确认。债价在均价线附近再次向上时就是最好的买入时机。

图 7-23 所示为博彦转债（128057）2020 年 2 月 20 日的分时走势。

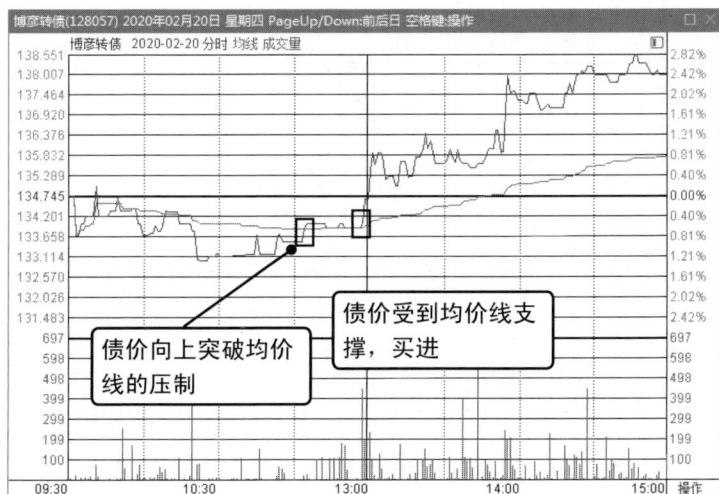

图 7-23　博彦转债 2020 年 2 月 20 日的分时走势

从图中可以看到，当日开盘后债价短暂横盘波动一段时间后便出现小幅下跌，此时债价运行在均价线下方。随后债价开始向上攀升，穿过均价线，并运行在均价线上方，成交量放大，此时均价线由原来的压制作用转为支撑作用，因此，当债价在均价线上再次放量上涨时为投资者的买进机会。

◆ 债价在均价线上方震荡

债价运行在均价线上方，表示市场当前处于多头行情中，如果市场整体行情看好，则这种长时间的横向发展也可视为买入信号。

在分时走势图中，如果债价长时间运行于均价线之上，说明债价处于强势行情中，如果此时债价并没有继续向上攀升，而是处于震荡前行的状态中，那么后市上涨的可能性很大。

震荡行情是一种方向不明的走势，这种行情通常都是力量的积蓄行情，投资者可以在每次债价最接近均价线的时候买入。图 7-24 所示为司尔转债（128064）2020 年 11 月 5 日的分时走势。

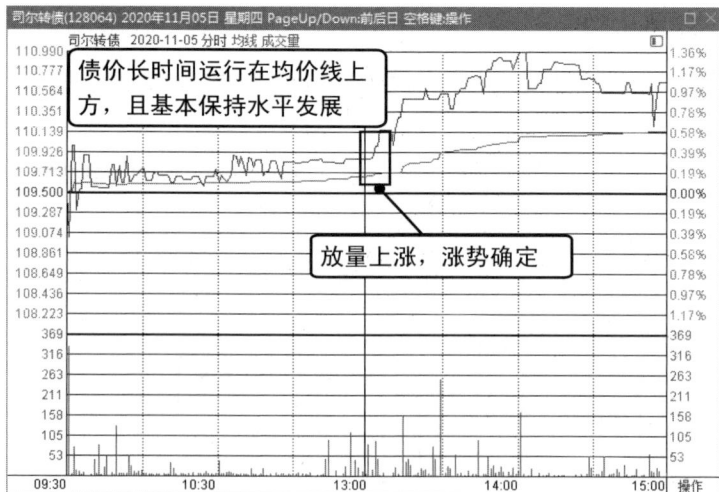

图 7-24 司尔转债 2020 年 11 月 5 日的分时走势

从图中可以看到，当日开盘后债价横盘震荡运行，但仔细观察可以发现债价普遍运行在均价线上方，且虽然横盘波动但与均价线的距离越来越大。这说明当前市场处于多头行情中，后市继续上涨的可能性较大。因此，投资者可以在债价横盘波动接近均价线时买进。

（2）均价线卖点判断

均价线卖点判断也主要从三个方面入手：

◆ 上涨中无法突破均价线

当债价从低位上升到均价线附近时，并未成功上穿均价线，或者少量上穿均价线后再次向下，此时均价线就成了一条压力线，在均价线位置就可以视为卖出信号，图 7-25 所示为亚泰转债（128066）2020 年 12 月 11 日的分时走势。

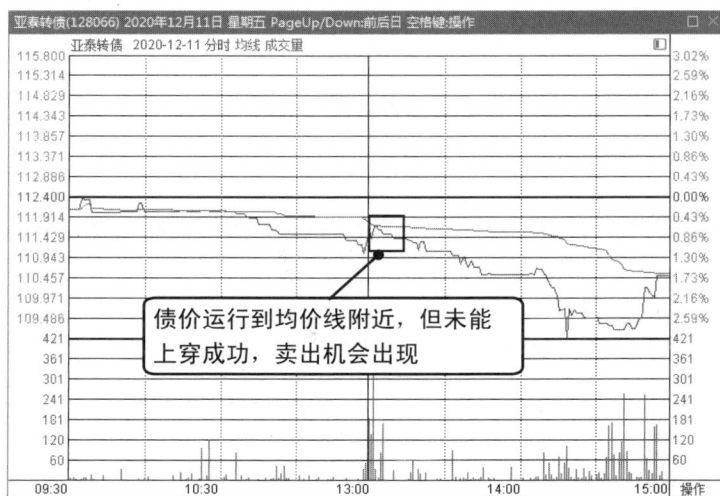

图 7-25 亚泰转债 2020 年 12 月 11 日的分时走势

从图中可以看到，当日开盘后债价横盘运行一段时间后便转入下跌走势中，债价运行在均价线下方。午盘时债价放量上涨，在触及均价线后便止涨再次拐头下跌，说明均价线对债价有压制作用，而均价线附近即为卖点。

◆ 放量跌破均价线

债价在均价线的上方运行，或长时间与均价线缠绕交织并略高于均价线运行，当债价放量向下跌破均价线后继续向下运行时，就是最好的卖出时机。

债价向下跌破均价线是债价走弱的表现，通常情况下，债价上穿或下穿均价线的情况都不是很常见，一旦这种情况出现，行情转变就成为必然的事。

前面介绍债价上穿均价线后，通常都会有一个确认的过程，当债价再次靠近均价线时为最佳买入时机。但下穿均价线则不需要进行确认，因为下跌趋势通常都来得比较急。

但债价下穿均价线要成为必然的卖出信号，也需要一个条件，那就是放量下穿均价线。如果债价下穿均价线时，伴随着成交量的相对放大，那么下跌就成了必然趋势，下穿时就是最好的卖出时机。图 7-26 所示为隆利转债（123074）2020 年 12 月 22 日的分时走势。

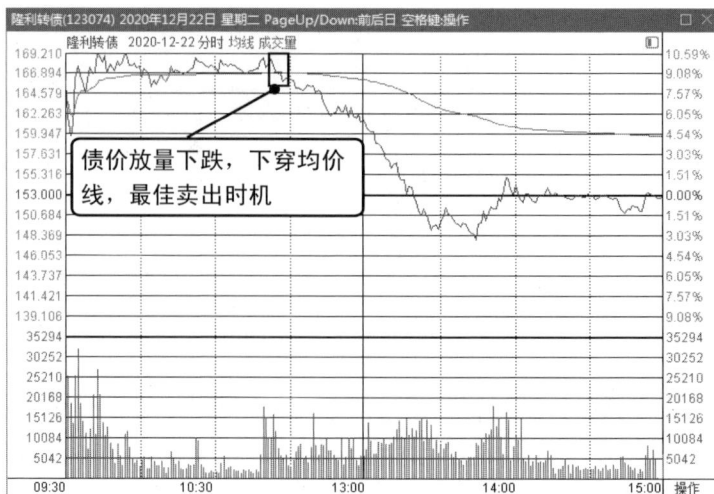

图 7-26　隆利转债 2020 年 12 月 22 日的分时走势

从图中可以看到，当日高开后债价小幅上涨至 166.894 元后止涨，债价与均价线长时间纠缠横盘运行。10:50 左右，下方成交量突然放大，债价结束横盘走势下跌穿过均价线，此时为投资者卖出的最佳时机。

◆　长期在均价线下震荡

债价运行在均价线下方，表示处于空头行情中，如果市场整体行情不好，则这种长时间的横向发展也可视为卖出信号。

如果此时债价并没有明显的下跌，而是处于震荡前行的状态中，那么后市下跌的可能性很大。震荡行情是一种方向不明的行情，投资者可以在每次债价最接近均价线的时候卖出，一旦债价开始向下远离均价线，就是最后的卖出时机。图 7-27 所示为强力转债（123076）2021 年 1 月 7 日的分时走势。

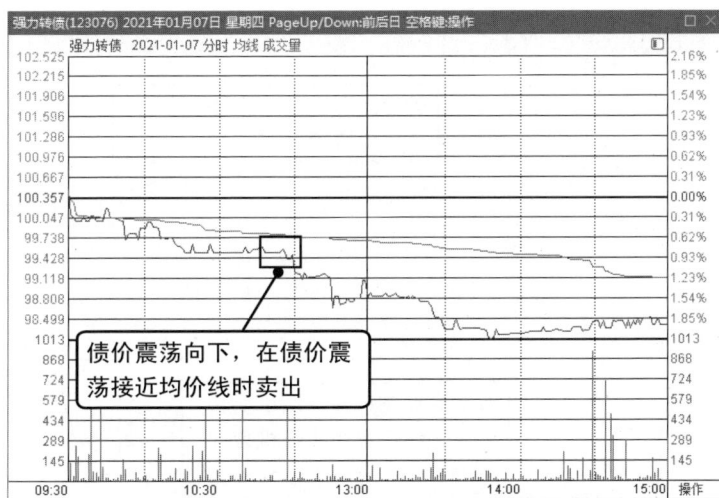

图 7-27　强力转债 2021 年 1 月 7 日分时走势

从图中可以看到，当日开盘后债价小幅下跌后开始横盘运行，随后债价运行至均价线下方，虽然没有出现明显的下跌，但整体来看处于震荡下跌的走势中，后市看跌意味较浓。投资者可以在债价震荡接近均价线附近时卖出持仓。

7.4.4 分时图中一些常见的反转形态

我们在上一章K线长期形态中介绍了五组行情反转形态，包括头肩底（顶）、双重底（顶）、V形底（顶）、三重底（顶）以及圆弧底（顶），在分时图中做T+0操盘时这些反转形态同样有效，同样可以作为投资者买进卖出的信号，为投资者的投资操作提供依据。

下面我们看具体的例子来做说明：

案例实操

金禾转债（128017）分时图双重底形态买进分析

图7-28所示为金禾转债2021年2月19日的分时走势。

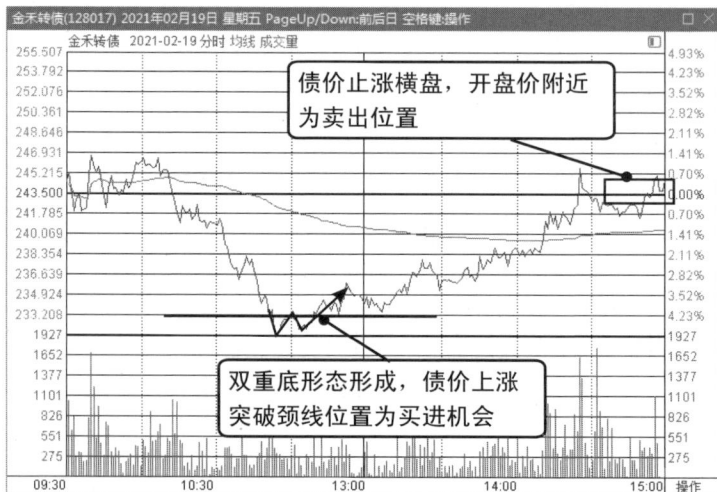

图7-28　金禾转债2021年2月19日的分时走势

从图中可以看到，当日开盘后，债价在243.50元价位线上横盘震荡运行，早盘结束后，债价跌破均价线，向下快速滑落。10:53债价跌至231.00元附近后止跌回升，上涨至233.208元附近止涨再次下跌，随后跌落至232.00元附近再次止跌回升。

两次止跌回升形成了两个明显的低点，低点位置大致相同，由此形成了典型的双重底形态，说明债价在此位置筑底，后市债价可能转入上涨走势。债价放量上涨突破双重底颈线位置时为投资者的买进机会。

投资者买进后债价转入震荡向上的走势中，临近尾盘时债价上涨至245.215 元附近止涨下跌，随后转入横盘运行的走势中。此时可以发现，债价在开盘价附近波动，说明有主力在场内刻意做收盘价，所以开盘价附近为当日最好的卖出位置。

案例实操

晶瑞转债（123031）分时图双重顶形态卖出分析

图 7-29 所示为晶瑞转债 2020 年 4 月 16 日的分时走势。

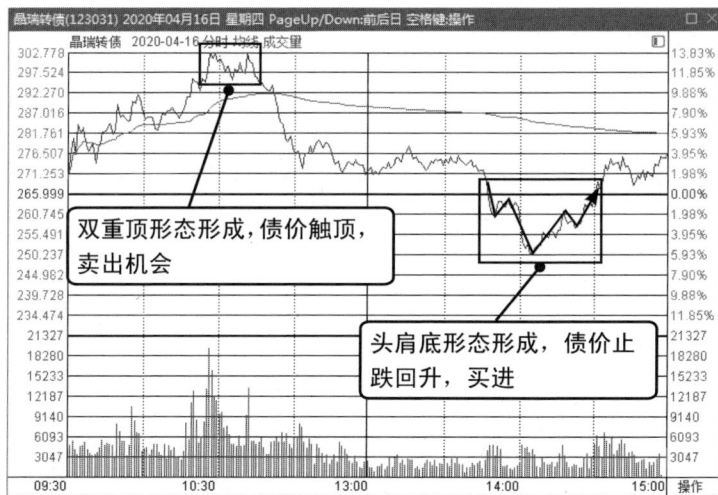

图 7-29　晶瑞转债 2020 年 4 月 16 日的分时走势

从图中可以看到，当日开盘后债价表现上涨行情，震荡向上运行，当债价上涨至 302.778 元后止涨，小幅下跌至 297.524 元附近止跌，短暂横盘调整后再次上冲至 302.778 元，随后再次滑落。

债价两次冲高回落形成了典型的双重顶形态，说明债价在此位置见顶，后市即将迎来下跌，投资者发现该形态后应立即卖出持仓。

随后债价继续下跌，跌至 271.253 元附近后止跌横盘波动运行。下午 13:45 左右，成交量放量，促使债价进一步下跌，跌至 260.745 元后止跌，小幅回升后继续下跌，跌至 250.237 元左右止跌回升，当债价上涨至 260.745 元附近后止涨，小幅下跌后继续向上攀升。

债价在这一过程中形成了明显的三个低点，其中第一个低点比第三个低点略高一些，形成了头肩底形态，说明债价止跌，后市看涨。当债价向上突破头肩底的颈线时为当日的 T+0 买进机会。

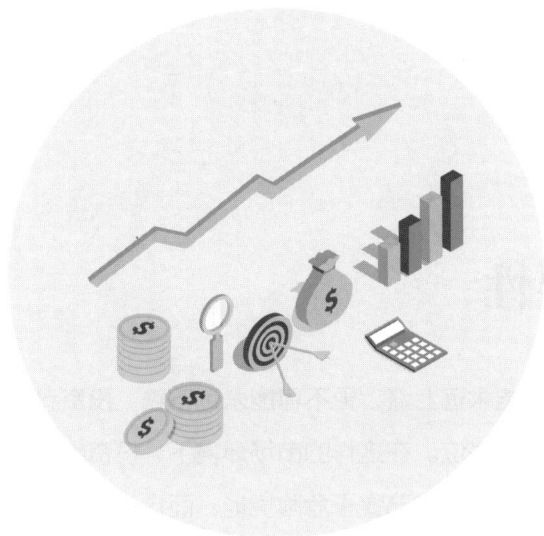

第8章

做可转债投资离不开仓位管理

想要有计划、理性地投资，就离不开仓位管理，在可转债投资中也是如此。适合的仓位管理可以降低投资风险，提高投资者的获利概率。

8.1
仓位管理的重要性

债券市场风云多变，既不可能永远上涨，更不可能永远下跌，投资者既不可能买在最低位，也不可能卖在最高位。在这样的市场环境下，投资者盲目满仓操作就可能增大自己的投资风险，将自己置于危险境地，而仓位管理则可以很好地规避这一问题。

8.1.1　为什么要做仓位管理

仓位管理指投资者决定入场投资时对资金的分配管理情况，即如何分批入场，合理分配资金。

实际上，市场中的投资者对仓位管理的态度褒贬不一。部分投资者认为，在单边上涨的行情中，仓位管理中逐渐加仓的做法，势必会缩小收益幅度。但是市场瞬息万变，满仓操作无疑增大了投资风险。

但从积极的角度来看，仓位管理不仅可以控制风险，还可以增大利润空间。如果投资者是中线投资操作，市场处于震荡上涨或震荡下跌的走势中，投资者此时如果能够看准行情，递增或递减式加仓，则盈利时候的仓位永远大于出错时的仓位。

虽然，仓位管理看起来难以理解，其中包含的内容也较多，但事实上很多人都接触过仓位，我们日常提到的定投就属于仓位管理的一种。定投指的是固定时间、固定投资金额的一种投资方法。这样做的目的在于摊平投资成本，降低投资风险，从而提高投资获利的概率，仓位管理也是如此。

8.1.2　仓位管理需要遵循的原则

高效的仓位管理是一门技术，既能降低投资风险，保证资金安全，又能实现长期的稳定盈利，但是这些都必须建立在正确的仓位管理基础上。想要做到这一点，投资者就需要严格遵循仓位管理中的各项基本原则。

（1）永不满仓

永不满仓指投资者在做短线投资时不要把所有的资金一次性全部投入，即要求投资者在投资过程中始终要预留资金，也就是预留现金仓。因为市场波动变化大，满仓遭遇下跌时，损失过大难以回本，投资风险过大，此时如果投资者预留现金仓，才能有快速回本甚至是小幅获利的机会。

以 10 万元资金为例，如果投资者满仓买进，遭遇下跌行情，那么投资者的资金变化如下：

当亏损达到 10% 时，本金变为 9 万元，需要涨幅达到 11.11% 时才能回本。

当亏损达到 20% 时，本金变为 8 万元，需要涨幅达到 25% 时才能回本。

当亏损达到 30% 时，本金变为 7 万元，需要涨幅达到 42.86% 才能回本。

当亏损达到 40% 时，本金变为 6 万元，需要涨幅达到 66.67% 才能回本。

当亏损达到 50% 时，本金变为 5 万元，需要涨幅达到 100% 才能回本。

当亏损达到 60% 时，本金变为 4 万元，需要涨幅达到 150% 才能回本。

当亏损达到 70% 时，本金变为 3 万元，需要涨幅达到 233.33% 才能回本。

当亏损达到 80% 时，本金为变 2 万元，需要涨幅达到 400% 才能回本。

当亏损达到 90% 时，本金为变 1 万元，需要涨幅达到 900% 才能回本。

可以看出，当亏损的幅度越来越大，回本的难度也就越来越大，如果亏损达到 50% 不补仓，想要回本可能性不大。所以我们需要预留现金仓进行补仓，且将亏损控制在 40% 以内，那么投资者才有回本的可能性。

（2）科学的加减仓策略

市场是动态变化的，投资操作也应该随着市场变动做动态的调整，如果只是将其作为一个概率问题进行赌博，那么我们的投资大概率会遭受损失。所以投资者的加仓、减仓行为也应该根据实际行情的走势变化进行调整，这样才能提高投资的获利概率。

（3）设置目标止盈止损

设置目标止盈止损的意思是指投资者在投资入场之初就应该设置一个清晰的盈利目标和止损目标，一旦盈利或损失达到目标位置就应该立即平仓离场。这样的做法可以帮助投资者在投资过程中保持冷静，避免因贪婪而越陷越深，损失自己的既得收益。

尤其是短线投资不要过于贪婪，盈利位置可以设置在 15%~30% 左右。而止损点，因为每个投资者的风险承受能力不同，所以止损点的设置也存在不同，但是通常来说，损失如果达到 10% 就应该离场了。因为一般来说，损失达到 10% 就可以说明投资者此次投资判断错误，此时就应果断离场，不要越陷越深。

（4）不要过量交易

这里的过量交易指的是投资者在投资过程中要适量，主要包含两层意义：一是在市场行情模糊，走势没有明朗之前，投资者不要投资过量的资金；二是在投资过程中不要过于频繁地操作（超短线 T+0 投资者除外）。

8.2 常用的三大仓位管理法

提到仓位管理，就不得不提仓位管理中最为著名的三大仓位管理方法，即金字塔形仓位管理法、矩形仓位管理法和漏斗形仓位管理法。投资者在实际的投资交易中可以直接运用这三大仓位管理法进行投资操作。

8.2.1 金字塔形仓位管理法

金字塔形仓位管理法指投资者初始进场的资金量比较大，后市如果行情以相反的方向运行则不再加仓，但如果后市行情按照预测上涨方向发展，则逐步加仓，且随着债价的上涨，加仓的比例越来越小。

这样的仓位管理使得仓位呈现出下方大、上方逐渐变小的形态，所以叫作金字塔形仓位管理法。

金字塔形仓位管理法又分为金字塔买入法仓位管理和倒金字塔卖出法仓位管理。

（1）金字塔买入法

金字塔买入法指投资者初次入场资金量最大，如果市场行情按照预期发展，则逐渐加仓，且加仓比例越来越小，如图 8-1 所示为金字塔买入法仓位管理示意图。

.195

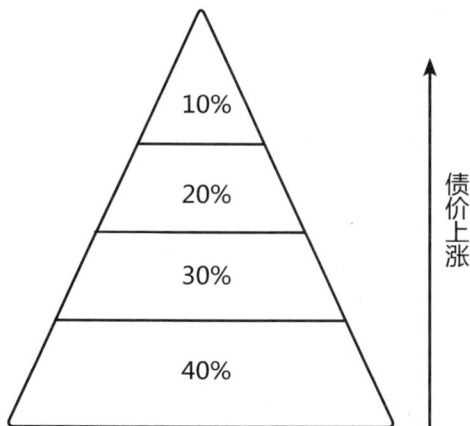

图 8-1　金字塔买入法仓位管理示意图

从上图可以看到，金字塔买入法仓位管理中将资金分为 4 份资金比例，从下到上分为 40%、30%、20% 和 10%。如果投资者初始资金（40%）投入后，债价继续上涨，就逐步分段投入 30%、20%、10% 的资金；如果债价下跌就不加仓了；如果债价继续下跌至投资者的心理止损点就抛售持债。

但是在实际投资操作中，买进的金字塔买入法中的比例可以根据实际情况进行调整，例如 50%、30%、20%，但是逐渐减小的比例原则不变。

金字塔买入法的优势在于，在低价时买得多，高价时买得少。虽然不如一次性全仓获利多，但能减少因债价下跌带来的风险。

（2）倒金字塔卖出法

倒金字塔卖出法仓位管理与正金字塔买入法仓位管理相反，它是下方较窄，越往上越宽，主要用于看空债价时卖出的资金比例管理。

如图 8-2 所示为倒金字塔卖出法仓位管理示意图。

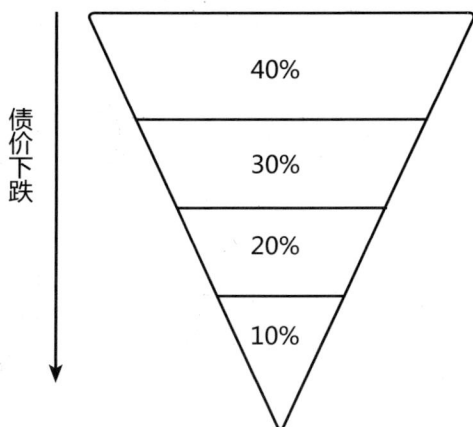

图 8-2　倒金字塔卖出法仓位管理示意图

从上图可以看到，倒金字塔卖出法仓位管理将资金分为 4 份资金比例，从上到下分为 40%、30%、20% 和 10%，债价出现拐头下跌迹象时投资者卖出 40% 的持债，随后继续下跌就逐步分段卖出 30%、20%、10% 的持债。如果债价止跌回升，可停止卖出，比例买进。其中的比例同买入法一样，可以根据实际情况进行调整。

倒金字塔形卖出法的优势在于，高价时卖出得多，低价时卖出得少，虽然不如一次性空仓获利多，但能减少因债价上涨带来的踏空风险。

案例实操

明泰转债（113025）金字塔买入分析

图 8-3 所示为明泰转债 2019 年 12 月至 2020 年 7 月的 K 线走势。

从下图可以看到，该债券在 2020 年 3 月初转入下跌行情中，债价向下运行，均线也纷纷拐头向下运行。5 月下旬，债价下跌至 105.00 元价位线止跌横盘运行，均线走平，下方成交量表现极度缩量，说明场内空头势能已经释放完全。

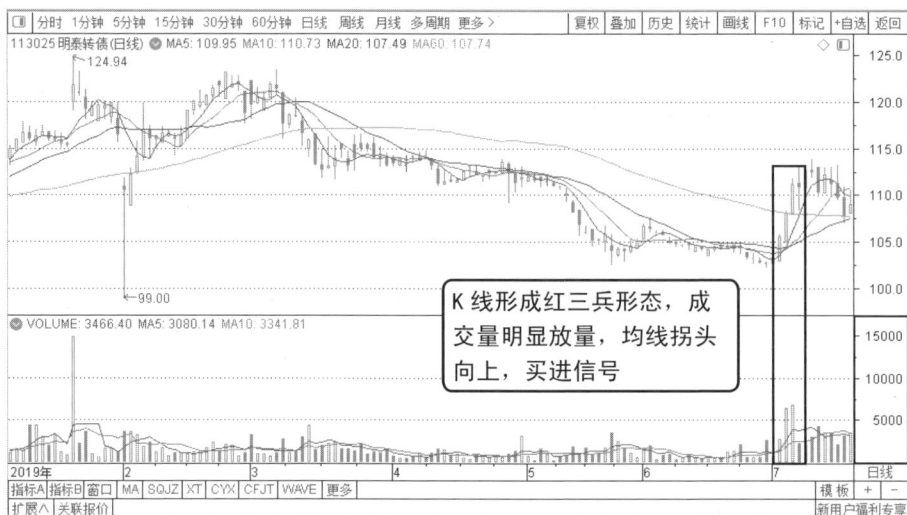

图 8-3　明泰转债 2019 年 12 月至 2020 年 7 月的 K 线走势

7 月初，成交量忽然放出巨量，带动债价上涨，K 线连续收出 3 根高开高走的大阳线，形成红三兵 K 线组合，向上突破 105.00 元价位线，并且短期均线由纠缠运行转为发散状态向上运行。说明场内有主力资金入场，后市将迎来一波上涨行情。

2020 年 7 月初，投资者在 110.00 元附近买进，但为了降低投资风险，投资者决定以金字塔仓位管理法进行操作，在 10.00 万元的投资总金额中，先投入 50% 的资金。

图 8-4 所示为明泰转债 2020 年 4 月至 10 月的 K 线走势。

从下图可以看到，投资者买进后，债价在 110.00 元价位线上横盘调整一段时间后开始继续向上拉升。但此番上涨并未得到长久维持，仅坚持了几个交易日，债价上涨至 118.00 元附近便止涨下跌。8 月底，K 线连续收阴，债价下跌，9 月中旬时跌至前期 110.00 元低位便止跌横盘。

10 月初，下方成交量再次明显放量，K 线跳空高开，向上运行，均线纷纷拐头向上运行，说明之前的下跌为上涨前的洗盘，目的在于清理场内浮筹，后市拉升在即，此时为投资者加仓买进的机会。投资者应该趁机加仓买进，在 115.00 元位置附近继续买进，投入 30% 的资金。

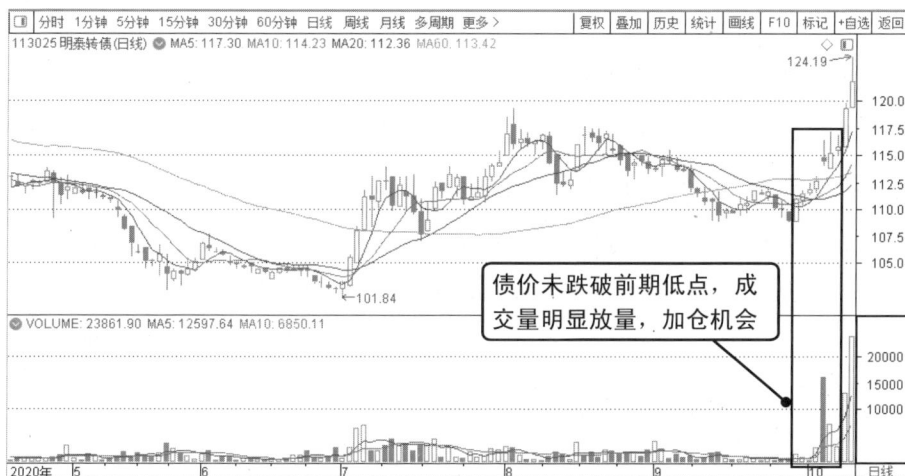

图 8-4 明泰转债 2020 年 4 月至 10 月的 K 线走势

图 8-5 所示为明泰转债 2020 年 9 月至 2021 年 2 月的 K 线走势。

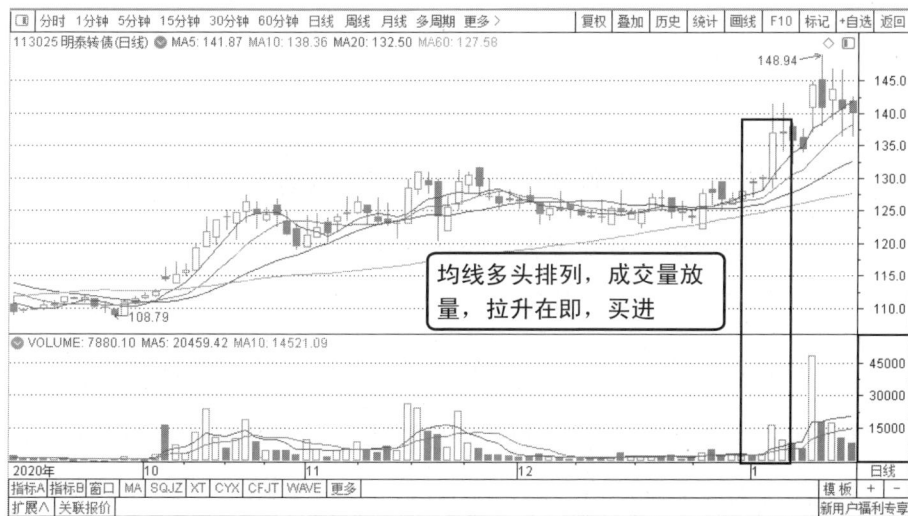

图 8-5 明泰转债 2020 年 9 月至 2021 年 2 月的 K 线走势

从上图可以看到，投资者加仓后，债价继续向上攀升，一路上涨至130.00元附近后止涨，并小幅下跌至125.00元价位线上，之后在该价位线上横盘运行。观察下方的成交量可以发现，成交量表现极度缩量，说明场内没有资金出逃。

2021年初，成交量再次放量，推动债价再次向上攀升，此时均线系统呈多头排列，说明场内的上涨行情并未发生改变，投资者仍然可以加仓。所以投资者在130.00元附近加仓20%买进。

图8-6所示为明泰转债2020年12月至2021年2月的K线走势。

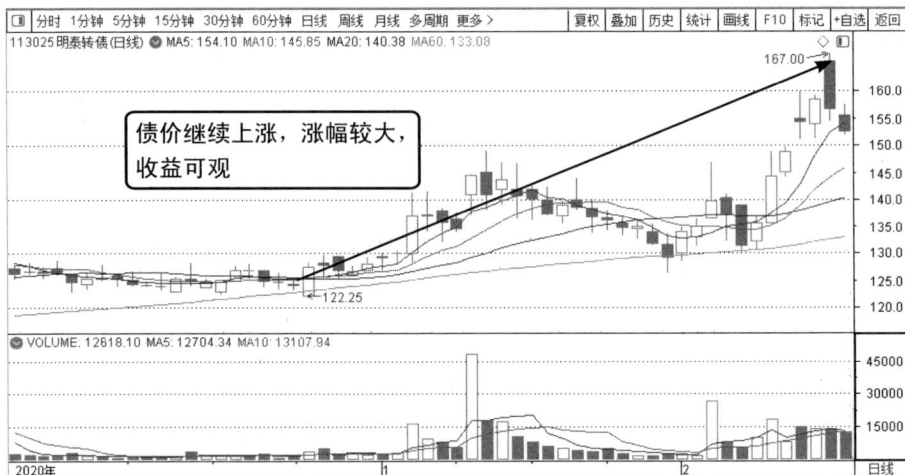

图8-6 明泰转债2020年12月至2021年2月的K线走势

从图中可以看到，投资者再次加仓买进后，债价继续上涨，最高上涨至167.00元。此时计算当债价上涨至167.00元时，投资者的投资收益。

110.00元位置买进转债：$100\,000.00 \times 50\% \div 110.00 \div 10 \approx 45$（手）

115.00元位置买进转债：$100\,000.00 \times 30\% \div 115.00 \div 10 \approx 26$（手）

130.00元位置买进转债：$100\,000.00 \times 20\% \div 130.00 \div 10 \approx 15$（手）

注意：债券交易申报单位为手，深市1手＝10张（人民币100元面额为 1 张），沪市以人民币 1 000 元面值债券为 1 手，以整数交易。明泰转债为沪市转债。

投资者收益：167.00×（45+26+15）×10−45×110.00×10−26×115.00×10−15×130.00×10=44 720.00（元）

8.2.2　矩形仓位管理法

矩形仓位管理法是指投资者初次入场建仓时的资金量为总资金的固定比例，如果后市债价按照预期方向发展，则逐渐加仓，加仓时都遵循这个固定的比例依次增加。

但是，如果后市债价按照相反的方向发展，投资者就要停止加仓，如果超过止损点就要抛售持债。

图 8-7 所示为矩形仓位管理法示意图。

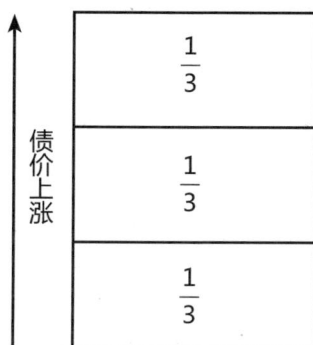

图 8-7　矩形仓位管理法

加仓的次数不同比例不同，可以分为二分一仓位或三分一仓位，图中展示的是三分一仓位。这是一种比较简单的仓位管理方法，即将资金等分为三部分，如果市场行情趋势向好，就逐次按固定比例加仓至满仓。

矩形仓位管理的优势在于，一旦遭遇债价回落，不至于全部仓位遭遇被套。其次，利用逐渐加仓的方式摊薄了成本，大幅降低了投资风险。此外，如果债价按照预期上涨方向发展，则已持有一定的比例仓位仍有获利空间，还可以利用调整过程适时加仓，这样使得投资操作的主动性更强。

案例实操

创维转债（127013）矩形买入分析

图 8-8 所示为创维转债 2019 年 5 月至 9 月的 K 线走势。

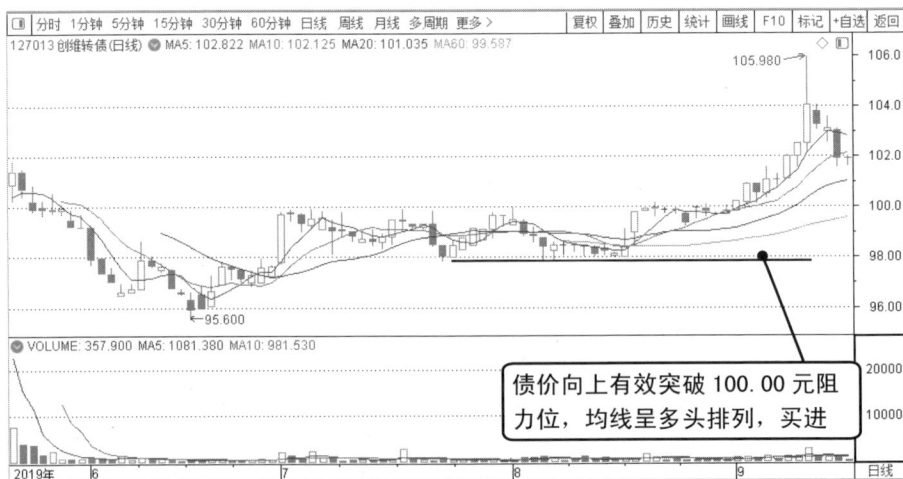

图 8-8　创维转债 2019 年 5 月至 9 月的 K 线走势

从图中可以看到，该转债上市后债价随即下跌，跌至 97.00 元附近后止跌，并在该价位线上横盘运行。7 月初债价开始小幅攀升，但债价上涨至 100.00 元附近便止涨，并在 98.00 元至 100.00 元区间做横盘波动运行。

9 月初，债价向上攀升有效突破 100.00 元阻力位，此时均线系统呈多头排列，说明债价即将迎来一波上涨，此时为投资者的买进机会。

之后，投资者在 101.00 元附近买进，为了降低投资风险，避免判断失误，投资者决定以矩形仓位管理法进行操作，在 12.00 万元的投资总金额中，投入 1/3 的资金。

图 8-9 所示为创维转债 2019 年 8 月至 12 月的 K 线走势。

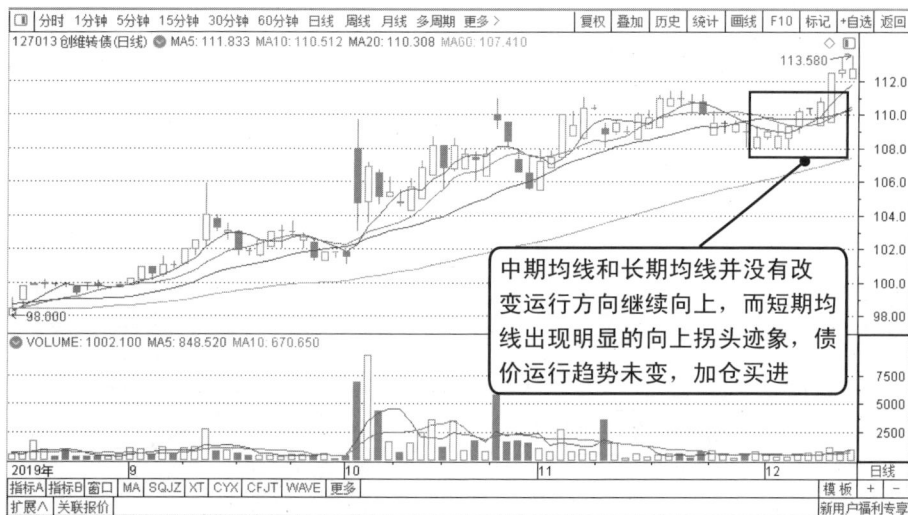

图 8-9 创维转债 2019 年 8 月至 12 月的 K 线走势

从图中可以看到，投资者买进之后成交量明显放大，债价在成交量的带动下向上攀升。10 月下旬，债价上涨至 110.00 元附近时止涨，之后并在该价位线上横盘波动运行。

12 月初，K 线连续收出多根阳线向上拉升债价，且中期均线和长期均线并没有改变运行方向继续向上，而短期均线出现明显的向上拐头迹象，说明此时为上涨途中的回调，目的在于清理场内浮筹以便后市更好地拉升。因此，此时为投资者的加仓跟进机会，投资者可以在 112.00 元位置加仓 1/3。

图 8-10 所示为创维转债 2019 年 11 月至 2020 年 2 月的 K 线走势。

从下图可以看到，该可转债横盘调整结束后继续向上攀升，均线呈多头排列。2020 年 1 月上旬，债价上涨至 135.00 元附近后止涨，并在 130.00 元价位线上横盘运行。

2 月 3 日，债价向下跳空低开收出一根中阳线，将债价拉低至 120.00 元附近，仔细观察可以发现下方成交量并没有明显放大，说明场内没有资金出逃,债价的行情趋势并没有发生转变,此时为投资者加仓的机会,投资者可以在 120.00 元位置加仓 1/3。

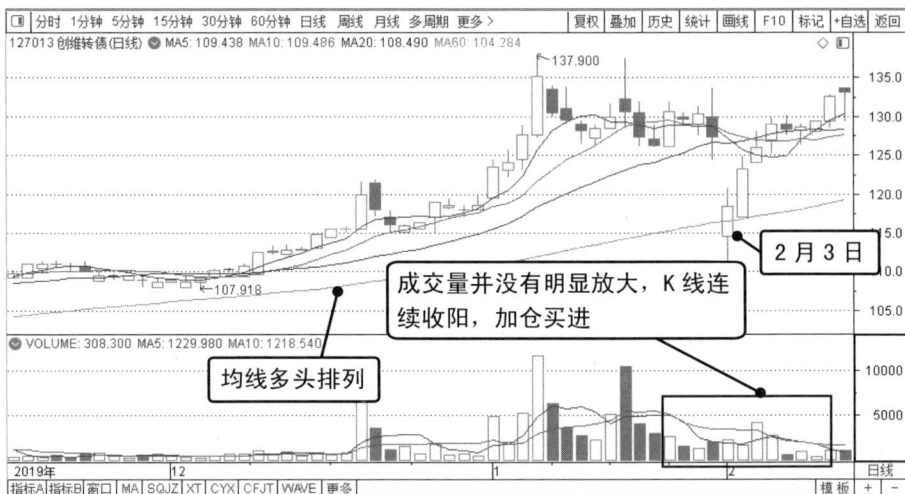

图 8-10　创维转债 2019 年 11 月至 2020 年 2 月的 K 线走势

图 8-11 所示为创维转债 2019 年 12 月至 2020 年 3 月的 K 线走势。

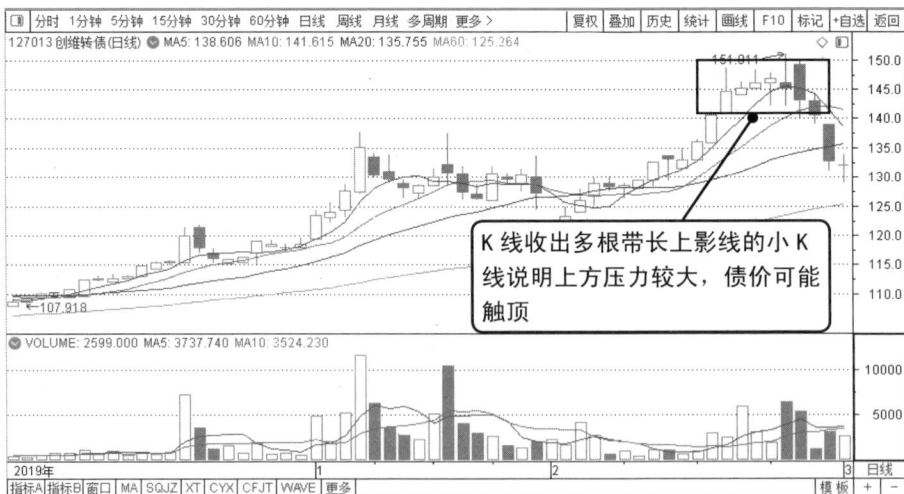

图 8-11　创维转债 2019 年 12 月至 2020 年 3 月的 K 线走势

从上图可以看到,投资者加仓后 K 线连续收阳,推动债价上涨。当债价上涨至 145.00 元附近时，再次止涨，K 线收出多根带长上影线的小 K 线，说明上方压力较大，债价可能触顶，此时为投资者的卖出机会。如果投资者在 145.00 元位置卖出，计算投资者的收益（创维转债为深市债券）。

101.00 元位置：120 000.00 × 1/3 ÷ 101.00 ÷ 10 ≈ 39（手）

112.00 元位置：120 000.00 × 1/3 ÷ 112.00 ÷ 10 ≈ 35（手）

120.00 元位置：120 000.00 × 1/3 ÷ 120.00 ÷ 10 ≈ 33（手）

投资者收益：145.00 ×（39+35+33）× 10−39 × 10 × 101.00−35 × 10 × 112.00−33 × 10 × 120.00=36 960.00（元）

8.2.3 漏斗形仓位管理法

漏斗形仓位管理法是与金字塔形仓位管理法相反的一种管理方法，初始建仓时轻仓买入，如果债价行情按相反方向运行，后市就逐步加仓，摊薄成本，加仓比例越来越大。

漏斗形仓位管理的仓位控制呈下方小、上方大的一种形态,像一个漏斗,所以称为漏斗形仓位管理法。图 8-12 所示为漏斗形仓位管理示意图。

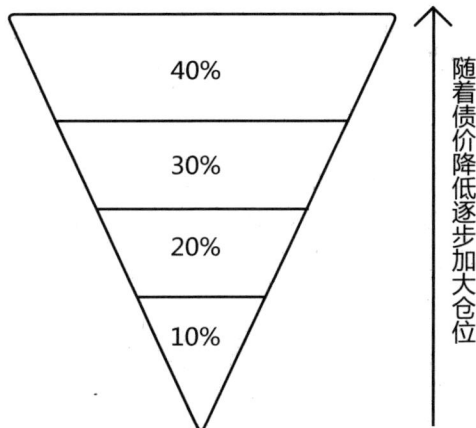

图 8-12 漏斗形仓位管理

漏斗形仓位管理中常见的仓位比例有 2：3：5 或 1：2：3：4，上图所示为 1：2：3：4 比例。

漏斗形仓位管理的优势在于初始建仓时资金量较小，风险较低，在不爆仓的情况下，漏斗越高，则投资者的利润就越可观。比较适合震荡行情中，为了降低亏损的风险，前期建仓比例较小，一旦债价下跌就加大仓位，越跌越买，且越买比例越大，进而摊薄成本。

该方法对投资者的心理素质要求较高，因为漏斗形仓位管理需要建立在后市走势与判断一致的前提下，如果方向判断错误，或者方向的走势不能越过总成本位，就容易陷入无法获利出局的局面，所以投资者承担的风险较大。

案例实操

春秋转债（113577）漏斗形买入分析

图 8-13 所示为春秋转债 2020 年 5 月至 9 月的 K 线走势。

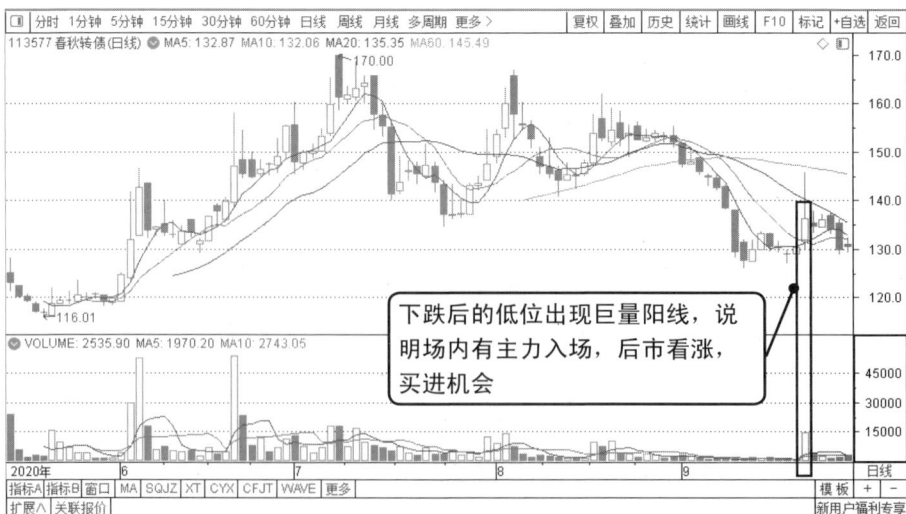

图 8-13　春秋转债 2020 年 5 月至 9 月的 K 线走势

从图中可以看到，该可转债经历了一波上涨下跌行情，债价从116.01元上涨至170.00元后止涨下跌，跌至130.00元位置后止跌，此时跌幅为23.5%。9月21日K线收出一根带巨量的大阳线，说明场内有资金入场，是行情即将启动的信号，所以投资者可以在此位置买进。

投资者在135.00元附近买进，但可能场内空头势能还未释放完全，为降低投资风险，投资者决定以漏斗形仓位管理法进行仓位管理，先少量投入。在10.00万元总金额中投入20%的资金。

图8-14所示为春秋转债2020年7月至11月的K线走势。

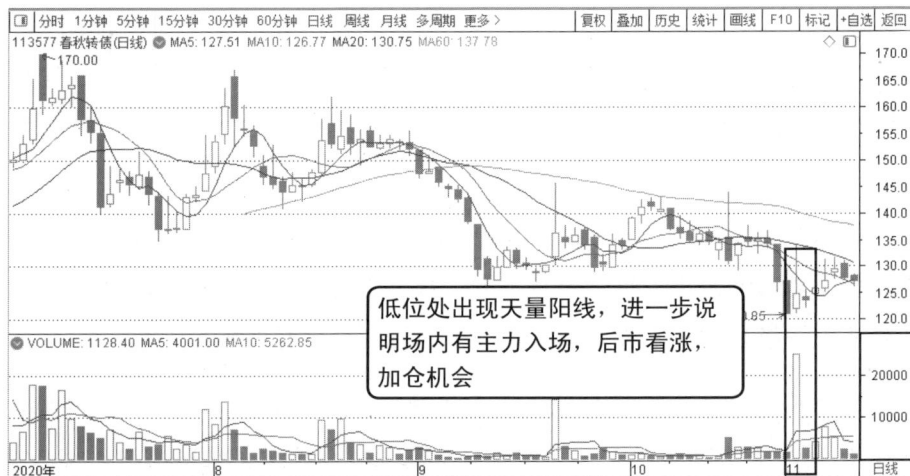

图8-14 春秋转债2020年7月至11月的K线走势

从上图可以看到，投资者买进后，债价小幅回升，但下方成交量并未伴随放大，所以此次的回升没有成交量作为支撑，上涨至140.00元附近便止涨下跌。

11月初，债价跌至120.00元附近止跌，并在11月3日收出一根带天量的长上影线阳线。再次确定场内确有大量资金入场，后市该债券可能迎来一波上涨，此时为投资者的加仓机会，投资者可以在此位置加仓30%。

图 8-15 所示为春秋转债 2020 年 10 月至 2021 年 1 月的 K 线走势。

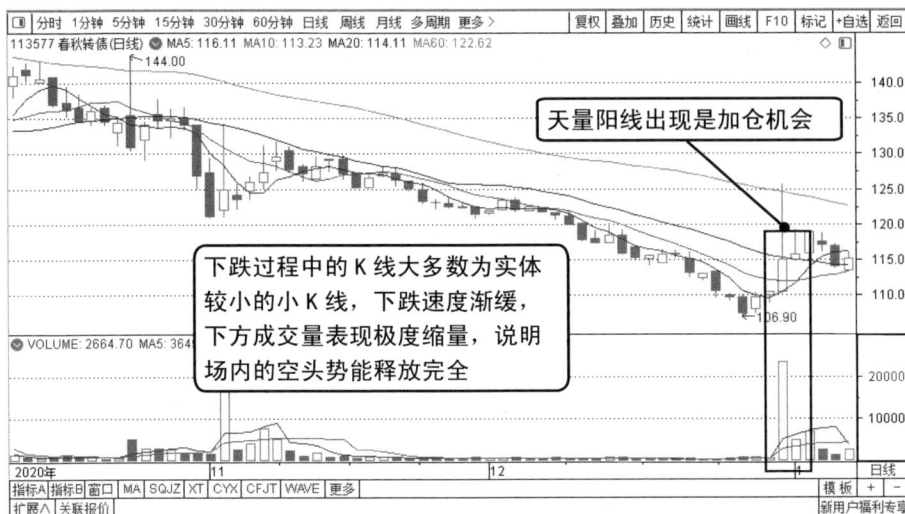

图 8-15　春秋转债 2020 年 10 月至 2021 年 1 月的 K 线走势

从图中可以看到，投资者加仓跟进后债价迎来了小幅上涨，但很快转入继续下跌的走势中。债价一路下滑，跌至 107.00 元附近止跌，12 月 31 日 K 线收出一根带天量的长上影线阳线，说明场内仍有资金入场。

仔细观察下跌阶段的 K 线发现，下跌过程中的 K 线大多数为实体较小的小 K 线，下跌速度渐缓，下方成交量表现极度缩量，说明场内的空头势能释放完全。所以此时为投资者跟进加仓的好机会，投资者可以在 115.00 元位置加仓 50%。

图 8-16 所示为春秋转债 2020 年 12 月至 2021 年 3 月的 K 线走势。

从下图可以看到，投资者加仓跟进后，成交量继续放量，拉升债价向上攀升，该可转债转入上涨行情中，债价震荡向上最高上涨至 139.33 元。

如果投资者在 139.00 元附近卖出持仓，计算此时的收益情况。

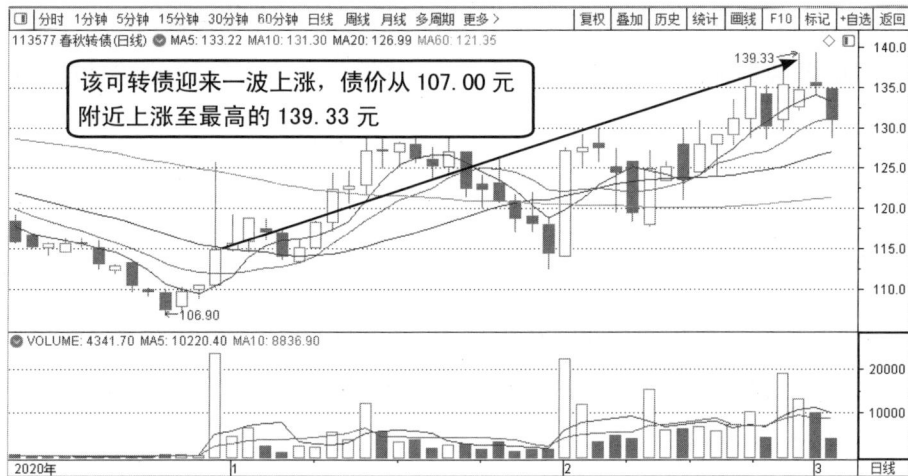

图 8-16　春秋转债 2020 年 12 月至 2021 年 3 月的 K 线走势

135.00 元位置：100 000.00 × 20% ÷ 135.00 ÷ 10 ≈ 14（手）

120.00 元位置：100 000.00 × 30% ÷ 120.00 ÷ 10 ≈ 25（手）

115.00 元位置：100 000.00 × 50% ÷ 115.00 ÷ 10 ≈ 43（手）

投资者收益：139.00 ×（14+25+43）× 10 − 14 × 135.00 × 10 − 25 × 120.00 × 10 − 43 × 115.00 × 10 = 15 630.00（元）

从案例可以看到，漏斗形仓位管理确实属于一种风险较高的仓位管理方法，越跌越买，越买越多，虽然可以摊薄成本，但是需要投资者对后市有准确的判断，才能做出正确的决定。

8.3
减仓操作的常见做法

前面主要介绍的是仓位管理中的加仓管理方法，但在实际的投资操作中除了加仓之外，更重要的是减仓。减仓指的是逐渐卖出手中的持仓，如果不懂得合理地、科学地减仓，则很有可能损失自己的既得收益，严重时还会使自己的成本遭受损失。

8.3.1　一刀切减仓法

一刀切减仓法是最简单、最直接的一种减仓方法，也是大部分新手投资者最常用的一种方法。它指的是当投资者判断债价处于顶部时就直接全部抛售持仓。

虽然一刀切减仓法比较简单，容易操作，判断准确的情况下还能让自己的收益最大化，但是一旦投资者判断失误就会遭受重大的利润损失。因此，投资者如果要用一刀切减仓法进行减仓操作，则需要有市场出现明确的见顶信号作为支撑。

案例实操

久其转债（128015）一刀切卖出分析

图 8-17 所示为久其转债 2019 年 12 月至 2020 年 2 月的 K 线走势。

从下图可以看到，该可转债处于上涨行情中，债价震荡向上，从 95.00 元附近一路上涨至 115.00 元附近后止涨横盘运行。

此时仔细观察横盘时 K 线的走势可以发现，2 月 26 日和 2 月 27 日 K 线连续收出两根带长上影线的阴线，说明上方压力过重，且下方没有成交量作支撑，债价可能见顶。并且两根长上影线的位置基本相同，形成典型的平顶形态，在上涨后的高位处出现平顶形态是债价见顶的信号，说明后市可能迎来一波下跌，此时为投资者最好的卖出机会。

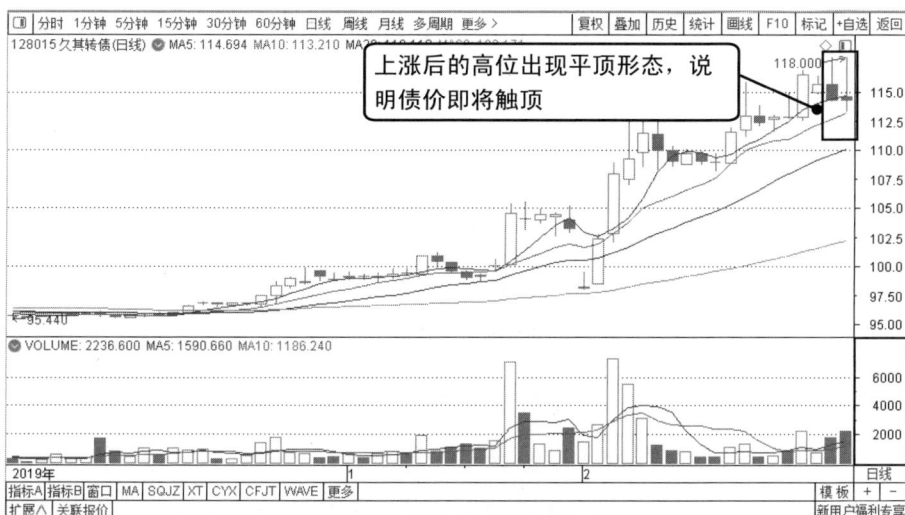

图 8-17　久其转债 2019 年 12 月至 2020 年 2 月的 K 线走势

图 8-18 所示为久其转债 2020 年 3 月至 11 月的 K 线走势。

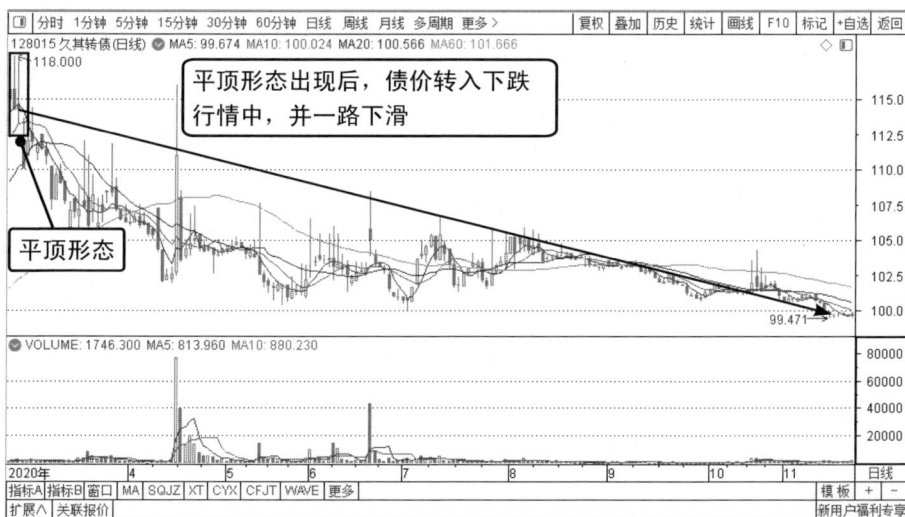

图 8-18　久其转债 2020 年 3 月至 11 月的 K 线走势

从图中可以看到，平顶形态出现后，该可转债转入下跌行情中。跌势沉重，跌幅较大，债价最低跌至 99.471 元。如果投资者没有及时出逃，将面临重大损失。

除了案例中介绍的 K 线组合形态之外，前面介绍的单根 K 线、长期 K 线形态以及技术指标等都可以作为顶部信号判断卖出时机。

8.3.2　逐步减仓法

逐步减仓法是相对于一刀切减仓法的一种减仓方法。一刀切减仓法是对顶部有一个比较准确的判断时使用的减仓方法，而逐步减仓法则是在行情判断比较模糊，不能准确判断顶部时使用的减仓方法。

当债价运行到高位处，投资者不能判断是债价见顶，还是上涨途中的回调时，可以减仓部分，锁定前期收益。等形势明朗之后再决定是否卖出剩余持仓，这样能避免因假顶出现、后市急涨而损失获利的情况。

逐步减仓的难点在于对减仓比例的控制。如果减仓的比例过低，遭遇真顶，债价急速下跌，少量的减仓并不能规避投资者的损失；如果减仓的比例过高，遭遇假顶，债价急速上涨，大量的减仓又会损失投资者的利润。因此，逐步减仓要求投资者既要对行情有一个清晰准确的判断，还要明确减仓的时机和数量。

通常我们建议逐步减仓法可以分为两次和三次进行减仓。其中两次可以是五五减仓，也可以是六四减仓；三次减仓法可以是五三二减仓或六二二减仓。当然这些比例都是灵活的，具体还是需要根据债价的实际走势情况来做进一步判断。

案例实操

尚荣转债（128053）逐步减仓分析

图 8-19 所示为尚荣转债 2020 年 1 月至 3 月的 K 线走势。

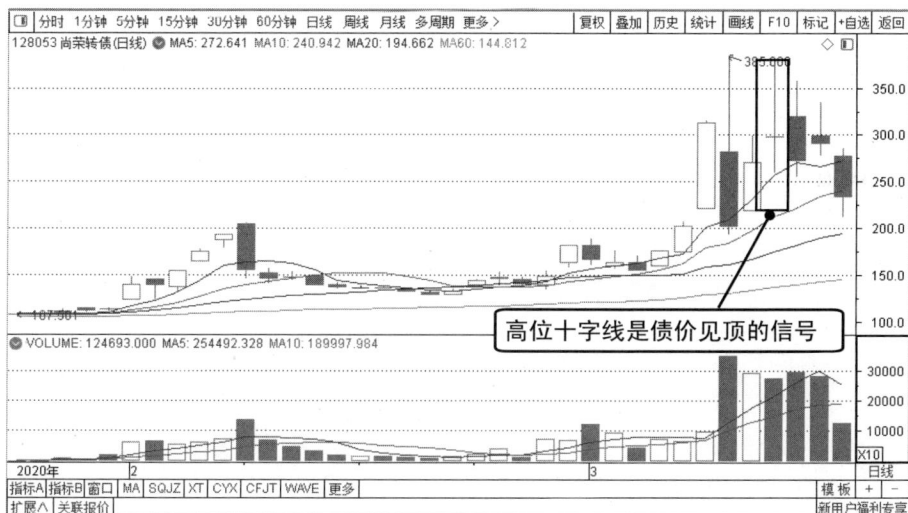

图 8-19　尚荣转债 2020 年 1 月至 3 月的 K 线走势

从上图可以看到，尚荣转债处于强势上涨的行情中，债价在两个月的时间内向上快速攀升，从最低时的 107.501 元上涨至最高的 385.00 元，涨幅达到 258%。

当债价上涨至 250.00 元价位线上时止涨横盘运行。仔细观察可以发现，横盘过程中，3 月 12 日 K 线收出一根十字线，在上涨后的高位处出现十字线为债价见顶信号，且下方成交量相较于前期上涨阶段来说明显放量，说明场内有资金出逃。因为此时的涨幅已经非常大了，为了锁定前期的既得收益，投资者应在此位置卖出 50% 的持仓落袋为安，这样即便后市急速下跌，前期的收益也能弥补损失。

图 8-20 所示为尚荣转债 2020 年 2 月至 4 月的 K 线走势。

从下图可以看到，债价横盘一段后再次向上攀升，下方成交量放大。但是，此次债价上涨仅维持了几个交易日，上涨至前期 350.00 元高位附近便止涨，并在 320.00 元附近横盘运行。

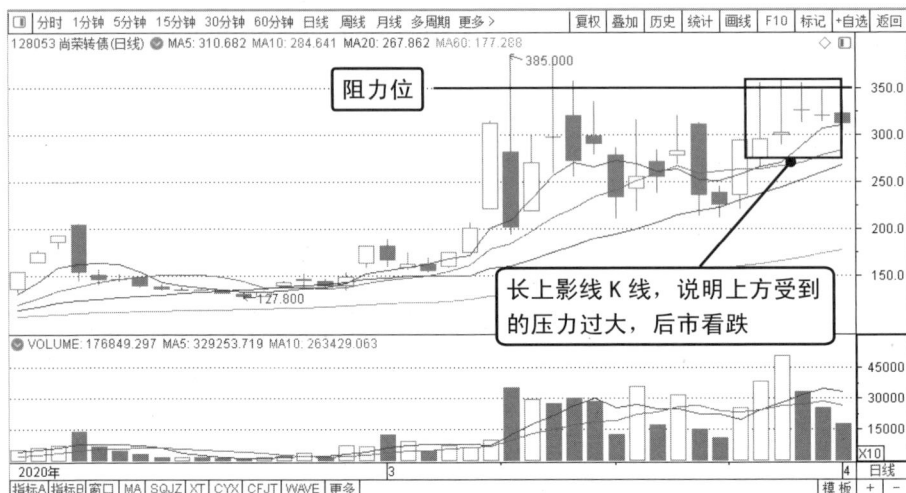

图 8-20　尚荣转债 2020 年 2 月至 4 月的 K 线走势

进一步观察可以发现，债价横盘过程中，K 线收出的都是带长上影线的 K 线，说明上方受到的压力过大，债价难以上涨突破，后市转跌的可能性很大，此时为投资者的离场机会，不要再抱有幻想，应该将余下的 50% 持仓全部卖出。

图 8-21 所示为尚荣转债 2020 年 3 月至 12 月的 K 线走势。

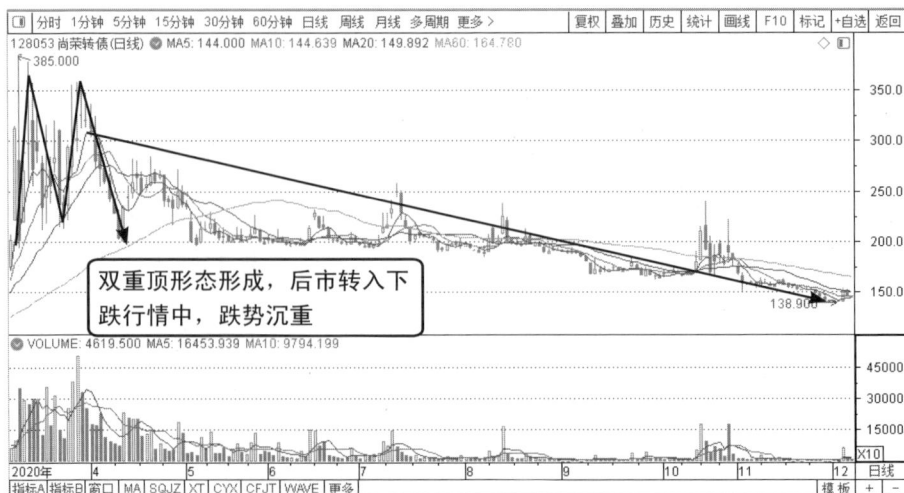

图 8-21　尚荣转债 2020 年 3 月至 12 月的 K 线走势

从图中可以看到，债价两次冲高下跌形成了双重顶形态。形态形成后债价转入长期下跌的走势中，此番下跌维持了近一年的时间，债价最低跌至 138.90 元，跌幅达到 64%。如果投资者没有成功出逃，将面临重大损失。

从案例可以看到，逐步减仓法更为慎重，操作更为稳妥，这样的减仓方法使得投资者的投资风险更低。

8.3.3　均线系统减仓法

我们通过前面的学习了解到均线与债价有着密切的关系，不仅对债价起着支撑或压制作用，还可以利用均线判断买进卖出时机。同样，在减仓管理中，我们也可以借助均线来完成减仓操作。具体内容如下：

①5 日均线称为攻击线，其主要作用是短期内形成攻击态势，引导债价上涨或下跌。如果 5 日均线拐头向上，则具有助涨性，会推动债价上涨；如果 5 日均线走平，则意味债价正在平台整理；如果 5 日均线拐头向下，则具有助跌性，会推动债价下跌。因此，如果债价有效向下跌破 5 日均线，且 5 日均线拐头向下，则投资者应引起警示，可少量减仓两成左右。

②10 日均线称为操作线，是波段行情的重要指标。如果债价低位上穿 10 日均线，且 10 日均线拐头向上，说明行情变好，后市看涨；如果 10 日均线走平，则说明债价平台整理；如果债价高位下穿 10 日均线，且 10 日均线拐头向下，则说明后市看跌，投资者应大量减仓四成左右。

③20 日均线为生命线，是债价中线运行的保护线，跌破它则是中线操作的重要信号。一旦债价有效跌破 20 日均线，投资者应清仓出局，避免被套。

下面以一个具体的实例来介绍：

案例实操

合兴转债（128071）均线减仓分析

图 8-22 所示为合兴转债 2020 年 6 月至 9 月的 K 线走势。

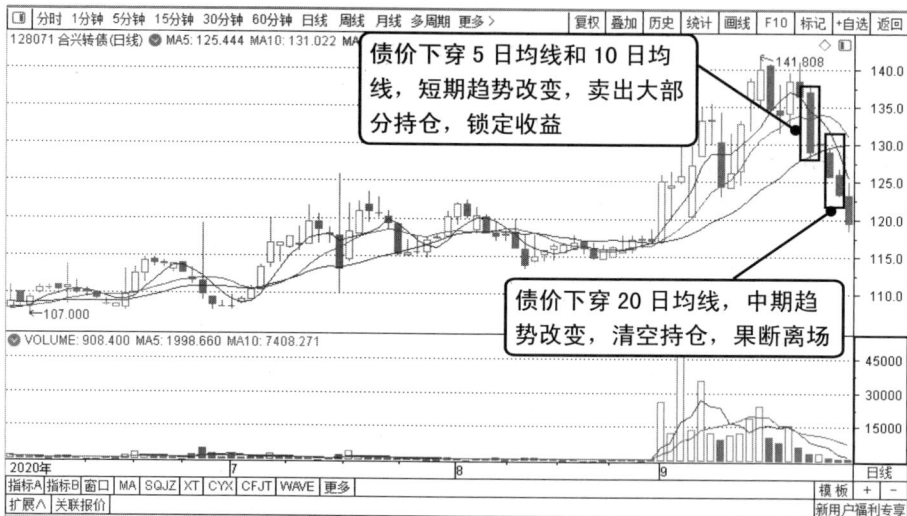

图 8-22　合兴转债 2020 年 6 月至 9 月的 K 线走势

从图中可以看到，合兴转债正处于上涨行情中，债价从 107.00 元附近的低位区域开始向上攀升。9 月中旬，债价上涨至 140.00 元价位线附近后止涨，并在价位线上横盘整理。

此时进一步查看均线发现，5 日均线拐头向下，9 月 22 日 K 线收出一根大阴线，同时下穿 5 日均线和 10 日均线，债价运行至均线下方。说明该可转债的短期趋势发生变化，后市可能迎来一波下跌，投资者应做减仓操作。因为债价同时下穿了 5 日均线和 10 日均线，所以投资者应该卖出大部分的持仓，这里抛售 60% 的持仓保障大部分收益为好。

随后债价继续下行，9 月 24 日 K 线收出一根中阴线下穿 20 日均线，并且之后的两个交易日 K 线继续收阴，运行在 20 日均线下方。20 日均线对债价起到压制作用，说明该可转债的中期趋势转变，变盘已成定局，投资者应在此位置抛售余下所有持仓。

图 8-23 所示为合兴转债 2020 年 9 月至 2021 年 2 月的 K 线走势。

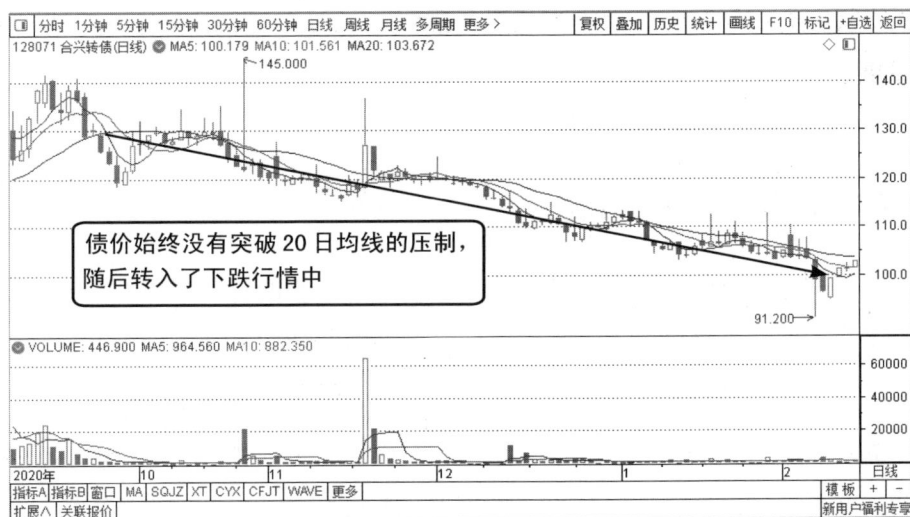

图 8-23　合兴转债 2020 年 9 至 2021 年 2 月的 K 线走势

从上图可以看到，债价有效跌破 20 日均线后，10 月初债价小幅回升，但始终没有突破 20 日均线的压制，随后转入了下跌行情中。此番下跌持续了近 5 个月左右的时间，债价从 140.00 元附近跌至 100.00 元附近，跌幅较深。但投资者借助均线系统合理减仓，即可避免遭受这一波损失。

8.4 设置止盈止损点离场

前面介绍的主要是根据 K 线做的技术分析，预判顶部进行减仓处理。但除此之外，投资者还应该设置目标止盈点和止损点，当债价运行达到既定的目标止盈点或止损点时，就应果断离场。

止盈指在目标价位出货，锁定收益，别想着盈利到最高；止损指在能够承受的风险损失价位出货，避免造成更大的亏损。因此，止盈止损在投资中具有重要意义。

8.4.1　设置止盈点的方法

止盈点的设置方法有很多，但大致上可以分为两种，即静态止盈和动态止盈。静态止盈指投资者设立具体的盈利目标位置，实际上也就是投资者在投资之初设置一个心理目标的止盈位置，但因为投资者的投资期限、操盘方式以及心理期望不同，所以设置的目标也不同。一般站在中线投资的角度来看，止盈设置在 10%~30% 的范围是比较合适的，如果是短线投资者则更低。

动态止盈是指投资者的投资已经盈利，但因为整体的趋势还处于上升形态中，并未发生改变，或者认为后市还有继续上涨的动力而调整自己的止盈点，一直等到出现回落迹象，达到一定的标准时，投资者再采取卖出获利的操作。动态止盈中有两个比较常用的止盈方法，即回落止盈和破位止盈。

（1）回落止盈

回落止盈是债价与最高价进行比较，一旦出现 10% 左右的跌幅就可以考虑止盈卖出。因为可转债没有涨跌幅限制，所以市场中 10% 左右的跌幅很容易达到，一旦出现这样的跌势，就要立即考虑离场，否则急跌的走势可能会让投资者损失惨重。当然这只是一个参考数据，如果投资者发现债价有明确的见顶信号时，即使没有跌到10%的标准，也要坚决出货。

案例实操

维尔转债（123049）回落止盈

图8-24所示为维尔转债2020年6月至2021年1月的K线走势。

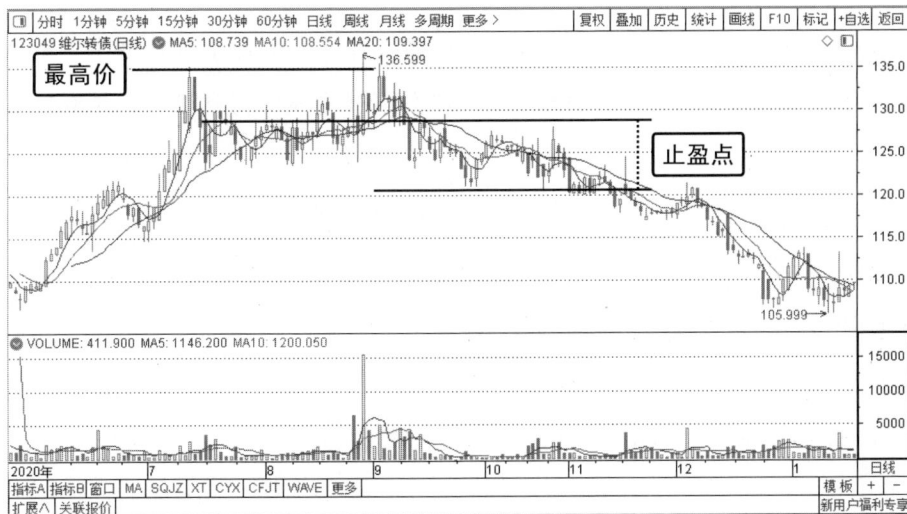

图8-24　维尔转债2020年6月至2021年1月的K线走势

从上图可以看到，维尔转债前期表现上涨走势，债价从110.00元附近开始一路向上攀升，上涨到135.00元附近后止涨小幅回落至125.00元至130.00元区间横盘震荡。此时，投资者难以判断债价是不是顶部，不知道该不该出货，可以利用回落来设置止盈点。

因为前期债价上涨的阻力位为135.00元附近，以135.00元作为最高点进行设置，投资者的止盈位置应该设置在5% ~ 10%之间。当债价下跌至止盈位置就可以出货离场，但如果债价向上有效突破135.00元则可以继续持有。

$$135.00-135.00×5\%=128.25（元），135.00-135.00×10\%=121.50（元）$$

从图中可以看到，谨慎的投资者在债价高位横盘震荡时，债价跌破5%时就可以卖出；而风险承担能力更高的稳健型投资者可以在121.50元～128.50元区间卖出。但是当债价跌破121.50元时，所有的持仓投资者都应离场了，避免遭受更大的损失。

（2）破位止盈

破位止盈实际上是利用均线做的止盈操作，因为在上升行情中，均线是尾随着债价上升的，一旦债价掉头向下穿过均线，将意味着趋势转弱，投资者要立即止盈。

这与前面介绍的均线系统减仓方法相同，都是通过债价下跌破位均线进行出货。但在止盈点的设置中，通常以投资者的操盘策略为基准进行设置。中长线投资者以中期均线为依据，短线投资者则以短期均线为依据。也就是说如果投资者是超短线投资者，则可以用5日均线设置止盈点，一旦债价拐头向下跌破5日均线且达到止盈点，就应立即出仓。

8.4.2　设置止损点的方法

止损相比止盈更为重要，止损是在下跌的趋势中，当亏损达到一定数额时要及时斩仓，避免造成更大的损失，目的在于将损失限制在较小的范围内。这里主要介绍的是止损点的常见设置方法，以便帮助投资者设置出适合自己的止损点。

常见止损的方法主要分为两种，即定额止损法和空间位移止损法。

（1）定额止损法

定额止损法是一种比较基础的止损方法，指将亏损额设置为一个固

定的比例，一旦亏损达到或超过该比例时，就立即平仓。例如投资者投入
10 000.00 元，心理止损点是 1 000.00 元，比例为 10%，一旦亏损达到该比
例就立即平仓。

定额止损的特点在于强制止损，投资者不需要过分依赖对行情走势的
判断，一旦达到止损比例则立即平仓止损。因此，定额止损的关键因素有
两点：一是投资者自身的风险承受能力，这是由投资者的投资心理和经济
实力决定的；二是投资者设定的盈利预期。

一般而言，短线投资者的止损比例是 5%，中线为 10%，中长线可以到
30%。定额止损法比较适合刚入市的投资者，或是投资经验不足、对行情不
能准确把握的投资者。

（2）空间位移止损法

空间位移止损法是指根据债价运行的位置来判断止损点的方法，具体
包括下列 4 种方法。

◆　初始位置止损法

初始位置止损法是指以债价的买进位置为依据设置止损点，例如以买
入价 5% 的跌幅为止损点，一旦股价下跌至该位置则立即离场。

案例实操

海印转债（127003）利用初始位置止损

图 8-25 所示为海印转债 2020 年 7 月至 2021 年 2 月的 K 线走势。

从下图可以看到，2020 年 8 月海印转债从 135.00 元的高位开始下跌，
跌至 110.00 元价位线后止跌，并在该价位线上横盘运行两个月的时间，均
线横盘缠绕运行。

12 月初，成交量明显放量，债价小幅拉升，均线出现拐头向上迹象。

此时投资者认为债价筑底完成，后市即将转入上涨行情，从而在 110.00 元位置买进。

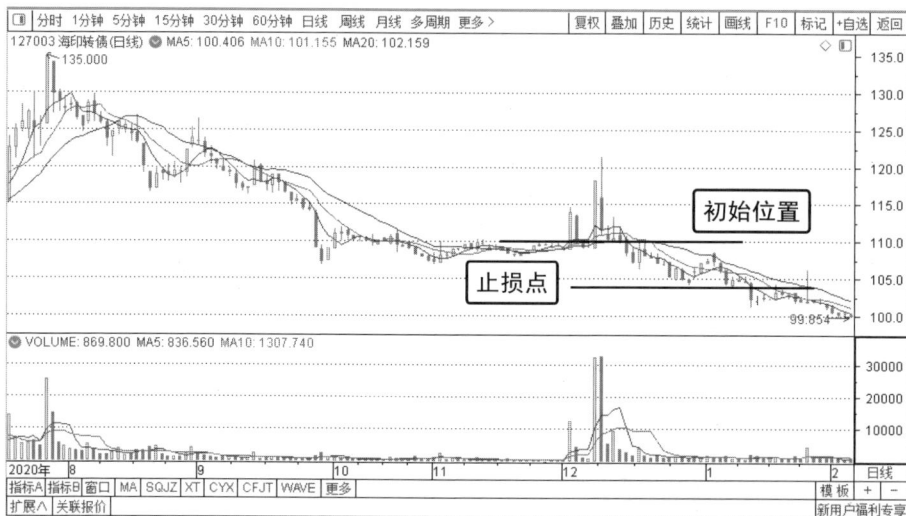

图 8-25　海印转债 2020 年 7 月至 2021 年 2 月的 K 线走势

但买进之后，债价仅维持了几个交易日的上涨便止涨下跌，此时投资者可以根据初始进入的 110.00 元位置设置止损点为买进位置 5% 的跌幅。

$$110.00-110.00×5\%=104.50（元）$$

一旦债价跌至 104.50 元，达到投资者设置的止损位置时，投资者应及时斩仓。

◆ 保本止损法

保本止损法是指投资者买进后，债价上涨，此时应立即调整初始止损价格，将价格上移至保本价格。这样即便债价下跌，跌至止损位置，投资者也能保证本金不受损失。

需要注意的是，此时的保本价格为买入价格和买进卖出双向交易费用之和。

◆　时间周期止损法

时间周期止损法是一种比较刻板的方法，即投资者在投资之初确定好持有的时间，短线操作时间在一个星期以内，中长线操作时间在 1 ～ 6 个月内，长线操作则在一年以上。

时间周期止损法的重点在于对时间的控制，这种操作方法比较简单，但局限性较大。

◆　趋势线止损法

趋势线是根据过去价格的走势形态描绘而得到的技术线，分为上升趋势线和下降趋势线。在趋势线理论中，上升行情中两个或两个以上的低点连线为上升趋势线；在下降行情中两个或两个以上的高点连线为下降趋势线。投资者可以利用趋势线来进行止损操作。

趋势线止损法非常便捷，首先投资者需要绘制上升趋势线，然后观察债价在趋势线上的位置。一旦债价跌破趋势线，且之后的 2 ～ 3 个交易日的收盘价跌破趋势线 3% 以上，则基本上可以判断该趋势线失效，债价的运行趋势已经转变，此时为投资者的止损卖出位置。

案例实操

敖东转债（127006）利用趋势线止损

图 8-26 所示为敖东转债 2019 年 6 月至 2020 年 5 月的 K 线走势。

从下图可以看到，敖东转债处于上升行情中，债价从 100.00 元附近一路攀升。连接上升过程中的两个低点位置绘制上升趋势线，可以看到，债价受到趋势线的支撑，震荡向上运行。

当债价运行至 115.00 元附近时止涨，短暂横盘后开始下跌，债价跌至 107.00 元附近后止跌且横盘运行。那么此时是上涨途中的横盘调整，还是下跌前的高位横盘呢？尚不明确。

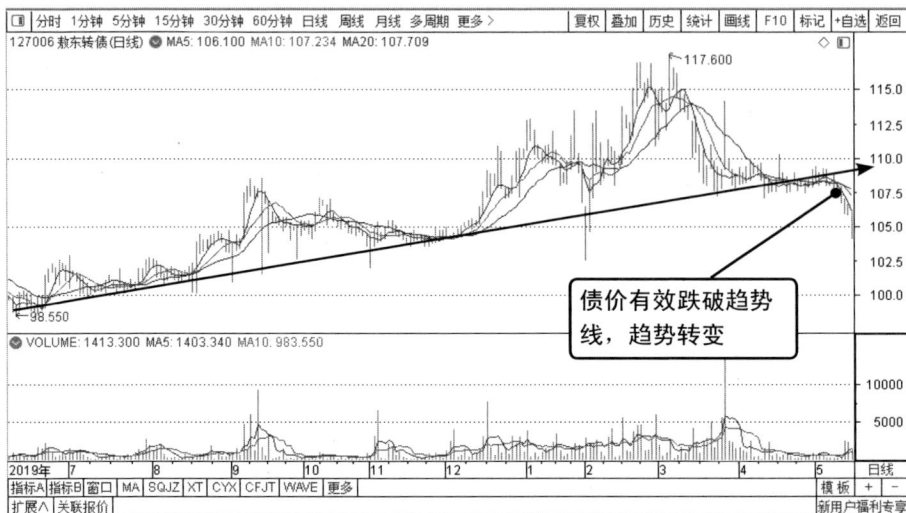

图 8-26　敖东转债 2019 年 6 月至 2020 年 5 月的 K 线走势

5 月初，K 线连续收阴，有效跌破上升趋势线，且之后的 2～3 个交易日的收盘价均跌破趋势线 3% 以上。由此可以判断，该上升趋势线失效，债价即将转入下跌行情中，此时为投资者的斩仓机会。

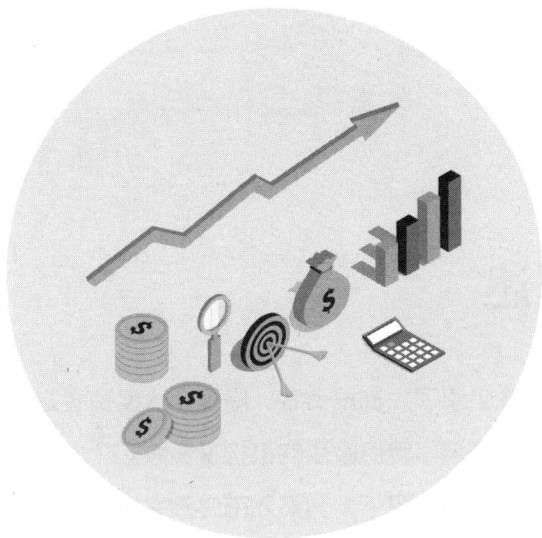

第9章

另辟蹊径做可转债基金投资

投资者除了直接买卖可转债进行投资外，还可以另辟蹊径做可转债基金投资。可转债基金的主要投资对象仍然是可转换债券，但是又与可转债债券投资有着明显的区别。

9.1
可转债基金的概述

　　可转债本身具备的可转换特性吸引了大批投资者，除了个人投资者之外，还有机构投资者，而可转债基金正是被可转债吸引的机构投资者。个人投资者在缺乏专业投资知识、没有投资经验的情况下，贸然入市必然会增加投资的风险，而购买可转债基金则可以将资金交由专业的基金经理打理，从而坐收可转债投资带来的收益。

9.1.1　可转债基金的发展

　　可转债基金经过了十多年的发展，逐渐被越来越多的投资者认可和接受，并渐渐成为大热的理财工具，这其中的发展过程是怎么样的呢？

　　实际上，我国第一只可转债基金是在 2004 年 5 月发行的，名字为兴全可转债混合基金。而兴全之所以选择可转债作为投资品种，也与当时的金融环境有着密切关系。

　　因为相关部门对配股、增发等融资手段严格监管，2002 年开始，一些企业逐渐发行可转债作为融资手段，使得可转债市场得到了快速发展。正是因为可转债市场规模的快速扩大，为基金参与可转债市场提供了机会。

　　但是，2004 年兴全可转债基金发行之后，可转债基金并没有得到发展，因为此时 A 股市场迎来了大牛市，使得更多的可转债转入股市。

直到 2010 年，国内才出现第二只可转债基金。随后，因为可转债发行数量和市场规模的逐渐增大，可转债基金也开始增加。

根据相关基金研究报告统计，近年来可转债基金的规模明显扩大，从 2015 年的 65.6 亿元到 2019 年 145.6 亿元，且随着可转债基金受到越来越多的投资者的青睐，可转债基金还在继续发展。

9.1.2　可转债基金投资的优势分析

个人投资可转债最大的优势可能就是可以减少交易手续费用，降低投资成本。但是，投资可转债基金却具有更多的优势，可以帮助投资者轻松完成投资。

（1）风险更低

个人投资者购买可转债，可以看作是一只可以转换为公司股票的债券，投资者此时的投资标的比较单一，面对的风险主要是股市风险。但可转债基金则是以可转债作为主要投资对象，同时还包括其他投资对象，例如债券、股票和权证等资产的投资组合，投资标的更多，投资的风险也更低。

（2）操作更为专业

通过前面的学习，我们知道可转债是一种比较复杂的理财工具，尤其可转债中还包括了许多条款机制，例如下修条款、回售条款以及强赎条款等。投资者可以利用这些条款来套利和避损。

但是，这些操作都是建立在对可转债比较熟悉，且清楚各个条款内容的基础上的，如果投资者缺乏相关的认识，或是新手投资者，则难以熟练掌握。而基金公司中有专业的研究团队负责分析和追踪可转债的变化，及时调整操作策略，比个人投资者更专业。

（3）操作更简单

可转债基金投资操作相比可转债操作更简单。在可转债投资中，投资者不仅要关注可转债本身的价格趋势变化，还要关注正股的变化，考虑转股时机等。这些都需要投资者本身具备较好的精力和较多的时间，以及相关的投资技巧来应对，对于初入可转债市场的投资者来说，比较困难。

而可转债基金则不同，投资者只需要选择一个靠谱的基金经理就可以轻松完成投资，然后只需要考虑在什么时候买进和什么时候卖出即可。

（4）收益率高

因为可转债同时具备了股性和债性两种特性，所以当市场比较好的情况下，可转债基金的盈利能力较好，收益率较高，有时甚至会超过偏股型基金。

9.1.3　可转债与可转债基金的区别

虽然可转债基金投资与可转债投资都是对可转债进行的投资，但二者却有着明显的区别。为了更好地做好二者的投资，投资者有必要了解二者之间存在的差异，具体如表9-1所示。

表9-1　可转债与可转债基金的区别

区别项目	可 转 债	可转债基金
投资标的	可转债	可转债、股票、债券和权证等
投资门槛	发行面额通常为100元/张，最小申购单位为1手，1手＝10张，所以1 000元起购	一般为100元

续表

区别项目	可 转 债	可转债基金
交易费率	可转债交易需根据交易金额缴纳一定比例的手续费，深市可转债默认交易手续费率为 1‰，不设最低收费。沪市为 0.2‰，但设有 1 元的最低收费	可转债基金分为 A 类和 C 类，A 类需收取申购费和赎回费，申购费率一般小于 0.1%，持有一定期限后便可免赎回费；C 类没有申购、赎回费
投资风险	一级市场申购的可转债是以票面价格买入的，且有债券利息作为保障，风险相对较低。但二级市场买卖的可转债则风险较高	可转债基金虽然属于债券基金，但基金波动较大，大部分都属于中高风险基金

总体来看，可转债与可转债基金各有优势，而可转债基金更适合一些想要投资可转债但又不了解可转债、缺乏投资经验的业余投资者，以及想要投资可转债但投资成本有限的投资者。

9.2 可转债基金的风险类型

虽然可转债基金属于债券基金，但可转债的持仓变化将明显改变其风险收益水平。在股市向好的环境下，可转债的仓位越高、杠杆水平越高的可转债基金，其获益能力也越强。所以，投资者要注意根据杠杆水平和可转债仓位来区分可转债基金，选择与自己的投资风险等级相匹配的可转债基金。

9.2.1　根据可转债仓位判断

可转债基金属于债券型基金，债券型基金指的是专门投资债券的基金，要求基金中 80% 以上的资产投资于债券，才能是债券型基金。债券型基金投资的债券对象主要是国债、金融债和企业债。

我们知道，国债、金融债和企业债是收益稳定、投资风险较低的金融工具，所以债券型基金也属于比较稳定的、风险较低的一种基金类型。

但是可转债基金却是其中的特例，因为可转债同时具备股性和债性，所以其风险和收益程度明显高于普通的债券型基金。如果可转债基金中可转债的比例高，那么其风险也更高。

案例实操

长信可转债债券 A（519977）与交银可转债债券 C（007317）

长信可转债债券 A 与交银可转债债券 C 都是可转债基金，但是两者的投资风险却存在不同，我们可以从可转债占比情况的角度进行分析。

图 9-1 所示为长信可转债债券 A 与交银可转债债券 C 的可转债比例变化。

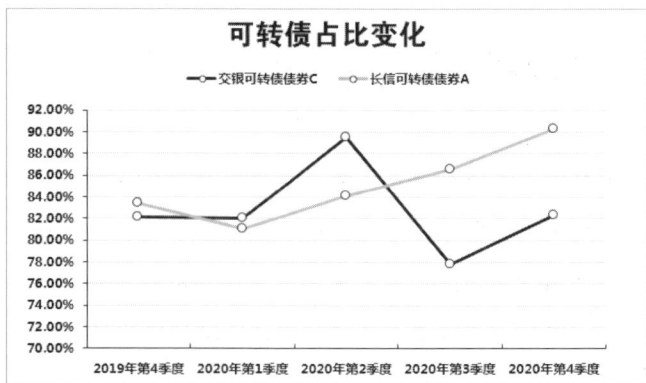

图 9-1　可转债占比变化

从图中可以看到，交银可转债债券 C 中可转债的占比变化较大，2020 年第 2 季度提高占比至 90% 附近，第 3 季度又降低占比至 78%，随后小幅回升至 82% 左右。反观长信可转债债券 A 却可以看到，2020 年其可转债占比呈现出稳定上升的走势，在 2020 年第 4 季度甚至超过 90%。

与此同时，我们再来查看两只基金的收益走势图，如图 9-2 和图 9-3 所示。

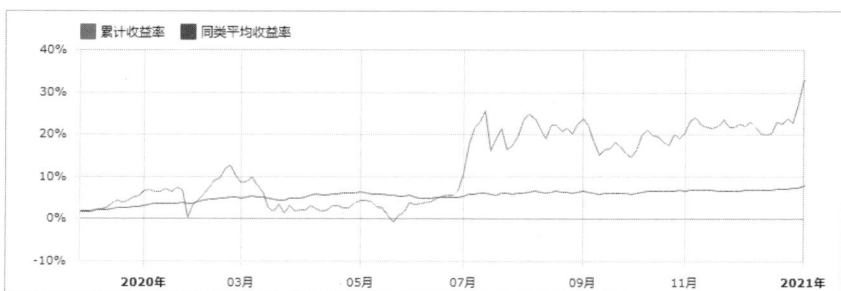

图 9-2　交银可转债债券 C 基金收益走势

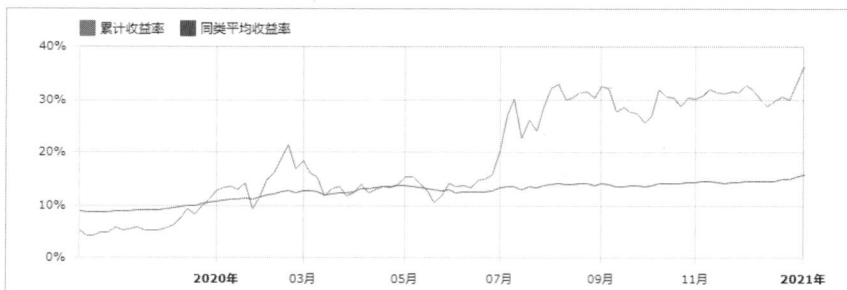

图 9-3　长信可转债债券 A 基金收益走势

从上图可以看到，长信可转债债券 A 基金的收益率明显高于交银可转债债券 C 基金。长信可转债债券 A 基金的收益呈现震荡上升的走势，且后期收益率基本维持在 30% 左右，而交银可转债债券 C 基金收益也呈上升走势，但收益率基本维持在 20% 上下波动。

虽然基金收益受到多方面的影响，但从可转债的角度来看，可转债占比更高的可转债基金其收益率更能冲高，但风险性也更强。

9.2.2 根据杠杆水平高低判断

在可转债基金中，仓位的上限并不是100%，因为基金经理可以将手中的可转债抵押出去，然后继续购买可转债，这就等于加上了杠杆。

简单来说，可转债基金的杠杆率是因为债券正回购产生的，债券正回购指基金经理将自己手中已经购买的债券抵押到银行或交易所，签订回购协议，是借入资金的方式。

债券回购是指债券交易的双方在进行债券交易的同时，以契约方式约定在将来某一日期以约定的价格（本金和按约定回购利率计算的利息），由债券的"卖方"（正回购方）向"买方"（逆回购方）再次购回该笔债券的交易行为。

例如，某一只可转换债基有2亿元，基金经理购买了价值1.8亿元的债券，然后通过抵押债券正回购买1.2亿元的债券。此时，这只债基虽然只有2亿元的资产，但是却做了3（1.8+1.2）亿元的投资，也就是增加了杠杆。现在，该只可转债基金的杠杆率为150%（3÷2×100%）。

不同杠杆率的基金，其承担的风险也不同。从理论上来看，杠杆率越高的可转债基金，其投资风险就越高。因此，投资者选择可转债基金时可以根据其杠杆程度来选择合适风险的可转债基金。

我们查看可转债基金的杠杆水平，可以直接通过查看可转债基金中债券的占比情况来进行判断，如果超过了100%，说明增加了杠杆。

图9-4所示为中海可转换债券C基金（000004）的债券组合配置情况，其中可转债占净值比例为107.79%，债券合计占比超过了100%，说明该可转债增加了杠杆。

中海可转换债券C(000004)债券组合		会计年度 20年第4季 ▼	
序号	债券品种	债券市值	占净值比例%
1	可转债	243171517.10	107.79
2	国家债券	10867913.10	4.82
3	金融债券	447685.20	0.20
	合计	254487115.40	112.81
单位：元			

图 9-4　中海可转换债券 C 债券组合配置

增加杠杆，可以放大投资者的收益。例如投资者有 1 000 元可以赚取 100 元的收益，现在再贷款 1 000 元，那么投资者可以用 1 000 元的本金，赚取 200 元的收益。但是需要注意的是，收益与风险同行，投资者要考虑风险性。

9.2.3　可转债基金的资产配置情况

除了考虑可转债基金中可转债占比以及杠杆之外，可转债基金中的资产配置情况也是投资者需要考虑的重要内容。

根据可转债基金中可转债的配置情况可以将其分为两种类型，一种是标准的可转债基金，另一种则是可转债混合基金。

（1）标准可转债基金

标准可转债基金指的是以固定收益类产品进行组合投资，以期望基金能够获得长期稳健的投资收益，即可转债占比在 80% 左右的可转债基金。下面以一个具体的可转债基金为例来进行介绍：

案例实操

华安可转债 A（040022）风格类型分析

华安可转债 A 是 2011 年 6 月 22 日成立的一只基金，该基金以固定收益类产品投资为主，但同时还追求可能存在的股票收益，是一只相对比较稳健的可转债基金。

我们想要确认该基金是否适合自己，需要从下面几个方面来进行查看。

1. 基金基本信息

表 9-2 所示为华安可转债 A 的基本信息。

表 9-2　华安可转债 A 基本信息

基金全称	华安可转换债券型证券投资基金	基金简称	华安可转债 A
资产规模	2.37 亿元（截至 2020 年 12 月 31 日）	投资类型	债券型
成立日期	2011-06-22	基金代码	040022
基金管理人	华安基金管理有限公司	基金托管人	招商银行股份有限公司

从表格内容可以看到，该基金的整体规模在主动管理型的基金中属于比较合适的规模，也适合基金经理操作。

2. 投资原则及比例

华安可转债 A 基金在投资原则及比例中介绍到如下两点：

①本基金进入全国银行间同业市场进行债券回购的资金余额不得超过基金资产净值的 40%；在全国银行间同业市场中的债券回购最长期限为 1 年，债券回购到期后不展期。

②基金固定收益类资产的投资比例不低于基金资产的 80%，其中对可转债（含分离交易可转债）的投资比例不低于固定收益类资产的 80%；股票、权证等非固定收益类资产的投资比例不高于基金资产的 20%；现金以及到期日在一年以内的政府债券不低于基金资产净值的 5%。

可以看到，该基金对债券回购资金进行了限制，并要求固定收益类资产比例在80%以上，其中可转债比例不得少于80%，股票类比例在20%以下。说明可转债为该基金的核心标的，这也是大多数可转债基金的资产比例。

图9-5所示为华安可转债A的资产配置。

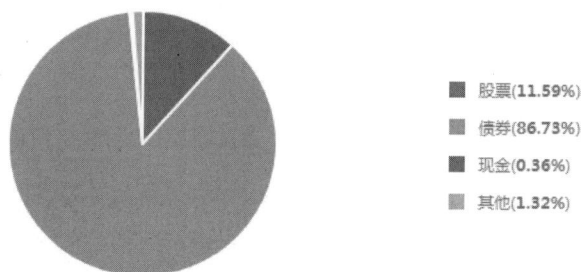

股票(11.59%)
债券(86.73%)
现金(0.36%)
其他(1.32%)

图9-5　华安可转债A的资产配置

其中，债券部分的配置情况如图9-6所示。

序号	债券品种	债券市值	占净值比例%
1	可转债	395246636.70	98.39
2	国家债券	15979200.00	3.98
3	金融债券	9983000.00	2.49
	合计	421208836.70	104.86
单位：元			

图9-6　债券部分的配置情况

从图9-5和图9-6可以看到，该基金中股票占比11.59%，债券占比86.73%，其中大部分为可转债，占比在98%以上。这样的资产配置与合同约定的投资比例相符合，可以帮助投资者追求固定收益的同时，追求股票收益。

3. 行业分布

行业分布指的是查看该基金的投资中，资产在各个行业中的占比情况，如图9-7所示。

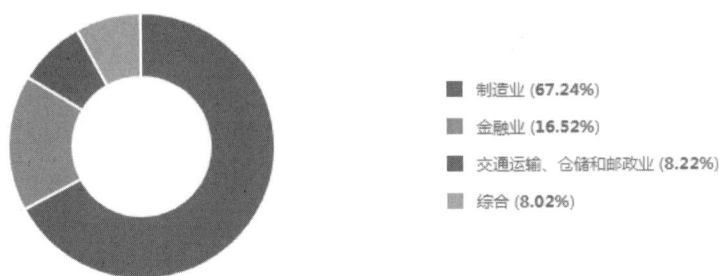

图 9-7　行业分布

　　从上图可以看到，占比最高的是制造业。制造业指机械工业时代利用某种资源，按照市场要求，通过制造过程，将资源转化为可供人们使用和利用的大型工具、工业品与生活消费产品的行业。因此，制造业在国民经济中一直占有重要份额。

　　4. 重仓分布情况

　　重仓指的是可转债基金中重仓股票和重仓债券的情况，它们是影响基金价格波动变化的关键，尤其是可转债的重仓分布情况，如图 9-8 所示。

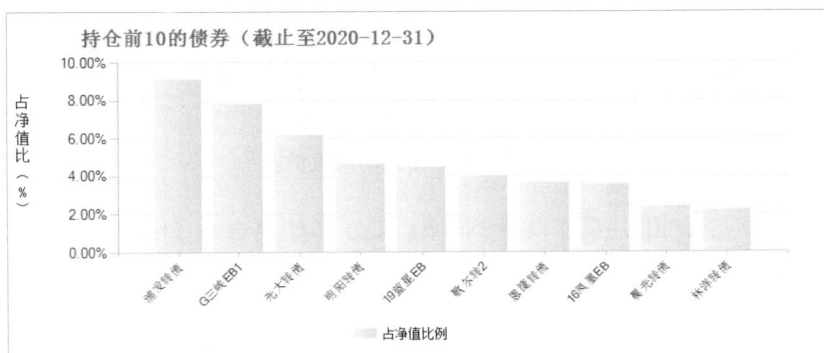

图 9-8　重仓债券分布情况

　　从图中可以看到，整体来看债券的分布比较平均，大部分在 4% 左右，其中浦发转债、G 三峡 EB1 和光大转债占比稍高，尤其是浦发转债占比 9% 左右，投资风险较低。

（2）可转债混合基金

可转债混合基金的风险性相比标准可转债基金则更高，下面我们通过一只具体的可转债混合基金来认识可转债混合基金。

案例实操

兴全可转债混合（340001）风格类型分析

兴全可转债混合基金是市场上第一只以"可转债"命名的混合型基金。它的投资理念是利用可转债的债券特性规避系统性风险和个股风险，追求投资组合的安全和稳定收益，并利用可转债的内含股票期权，可以在股市上涨的行情中提高该基金的收益水平。

想要了解可转债混合基金的投资风格，可以从以下几个方面入手：

1. 基金基本信息

表 9-3 所示为兴全可转债混合基金的基本信息。

表 9-3　兴全可转债混合基金基本信息

基金全称	兴全可转债混合	基金简称	兴全转基
资产规模	36.10 亿元（截至 2020 年 12 月 31 日）	投资类型	混合型
成立日期	2004−05−11	基金代码	340001
基金管理人	兴证全球基金管理有限公司	基金托管人	中国工商银行股份有限公司

根据表格内容可以看到，兴全可转债混合基金的规模较大，其规模远远大于其他可转债基金的规模。这样的大规模基金，其抗风险的能力更强，稳定性也更强。

2. 资产配置比例

兴全可转债混合基金最大的特点在于其资产的配置比例。兴全可转债混合基金的招募说明中明确指出，该基金的股票资产占基金总资产30%以下，可转债资产占基金总资产30%～95%（其中可转债在除国债之外已投资资产中比例不低于50%）。由此，我们可以看到可转债混合基金与标准可转债基金的区别。这是一只典型的重债轻股，但整体组合风险依然较高的基金。

图9-9所示为兴全可转债混合基金的资产配置图。

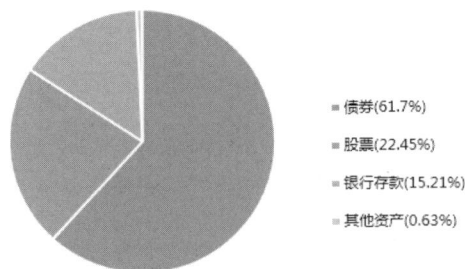

图9-9　资产配置

从上图可以看到，债券的仓位在61.7%左右，这个仓位明显低于其他可转债基金，而股票仓位在22.45%，说明在当前的行情下，基金经理更看好股票市场，所以股票仓位占比较高。此外，银行存款占比达到15.21%，占比较高，这是资金利用率较低的表现。当然，这可能与基金经理对可转债后市走向不看好有关。

3. 重仓分布情况

图9-10所示为兴全可转债混合基金股票的重仓分布情况，图9-11所示为兴全可转债混合基金债券的重仓分布情况。

从图中可以看到，不管是股票，还是债券，其比例分布都比较平均。

股票分布比例中，大部分在 1% ~ 1.5%，最高的是保利地产和航天电器，分别是 2.5% 左右和 2.3% 左右。而债券分布中，大部分在 2% 左右，最高的是南航转债，在 3.5% 左右。

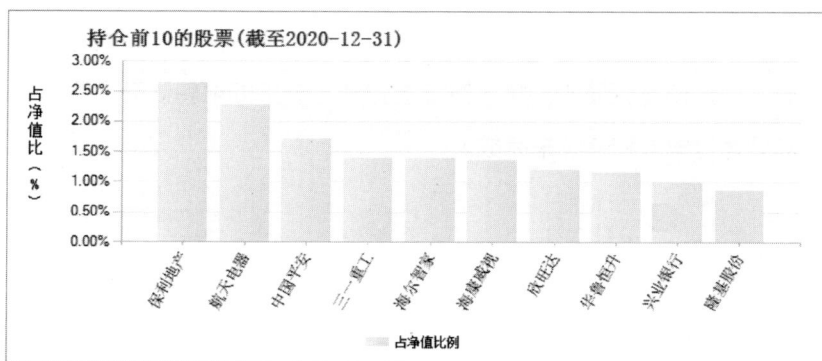

图 9-10　股票重仓分布情况

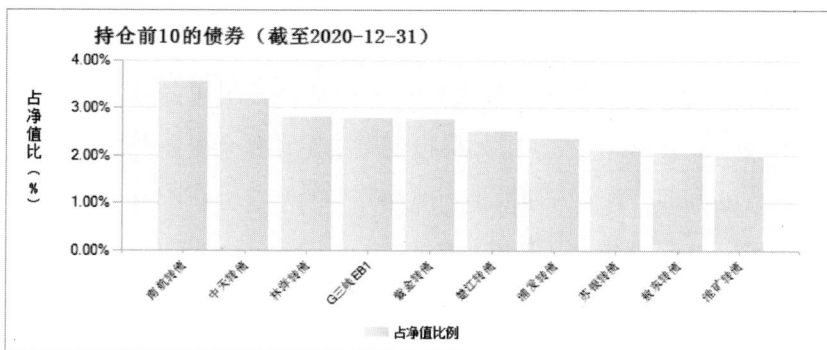

图 9-11　债券重仓分布情况

这样的重仓分布结构属于一种比较稳健型的投资策略，通过平均的投资方式，让风险更为分散。

通过对上面两种不同类型的可转债基金的认识可以看出，可转债混合基金相比可转债基金来说，其资产配置更为灵活，基金经理的操盘空间也更大。当股票市场趋好时，增加股票市场的比例；当可转债市场趋好时，则增加可转债市场的比例，这样也能追求更高的收益。

9.3

购买基金需要做的基本操作

想要购买可转债基金间接做可转换债券投资，那么基金投资的基本规则必须要了解。可转债基金属于基金，其交易方式与直接的可转债交易存在较大的差异，需要通过申购和赎回来完成。

9.3.1 开立基金账户

每一位投资者在购买基金之前，都必须开立一个基金账户。基金账户又称为"TA 基金账户"，是指注册登记人为投资者建立的，用于管理和记录投资者交易的基金种类、数量变化情况的账户。

开立账户的渠道有很多，投资者可以在基金公司开立基金账户，也可以在银行或证券公司开立账户。如果投资者决定在基金公司开立基金账户，可以在其官网办理，更为方便快捷，现在许多的基金公司都有自己的官网，且都开通了网上开户功能，简单易操作。

下面以华夏基金公司为例进行介绍：

案例实操

通过华夏基金公司开立基金账户

首先登录华夏基金公司官网（http://www.chinaamc.com/），图 9-12 所示为华夏基金官网首页，在该页面的右上角单击"开户"按钮，进行基金开户操作。

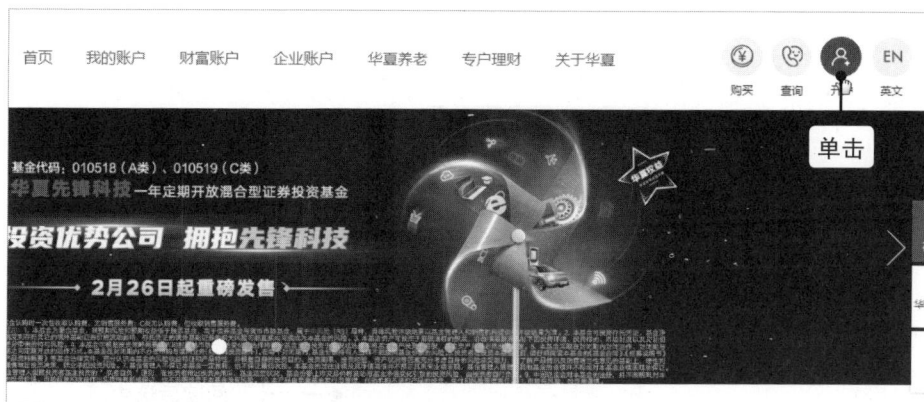

图 9-12　单击"开户"按钮

此时将进入如 9-13 左图所示的页面，需要投资者对需要开户的银行进行选择，然后系统提供了两种具体的方式可供选择，分别是网银和理财中心客户开户。投资者可根据适合自己的方式，自行选择，这里选中"中国邮政储蓄银行"单选按钮，如 9-13 右图所示。

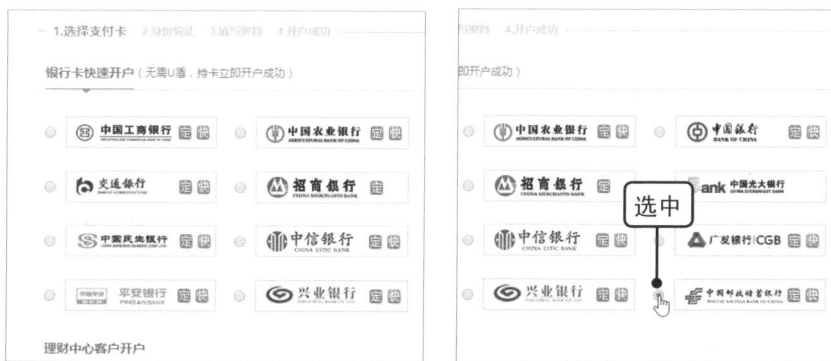

图 9-13　选择银行

系统将自动进入图 9-14 所示的页面，需要投资者填写自己的姓名、证件类型、证件号码、银行卡号和银行预留手机号码。当输入完这些信息以后，阅读《华夏基金管理有限公司快易付业务协议》确认后，选中复选框，单击"获取验证码"按钮。

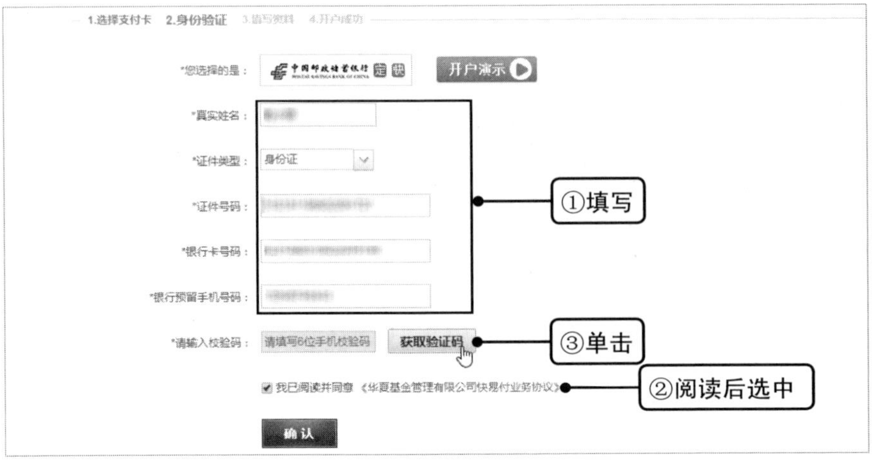

图 9-14　填写基本信息并获取验证码

当在手机上接收到由银行发送的验证码后，将其填入"请输入校验码"文本框中，单击"确认"按钮，如图 9-15 所示。

图 9-15　填写验证码并单击"确认"按钮

此时系统自动进入填写资料页面，在其中详细填写开户人的相关信息，如证件有效期、家庭住址、邮政编码、E-mail、职业等，设置并确认交易密码，阅读并确认《华夏基金电子交易服务协议》和《证券投资基金投资人权益须知》的内容无误之后，选中前面的复选框，单击"提交"按钮，如图 9-16 所示。

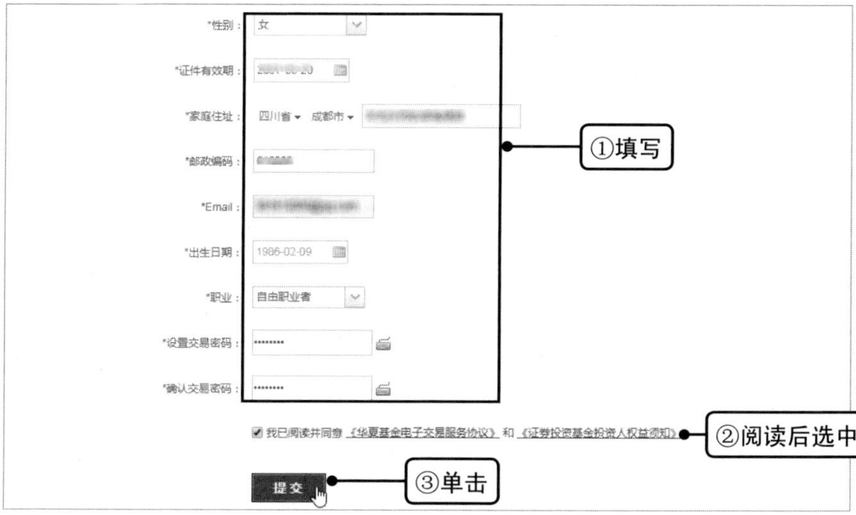

图 9-16　填写开户人的资料

稍后，程序将打开填写资料的补充信息页面，在其中确认相关信息后，选中与本人情况对应的复选框，单击"提交"按钮，如图 9-17 所示。

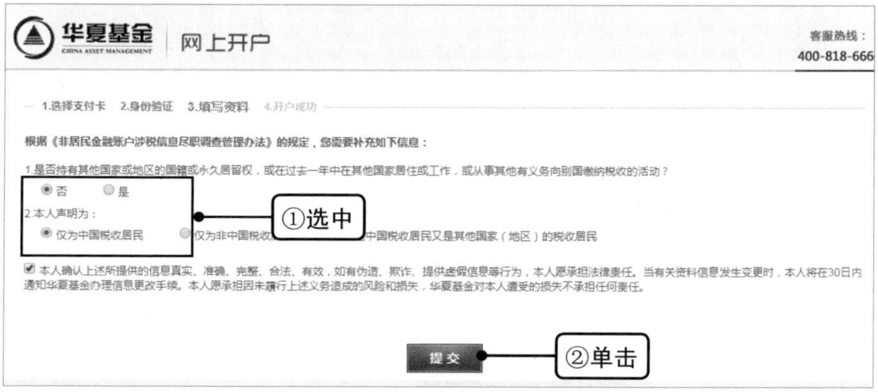

图 9-17　设置补充信息

程序自动进入开户成功页面，在其中显示网上交易开户已成功的信息，如图 9-18 所示。在该页面中，单击"立即登录网上交易"按钮登录网上交易系统，登录以后可以办理新增支付账户、购买基金和定期定额等业务。

图 9-18　单击"立即登录网上交易"按钮

在打开的网上交易登录页面中输入相应的登录账号和交易密码，如图 9-19 所示，单击"登录"按钮即可成功登录华夏基金的网上交易系统（如果是未开户的用户，在该页面右侧单击"立即开户"按钮可进行开户操作）。

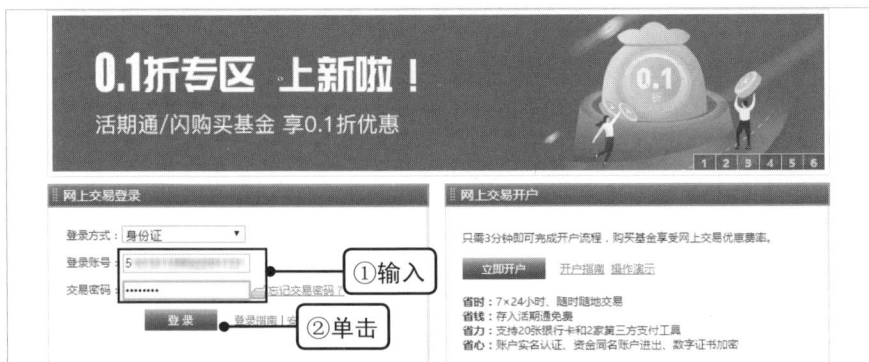

图 9-19　登录网上交易系统

至此，基金账户便开户成功了，投资者可以参与基金投资了。需要注意，如果是已持有证券账户的投资者，就不用重复开设基金账户了。

9.3.2　基金的认购 / 申购操作

认购 / 申购基金都是指投资者按照规定的流程申请购买基金份额的行为。认购指投资者在开放式基金募集期间、基金尚未成立时购买基金份额的过程，此时投资者购买的是正处于募集期的新基金；申购指投资者开设基金账户之后，按照规定的程序申请购买基金份额的行为，此时投资者买入的基金是在募集期结束后的份额。

从两者的定义上看，它们的区别主要在于是否处于募集期，这就使得它们的特点有所不同，具体如表 9-4 所示。

表 9-4　认购与申购的特点比较

方　　式	特　　点
认购	①认购的基金为新基金，所以通常手续费用较低。 ②认购分为两种：一种是场内认购，指通过证券交易所的交易系统进行认购；另一种是场外认购，通过其他销售机构进行认购。 ③投资者可以在募集期内进行多次认购。 ④在募集期内和在之后的封闭期不可以赎回。 ⑤认购的费用：认购价 = 基金的面值 1 元 + 认购费。不同公司对认购费的规定不同，但一般不超过认购金额的 1.5%
申购	①申购基金一般指的是开放式基金。 ②申购金额不得低于 10 元。 ③申购费用由基金公司确定，一般在 0.15% ～ 1.5%,但并非固定不变,基金公司一般会对购买数量多的投资者给予折扣

购买基金主要有两种渠道，一种是网络申购，另一种是现实申购。两种渠道中投资者普遍更倾向于网络申购，因为网络渠道更方便。

但无论是网络申购，还是现实申购，只要完成了账户开立，操作都非常简单。

现实申购基金则需要经过下面三个步骤：

①提出申购的投资者必须根据基金销售网点规定的手续，在工作日的交易时间段内向基金销售网点提出申购申请，并正确填写《申购申请表》。

②销售网点接受申请表和账户卡并对其审核合格后，网点录入信息并冻结申购款，同时将信息上传至基金公司进行登记，随后向网点下传申购确认信息。

③基金管理人以收到申购申请的当天作为申购日，并在两个工作日内对申购进行确认。申购成功，则将申购款划至基金托管人账户；如果申购失败，退还申购款。

而对于网络购买，我们还是以在华夏基金官网购买为例进行介绍。

案例实操

通过华夏基金公司购买可转债基金

登录华夏基金个人账户，系统自动进入"我的首页"页面，在左侧单击"基金交易"按钮，在展开的目录中将出现购买、转换、赎回和撤单等操作，并且还将出现个人账户名、基金账号以及当前账户剩余的金额等信息，此时单击"购买"超链接，开始购买基金，如图9-20所示。

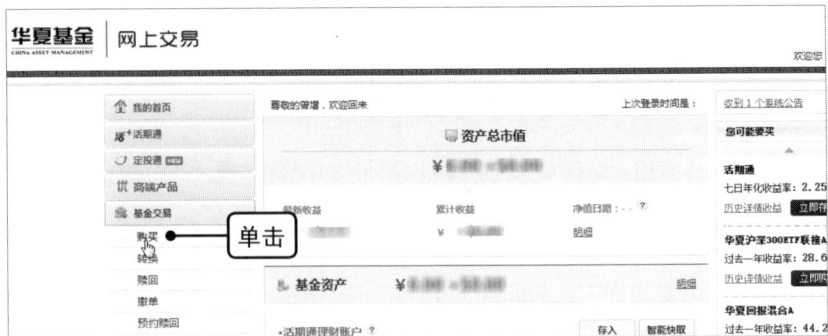

图9-20 单击"购买"超链接

在打开的页面中显示部分基金列表，并详细显示了基金的代码、名称、类型、最新净值和风险等级等信息。如果其中没有适合的基金，可以在搜索框中输入关键信息，并单击"搜索"按钮进行搜索。下方则显示搜索结果，单击"申购"超链接，如图 9-21 所示。

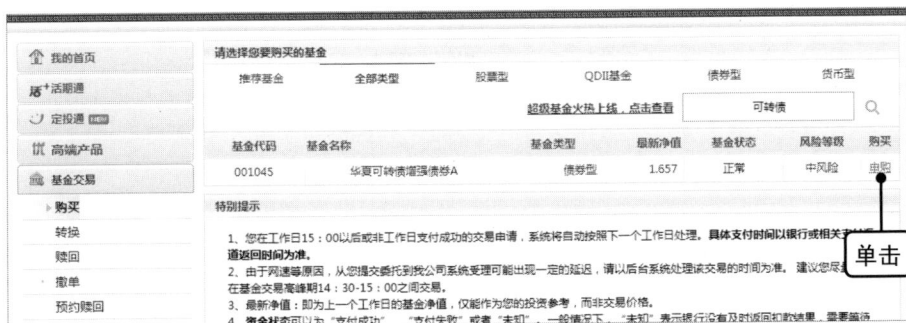

图 9-21　搜索目标基金

系统进入如图 9-22 所示的页面，显示了该基金的具体信息，如基金代码、名称、选择付款的银行及购买的金额等。投资者输入申购的金额，并将接收的短信验证码输入到"短信验证码"文本框中，阅读相关提示文档后选中"我已阅读特别提示"复选框，单击"下一步"按钮即可。

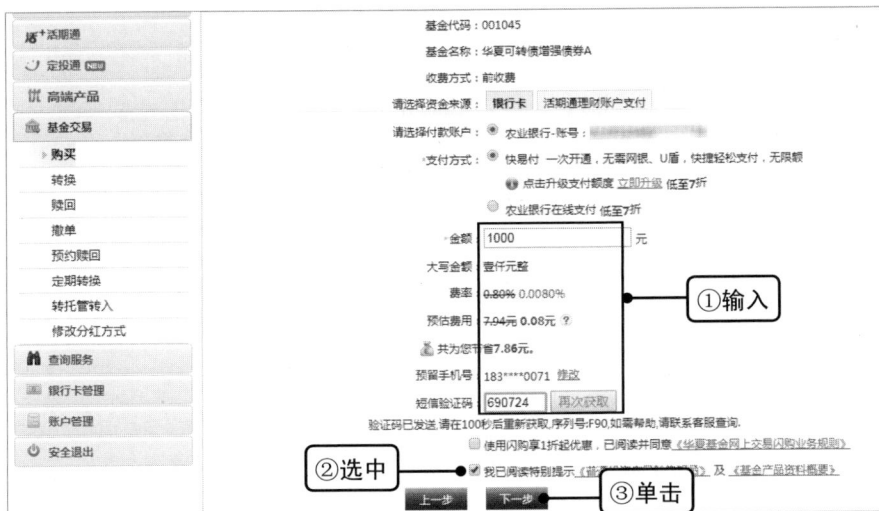

图 9-22　输入购买金额

进入购买信息确认页面，确认基金名称和金额等信息无误之后，查看《华夏基金快易付协议》，然后选中前面的复选框，单击"下一步"按钮，如图9-23所示。

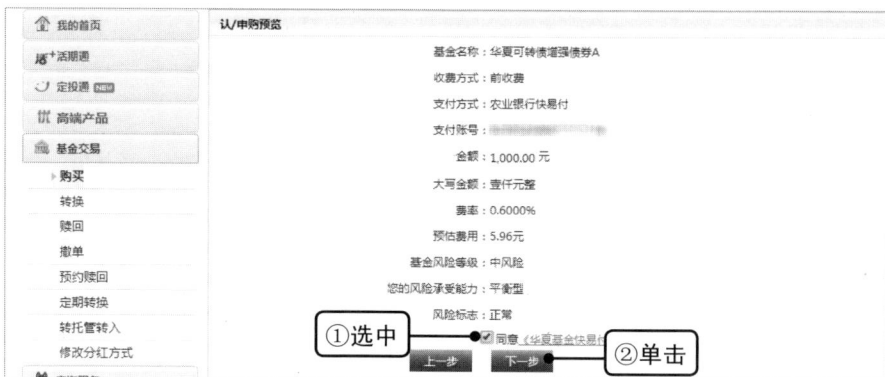

图 9-23　确认购买信息

页面提示输入支付密码，完成之后在打开的页面中即可显示交易申购完成的信息，如图9-24所示。

图 9-24　完成申购

9.3.3　基金的赎回操作

基金赎回指在开放式基金运营期间，持有基金份额的投资者要求基金管理人购回其持有的基金份额的行为。

基金赎回也同基金申购一样，分为网络赎回和现实赎回。

现实赎回与现实申购一样，也需要经过三个步骤，具体如下：

①投资者正确填写《赎回申请表》，将《赎回申请表》与账户卡交给代售网点。

②网点对赎回申请进行资格审核，合格后录入其信息，同时冻结相应赎回份额，并将信息上传至基金公司，随后基金公司将确认信息传给网点、基金管理人与托管人。

③基金托管人划出赎回款，网点收到赎回确认信息和赎回款时将赎回款划至投资者账户，投资者领取赎回款并确认凭证。

案例实操

通过华夏基金公司赎回可转债基金

打开华夏基金官网，登录账号进入"我的首页"。单击"基金交易"按钮，在打开的菜单栏中单击"赎回"超链接。此时可以在页面右边查看到可赎回基金的列表信息。选择需要赎回的基金，单击"赎回"超链接，如图 9-25 所示。

图 9-25　申请赎回基金

　　此时页面显示赎回的该只基金具体信息，包括基金名称、托管渠道、可用份额、收款账户等信息。在快速取现份额后的文本框中输入赎回份额（还可以单击"全部赎回"按钮，赎回全部基金份额），下方显示大写数字的基金份额，确认无误后通过预置手机号，发送并输入短信验证码，再单击"下一步"按钮，如图 9-26 所示。

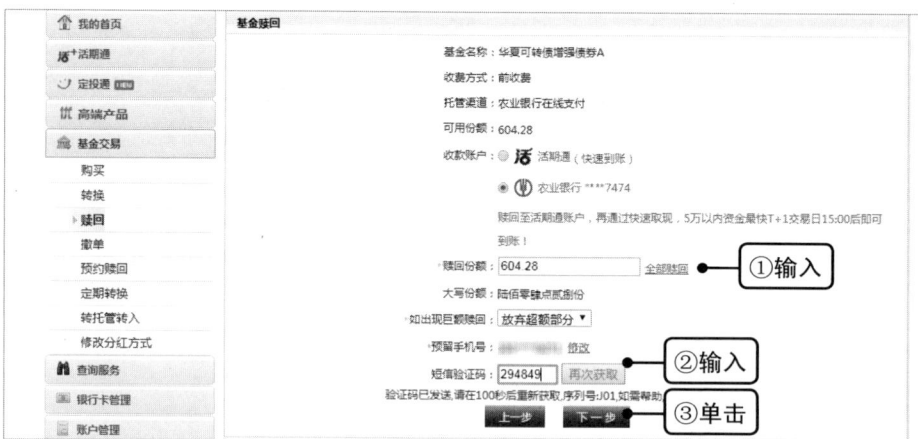

图 9-26　输入基金赎回份额

　　此时页面显示"您的申请已被受理"，且在页面可以查看赎回的交易信息，包括交易金额、申请编号以及交易日期。这样一来，基金的赎回操作就完成了，如图 9-27 所示。

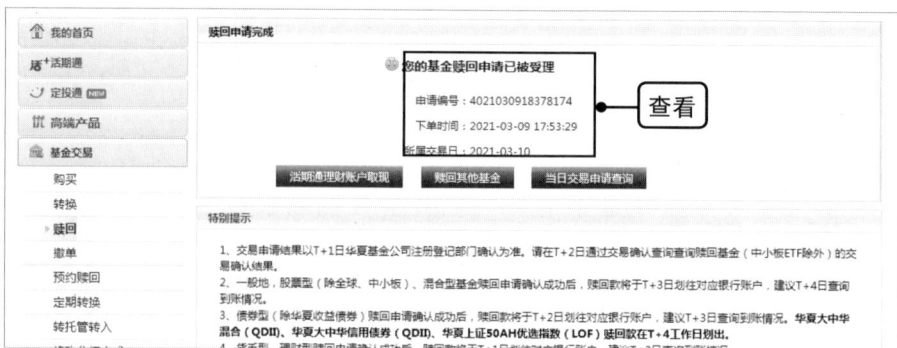

图 9-27　基金赎回操作完成

但是此时赎回基金的资金还不会立即回到账户中，基金主要分为货币基金、债券基金、股票基金、混合基金、指数基金、FOF 基金、QDII 基金等几类。根据基金类型不同，申请赎回的到账时间也不同。

货币基金快速赎回可实现当天到账，而普通赎回采用 T+1 到账，即第 2 天到账。

指数基金、债券基金、股票基金、混合基金赎回 T+1 日到账，具体以各只基金的规定为准，遇到非工作日则需要顺延。

时间到了之后，投资者可以再打开华夏基金官网，登录自己的账户，进入"我的首页"。单击"基金交易"按钮，在打开的菜单栏中单击"赎回"超链接。此时在页面的右侧则可以看到自己的基金赎回记录，确认自己的基金赎回状态，如果显示"成功"则说明赎回操作完成，如图 9-28 所示。但如果是失败，投资者就需要致电客服人员询问详情，或是重新操作。

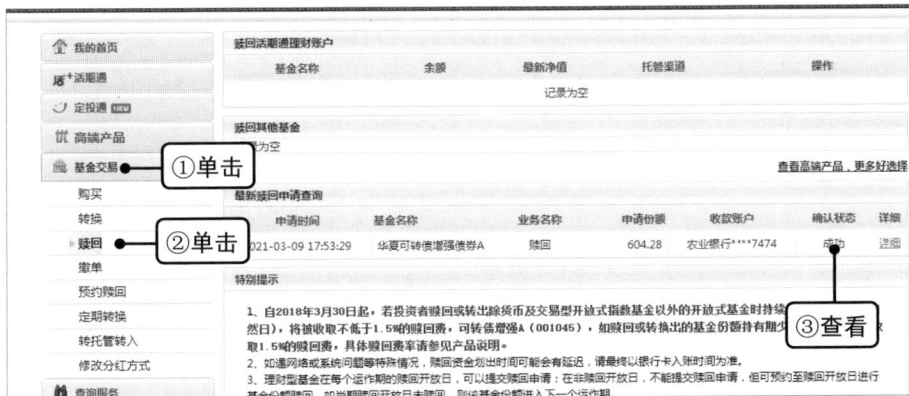

图 9-28　确认赎回状态

另外，需要注意的是基金赎回中有一些限制条件，具体内容如下：

（1）时间限制

投资者如果在基金公司网站操作，每天 24 小时都可以申购和赎回基金。

但如果是在银行网银上购买，则需要在证券交易所交易日内的交易时间内操作，即一个交易日里的 9:30—11:30 和 13:00—15:00。

当赎回申请的时间在当日 15:00 之前，将以当日收盘后公布的基金净值进行计算；赎回申请的时间在 15:00 之后，则以下一个交易日收盘后公布的基金净值进行计算。

（2）额度限制

开放式基金经常会面临巨额赎回风险，所以在发行时会设置赎回的额度条件来应对风险。一般基金不会刻意限制投资者的赎回额度，只有当赎回的总量超过一定的比例时，才会做出特殊要求。

（3）赎回费用

设置赎回费用限制是为了让投资者不在买入基金后短期内就赎回，主要目的是保障基金公司的利益。所以投资者在赎回基金时，通常需要缴纳一定的赎回费用。赎回费用不是一成不变的，通常投资者持有基金时间越长会有所降低。

9.3.4 购买和赎回时涉及的费用

在投资者认购／申购以及赎回过程中，投资者还需要明白基金的份额和费用问题，这将直接关系到投资者的收益情况。下面我们来具体看看。

（1）认购基金的份额和费用

投资者在办理认购时，认购申请上不会直接填写需要认购多少份基金份额，而是填写需要认购多少金额的基金。基金注册登记机构在基金认购结束后，再按基金份额的认购价格，将申请认购基金的金额换算成投资人应得的基金份额。所以投资者需要了解认购基金时的份额计算。

认购基金时的份额计算分为两种情况，具体如下：

①认购费用适用比例费率时，认购份额计算公式如下：

净认购金额 = 认购金额 ÷（1+ 认购费率）

认购费用 = 认购金额 − 净认购金额

认购份额 =（净认购金额 + 认购资金利息）÷ 基金份额初始面值

②认购费用适用固定金额时，认购份额计算公式如下：

认购费用 = 固定金额

净认购金额 = 认购金额 − 认购费用

认购份额 =（净认购金额 + 认购资金利息）÷ 基金份额初始面值

一般来说，认购期购买基金的费率相对来说要比申购期购买低，大部分基金的认购费率为 1.2%。

（2）申购基金的份额和费用

申购基金遵循"T+2"制度，即 T 日规定时间内受理的申请，正常情况下，本基金注册与过户登记人在 T+1 日内为投资者对该交易的有效性进行确认，在 T+2 日后（包括当日）投资者可向销售机构或以销售机构规定的其他方式查询申购的成交情况。而申购的价格则以申请当日收市后计算的基金单位净值为基准进行计算。

基金申购的份额计算与基金净值、购买费用以及购买资金相关，计算公式如下：

净申购金额 = 申购金额 ÷（1 + 申购费率）

申购费用＝申购金额－净申购金额

申购份额＝净申购金额÷T日基金份额净值

也就是说，投资者在资金、基金净值固定的情况下，申购费率越高，投资者购买到的基金份额越少。因此，投资者可以尽量选择申购费率较低的平台购买基金，这样可以买到更多的基金份额。

（3）基金赎回的费用

基金赎回时的份额直接乘以赎回当日的基金份额净值，就是投资者的赎回金额。而赎回时的费用分为两种情况：一种是前端申购，一种是后端申购。

①前端申购的基金，基金赎回金额和费用计算公式如下：

赎回金额＝赎回当时所持有的份额 × 赎回当日的基金份额净值

赎回费用＝赎回总额 × 赎回费率

费率后赎回金额＝赎回总额－赎回费用

②后端申购的基金，基金赎回金额和费用计算公式如下：

赎回金额＝赎回当时所持有的份额 × 赎回当日的基金份额净值

赎回费用＝赎回总额 × 赎回费率

费率后赎回金额＝赎回总额－赎回费用－后端申购费

需要注意的是，基金赎回遵循"未知价原则"，即15:00之前提交赎回申请的，按照当日净值确认；15:00之后提交赎回申请的则按下一个开放日的净值确认。

9.4
考虑定投的方式投资可转债基金

定投是基金投资中常见的一种投资方法，指的是投资者对某只基金在固定的时间投入固定金额的一种投资方法。这种方法也适用于可转债基金。

9.4.1　什么是基金定投

基金定投是一种摊平投资成本的投资方法。对于普通的投资者来说，通常很难把握到正确的投资时机，甚至可能出现在市场高点位置买进、在市场低点位置卖出的情况。然而基金定投则不同，在固定时间投资的方式，使得投资者既不会在最低位置买进，也不会在最高位置买进，使投资成本更平均。

在实际的基金定投中，定投的金额和时间都可以变化，不必教条般固化，所以根据定投的金额和时间的变化可以将基金定投分为多种定投方式，下面来具体认识。

（1）定期定额定投

定期定额定投是基金定投中最基本的模式，指的是投资者确定一个时间，并设置固定的扣款金额，然后每到固定时间就自动扣除固定的金额参与投资。

定期定额的这种定投方式比较适合刚刚参与投资、缺乏投资经验的投资者，可以通过这样的方式来约束自己，降低投资风险。另外，定期定额的定投方式操作更简单，更容易积少成多，获得市场的平均收益。

（2）定期不定额

定期不定额根据字面的意思来理解，就是固定时间投资浮动金额的一种投资方式。这种定投方式需要投资者根据市场行情进行估值，当净值处于低估区域时，跌得越低，投资者投入越多；当净值处于高估区域时，涨得越高，投资者投入越少。这样使得投资者的资金尽量地投入于净值估值相对较低的位置，等待后市拉升收益。

但是，这样的定投方式要求投资者需要对基金的净值位置有一个准确的判断，如果投资者判断失误，或定投后基金长时间没有上涨，这样势必会影响投资者的投资收益。

（3）不定期定额

不定期定额指的是投资者不固定投资的期限，但定投同样金额的投资方法，这样可以实现在低位时加大买入的频率。但是在实际的投资中，不定期定额的方式很少有投资者会使用，因为"不定期"对投资者有较高的要求。因为不定期定投中，每次定投的金额没法确定，需要自己控制好仓位，而这对于大部分投资者来说比较困难。

总的来看，几种定投方式各有各的优缺点，无论哪种方式，投资者选择适合自己的方法才是最重要的。其次，投资者还要对市场变化进行合理评估预判，才能提高投资的收益率。

理财贴士 *对基金定投的理解*

基金定投实际上与银行中的零存整取类似，属长期储蓄，可以帮助投资者积少成多，平摊投资成本，降低风险。无论市场价格如何变化，总能获得一个比较低的平均成本，因此定期定额投资可抹平基金净值的高峰和低谷，消除市场的波动性。

9.4.2　选择定投的时机

有的投资者错误地认为，定投不需要选择时机，只需要确定定投时间频率，即每月定投还是每周定投。实际上并不是这样的，基金定投时机的选择也非常重要。

一般来说，定投的策略大致上可以分为两种：左侧投资策略和右侧投资策略。

（1）左侧投资策略

左侧投资是一种逆向交易，指的是在下跌行情中，在趋势反转之前入场，且越跌越买，等待后市止跌回升。图 9-29 所示为左侧投资策略示意图。

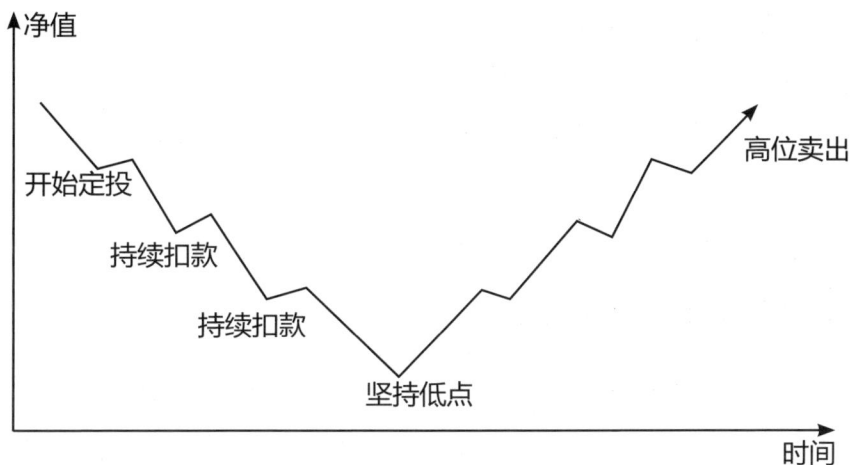

图 9-29　左侧投资策略

（2）右侧投资策略

右侧投资是顺向交易，指的是净值出现明显的上涨之后，追涨买进，且越涨越买，待后市出现明显的下跌之后卖出。图 9-30 所示为右侧投资策略示意图。

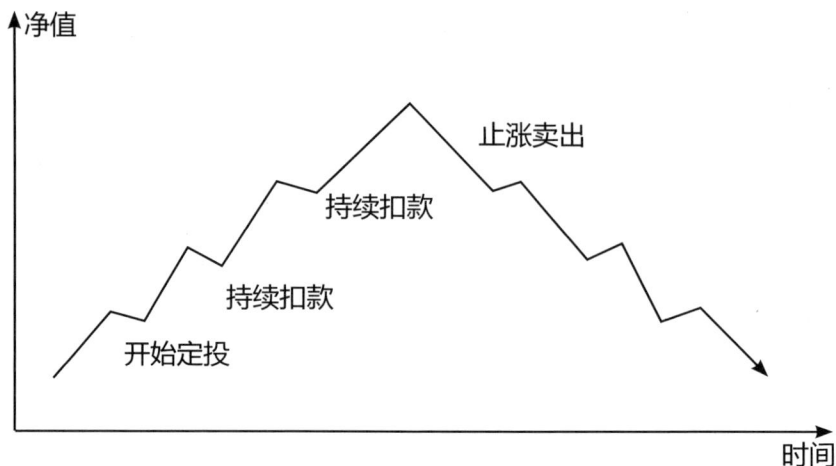

图 9-30 右侧投资策略

根据左侧投资策略图和右侧投资策略图可以看出，左侧投资属于提前交易，在市场还未启动时就先进行，在还未达到顶部时卖出。而这样的投资策略属于定投，因为判断市场后市还会继续下跌，所以开始定投，目的是取得一个较低的市场成本。因此，在确定基金定投的时机时，应该以基金出现明确下跌进行左侧投资为好。

9.4.3　智能定投与普通定投

现在很多基金投资软件，例如支付宝、腾讯理财通等都会为投资者提供两种定投方式，智能定投和普通定投。普通定投很容易理解，但智能定投是什么？它与普通定投有什么区别呢？投资者在实际的定投中是否应该选择这种定投模式呢？我们来仔细认识一下这种定投模式。

智能定投与普通定投最大的区别在于扣款金额呈动态调整。我们打开腾讯理财通选择一只可转债基金，如 9-31 左图所示，点击"定投"按钮，进入定投设置页面，点击"智能定投"右侧的开关按钮即可开通智能定投功能，如 9-31 右图所示。

图 9-31　打开智能定投功能

　　智能定投是根据市盈率变化来调整扣款的金额，当市盈率处于低位时，则提高当期扣款比例，增加当期实际定投金额；当市盈率处于高位时，则降低当期扣款比例，减少当期实际定投金额。以达到低位多投、高位少投，帮助投资者拉低投资成本，增大盈利的概率。

　　智能定投的实际扣款金额是在基础定投金额的基础上，依照一定的扣款比例来完成的，具体公式如下：

定投实际扣款金额 = 基础定投金额 × 当期扣款比例

　　其中，当期扣款比例是由基金对应参考指数的市盈率来决定的，通过与历史 500 个交易日市盈率分组做对比，当期扣款比例将在 0.5 ~ 2 倍做出选择。

　　具体如表 9-5 所示。

表 9-5　扣款比例变化

市盈率分组	定投扣款比例
1	2
2	1.8
3	1.6
4	1.4
5	1.2
6	0.9
7	0.8
8	0.7
9	0.6
10	0.5

定投扣款日为 T 日，在 T 日收集历史 500 个交易日参考指数动态市盈率每日数据。然后将市盈率数据从小到大进行排序，并划分 10 个组，通过判断定投日前一日市盈率数据属于哪个分组，从而确定当期扣款比例。

除了上述介绍的这种智能定投模式之外，不同的软件还会提供不同的模式，例如均线模式、估值模式等，都是通过不同的方法来确定扣款比例，实现动态扣款。简单来说，虽然各家使用的比较方法、基准会存在差异，但这些智能定投的模式总体可以理解为"根据点位来定投"，目标是实现指数较低时，扣款金额增加；指数走高时，扣款金额减少。

基金中的普通定投为定期定额投资，即无论市场上涨还是下跌，投资者都需要投入同等金额，通过长时间的投入，总的持有成本会降低，并产生高于基准的超额利润。但是，普通定投没有考虑市场行情变化的因素，这会对投资者获取收益形成一定的局限。

　　如果此时在基金定投中加入智能成分，那么系统则可以根据市场环境变化，对定投金额进行相应幅度的调整，这样使得投资者在低位处买进多，高位处买进少，那么投资收益大概率会高于普通定投。

　　因此，如果只是投资者在平台中单纯设置定投，而非主观性操作时，选择智能定投相比普通定投来说，更具优势。